中国能源市场化改革

范 必 著

CHINA'S

MARKET-ORIENTED REFORM

IN ENERGY SECTION

中信出版集团 · 北京

图书在版编目（CIP）数据

中国能源市场化改革 / 范必著 . -- 北京：中信出版社，2018.4

ISBN 978-7-5086-8422-2

Ⅰ. ①中… Ⅱ. ①范 … Ⅲ. ①能源经济—市场改革—研究—中国 Ⅳ. ① F426.2

中国版本图书馆 CIP 数据核字（2017）第 295358 号

中国能源市场化改革

著　　者：范　必
出版发行：中信出版集团股份有限公司
（北京市朝阳区惠新东街甲 4 号富盛大厦 2 座　邮编　100029）
承 印 者：北京楠萍印刷有限公司

开　　本：787mm × 1092mm　1/16　　印　　张：20.75　　字　　数：235 千字
版　　次：2018 年 4 月第 1 版　　印　　次：2018 年 4 月第 1 次印刷
广告经营许可证：京朝工商广字第 8087 号
书　　号：ISBN 978-7-5086-8422-2
定　　价：69.00 元

自序

解构中国能源体制

宇宙大爆炸后，世界充满了能量。如果会用，它就是能源；如果不会用，它仅仅是能量。你只能眼睁睁看着它从一种形式变成另一种形式。地球上从不缺能量，缺的只是能源。将能量转化为能源并善加利用，关键取决于两个因素：一是技术，二是制度安排。

目前，从能源利用技术看，我国已步入了世界前列，能够自主生产百万千瓦超超临界火电机组，掌握了 70 万千瓦及以上水轮发电机生产技术。三代压水堆核电站的两个主流机型 AP1000 和 EPR 我国都会造，风能和太阳能发电技术、高压输电技术等也达到了世界先进水平。

尽管如此，我国能源利用仍存在很多问题。如，能源利用粗放，优质能源比重低，能源价格居高不下，电力、油气改革徘徊不前，煤电矛盾周而复始，可再生能源并网困难，水电、核电发展争吵不休，等等。

这些问题的产生很难归咎于能源技术落后，更需要从能源的制度安排上找原因。匈牙利经济学家亚诺什·科尔内（Janos

Kornai）总结出“计划导致短缺”。这一结论在能源领域表现得尤为突出。计划经济时期，能源是国家实行严格计划管理的产品。煤电油运计划是制订其他计划的基础。能源供不上，别的都免谈。

经过近40年的改革，我国大部分商品已经实现了供求平衡或供大于求，但能源仍然是供给约束严重的领域。突出表现为，价格既不反映电力、油气的供求关系，也不能有效发挥调节供求的作用。能源消费者对能源产品缺少选择权。如，近年来，我国电力严重供大于求，全球油气价格断崖式下跌，但我国工商企业并未分享到其中的红利，用能成本仍然很高。

打破能源供给约束与我国供给侧结构性改革的总体思路一致，根本途径是深化改革。为此，要在思想上重新认识能源安全，突破按品种管理能源的思路，构建新的能源体制改革框架，真正还原能源的商品属性。

一、重塑能源安全观

国内对能源的认识大都停留在能源短缺时代。主要表现是：在对资源禀赋的判断上，仍普遍认为我国“富煤贫油少气”；在对我国能源安全的判断上，过度担心传统安全风险，忽视非传统安全风险；在对能源危机的判断上，夸大供给波动对经济周期的影响。在这些思想的作用下，能源供给被赋予过高的安全保障责任。不敢放开手脚使用优质能源，进而对能源市场化改革顾虑重重。

必须看到，当前世界能源供求格局已经发生了巨大变化，油气供大于求、多点供应、价格持续走低已成大趋势，传统的供给安全、价格安全、通道安全引发全球性经济危机的可能性已经很小。在可预见的未来，不存在因大规模战争中断油气供应的威胁。

在经济全球化条件下，没有一个国家可以完全依靠本国资源满足经济发展的需要。油气资源已经全球配置，应当重新认识优质能源在能源中的地位。在尽可能提高国内供给的同时，积极通过国际市场满足发展需求。

既然能源资源来自全球，在安全保障上也应当树立全球安全观。因此，应加强与油气生产国、过境国和其他消费国的合作和政治互信，积极参与全球能源治理，通过双边多边合作和区域合作等方式，建立集体安全体制，实现各国共同的能源安全。

二、构建新的能源体制分析框架

我国对能源的管理基本上是按品种设置管理机构，分别对煤炭、电力、核电、油气、可再生能源等制定不同的政策。既往的能源体制改革，大都是改革行业管理体制。近年来，国家不断调整各能源行业的政策，但在改革上没有实现大的突破。本书收入的文章，除行业管理外，试图从更广阔的视角分析能源体制问题，重点讨论资源产权制度、产业集中度、所有制结构、流通体制、财税体制、监管体制等问题，力求形成新的分析框架。

第一，资源产权制度。一次能源大都直接来自自然界。煤炭、油气、河流等都属于国家所有。在计划经济时代，国家要求国有企业提供能源产品，对企业下达的任务和考核指标也主要集中在产量上。在市场化、全球化条件下，能源可以依靠市场机制自由交易、全球配置。国家作为能源资源的管理者，组织生产其实已不再是主要任务，经营能源资源并获取较高的财务回报应当成为更重要的使命。遗憾的是，目前能源资源管理部门对此还没有足够的意识，更没有相应的制度安排。

就油气而言，大部分油气资源国在矿权出让时，会采用“竞争性出让”的方式，并与开采企业签订分成合同或服务合同，以尽可能多地拿到油气收益。我国国有油气企业以“申请在先”的方式获得矿权，企业上市后这些资产又变为股东资产。国有油气企业除正常缴税外，无论是在体现股东回报的国有资本预算收入，还是体现矿租的矿业权使用费方面，上缴的数量都非常之低，在整个财政预算中几乎可以忽略不计。国家与企业对资源收益的分成更是无从谈起。

河流的水电开发权也是由水电开发企业先占先得，一旦获得便永久使用。水电可变成本几乎为零，还本付息后企业可以长期获得超额利润。煤炭资源的出让情况类似。在煤炭开采中，尽管煤炭资源税已经从价计征，但错过了国家收益与价格、产量挂钩的最佳时机。宪法虽然规定矿产资源、水利资源属全民所有，但在油气、煤炭、水利开发的价值链中，大部分收益留给了企业和个人，没有体现资源的全民属性。

在矿业权设置方面，我国仍沿用计划经济时期的办法，按生产环节设置了探矿权、采矿权，使矿业权既有用益物权的特征，又有行政许可的特征，增加了政府部门在矿权处置上的自由裁量权和寻租空间（典型的如煤炭资源出让）。对于油气等开放度较低的领域，现行矿权设置方式提高了各类市场主体进入的难度，不利于市场化改革。

第二，产业集中度。能源是产业集中度比较高的领域，主要表现在两方面：一是寡头垄断。油气领域有三大国有油气企业和陕西延长石油公司，电力主要有两大电网企业和几大电力集团。二是网络型垄断行业。主要是电网、油气管网、城市燃气管网。高产业集中度抑制了竞争，造成价格机制失灵和供求关系失衡。

第三，所有制结构。能源行业所有制结构单一，主要以国有经济为主。传统国有企业的弊端，如，大而全、小而全，“吃大锅饭”，“三产”“多经”，高投入、低效率，企业办社会等问题，在煤炭、电力、油气等行业普遍存在。由于国有企业的公司法人治理结构、职业经理人制度不健全，能源企业自我发展、自我约束机制普遍不完善。

第四，流通体制。能源产品流通中，煤炭的市场化程度比较高。其他能源产品，如油气、电力、热力等，国营贸易、特许经营占的比重较大。以油气为例，原油是目前世界上自由交易规模最大的大宗商品，但在我国仍由少数企业特许经营。在进口环节，对原油仍实行国营贸易管理，经批准后允许一定数量的非国营贸易，但民营企业经营石油要接受有关部门的流向管理。中石油、中石化、中海油、珠海振戎公司和中化集团 5 家国营企业原油进口量占原油进口总量的 90% 以上。原油国营贸易配额只能用于中石油和中石化的炼厂加工。没有国企的炼化生产计划文件，民企进口的原油不能通关，铁路不能安排相应运力。这种体制客观上限制了其他市场主体的进入。天然气进口方面，尽管国家没有明确的禁止性法规，但天然气储运基础设施专用性强，民营企业很难用这些设施存储从国外进口的液化天然气（LNG），基本上只能通过中石油、中石化和中海油代为进口。

第五，财税体制。我国实行的是以流转税为主体的税收制度。油气、煤炭、电力等能源行业作为纳税大户，从建设到生产的每一个环节，都要缴纳相应税收，在一定程度上激励了地方政府新上能源项目。这也是近期一些地方煤炭、电力出现产能过剩的深层次原因之一。税收是初次分配的重要手段，但与能源有关的税种、税率设计和税费关系的安排不够科学合理，难以发挥其合理调节收入分配的作用。如，在油气领域，矿业权使用费只与面积有关，与资源禀赋无关，资源税与资源补偿费内涵不清但计费相同。矿权使用费较低，持有成本低，导致矿区不能退出。能源税费对国家所有者权益体现不足，中央与地方共享的资源补偿费已降为零，特别收益金基本有名无实，价款收入也基本没有。

第六，投资体制。能源新建项目的报建审批与其他建设项目一样，面临着批地慢、重复审批多、前置事项多、中介服务耗时长等问题。能源建设项目大都按规模分级审批。规模小的项目由省、市审批，规模大的项目由中央有关部门审批。为了控制产能过剩，中央有关部门严格控制大项目审批，地方为了发展只能上中小项目。这为小规模、高排放项目建设运营提供了机会，一定程度上加剧了污染排放和产能过剩。

第七，监管体制。我国能源行业监管体制从计划经济体制演变而来，很多监管职能随部门改制后留在大型国有企业中，导致一些领域政企不分、监管不足，并在相当程度上保护了少数获得特许经营权的企业的利益，扰乱了能源市场秩序。例如：由于网络型垄断行业监管缺位，一些电网、油气管网企业利用市场支配地位，不向第三方开放或在接入时设置障碍；油气储量评估、行业标准制定、新建设施规划等应当由政府承担的职能，目前主要由企业承担。此外，能源监管究竟是政监合一还是政监分开、集中监管还是分段监管、垂直监管还是分级监管、事前审批为主还是事中事后监管为主，均尚未达成共识。

第八，行业管理。计划经济时期，政府对能源行业进行全面计划管理，成立了煤炭工业部、电力工业部、石油工业部、化学工业部等部门，按行业分管煤炭、电力、油气、化工等领域的生产运营。这些部门在市场化改革进程中已全部撤销。现存的行业管理权限体现在矿权出让、市场准入、能源项目审批上，权力分散于国家发展改革委、国土资源部、国家能源局、国资委等部门。虽然这些部门不会像计划经济时期那样对企业下达直接的指令性计划，但也会通过影子计划、外生计划、差别政策等影响企业的决策。一些主管部门对能源企业运行干预较多，导致近年来国有能源企业经营自主权不仅没有提高，反而有下降的趋势。

三、推进能源“链式改革”

打破能源供给约束，需要全面推进能源市场化改革。改革思路可以概括为：“一条主线、两个链条、三个维度。”即能源体制改革以坚持市场化改革方向为主线，重点解决煤、电、运和油气两个产业链条上的矛盾，从企业、市场、政府三个维度出发，进行全方位的改革。

坚持市场化改革方向。能源同其他商品一样，可以由资源的稀缺性和供求关系决定价格。改革的方向既不是计划体制，也不是双重体制，而是在社会主义条件下，使市场在资源配置中起决定性作用的、单一的市场经济体制。同时，应重新审视能源领域中政府的职能定位，大幅度减少直接干预，使政府从市场参与者转变为市场的监管者，从而更好发挥其职能作用。

推进“链式改革”。煤电矛盾、油气价格机制失灵等问题，根源在于，“煤、运、电”和油气“矿权出让—勘探—国内开采（或进口）—流通—网输”是计划与市场相交织的不完全市场产业链。孤立地对某一个环节进行改革都不可能从根本上解决问题，需要进行全产业链市场化改革。如，煤、电、运产业链改革，涉及电力体制改革和铁路运力体制改革；油气产业链改革涉及矿权改革、流通体制改革、管网改革等。因此，能源领域的改革是贯穿能源产品上下游的“链式改革”，而不是条块分割体制下的“点式改革”。完成这两个链条的体制改革，就完成了能源市场化改革的主要任务。

在具体的改革措施上，可以考虑从以下三个维度展开。

一是企业层面。对能源国有企业实行政企分开、主辅分离、网运分开改革。国家对国有企业的管理要从管人、管事、管资产转变为管资本为主，把上缴股东回报即国有资本预算的多少作为考核能源投资成效的主要指标。

二是市场层面。全面放开能源市场准入，允许各类投资主体进入各个能源领域，对民营投资、外商投资无歧视开放。在能源上游放开矿权市场，从“申请在先”改为“竞争性出让”。同时，松绑勘查资质管理，允许各类市场主体进行勘探开采。提高矿权持有成本，占而不采、圈而不采的企业，必须吐出占有的矿区。取消原油进口、批发、零售等流通环节的特许经营权。放开能源价格，取消国家对能源产量、价格的直接干预。对能源网络型垄断行业实行“网运分开、放开竞争性业务”的改革[1]，形成能源供给和能源消费之间多买多卖的市场格局。

三是政府层面。进一步简政放权，简化投资项目审批报建程序，保障各类投资主体公平进入能源领域上中下游。深化能源财税体制改革，使财税体制体现国家的资源所有者权益。如在油气领域，可以考虑：构建由矿业权使用费、价款、权益金组成的油气资源税费体系；在中央与地方间合理分配能源资源收益；提高油气国有企业上缴国有资本经营预算的比例，建立石油基金等。同时，加强对网络型垄断行业的监管，主要监管网络运营成本、收益及是否向第三方无歧视开放。

2013 年，笔者出版了首部能源专著《中国能源政策研究》，重点阐述了我国能源体制改革和能源公共政策问题。近年来，笔者对能源问题又进行了更深入的思考。各种心得虽多，千言万语化作一句话：解决中国的能源问题，必须坚定地推进市场化改革。于是，将本书定名为《中国能源市场化改革》，算是第一本书的续篇。本书中提出的一些改革思路，有的已经付诸实施，但其他大部分，目前仍然是愿景。

能源体制研究涉及的领域和专业颇多，驾驭难度较大，书中谬误存疑之处自不在少数。今不揣浅陋，编撰成册，冀予同行砥砺切磋，恳请方家不吝赐教。

是为序。

范　必

2018年3月

目录

第一章　中国能源：因应世界能源大变局 // 001

赢在油气时代的拐点 // 003

中国在全球能源治理变局中的角色 // 009

我们距能源互联网有多远 // 019

第二章　能源体制：让市场决定资源配置 // 023

改革无止境，能源不例外 // 025

衔接国企改革与能源改革 // 028

改革之风驱散“体制雾霾” // 032

第三章　电力体制改革：徘徊中艰难前行 // 039

有必要启动新一轮电改 // 041

实行节能发电调度方式 // 049

从印度大停电看中国电力应重视的问题 // 054

第四章　煤电矛盾：周而复始何时休 // 061

政府失灵还是市场失灵 // 063

现行煤电矛盾解决方案及局限性 // 069
系统解决煤电矛盾的思路 // 099
电煤并轨：让市场配置资源 // 109
化解新煤电矛盾 // 115

第五章 油气改革："放宽"还是"放开" // 121
油气全产业链市场化改革方略 // 123
天然气改革应从管网突破 // 139
推广天然气分布式能源 // 144
适时启动高价 LNG 长协价格复议 // 149
新体制新办法开发新矿种 // 154
推广乙醇汽油需更合理的制度安排 // 163

第六章 可再生能源：融入能源发展大格局 // 167
"十三五"规划传递新能源发展积极信号 // 169
怒江以流域开发带动区域发展 // 171
水电带动长江上游流域开发 // 195
促进风电产业健康发展的思考 // 209
重振光伏产业须靠国内市场 // 217
发展可再生能源应与补贴能力相适应 // 224

第七章 核电：拿得出手的国家名片 // 229
坚持发展三代核电技术 // 231
合理把握核电发展规模和节奏 // 237
中国如何避免福岛悲剧 // 245

核电走出去须破解五大难题 // 252

第八章 绿色发展：何时梦圆中国？ // 259

节能减排和生态环保的使命与任务 // 261

节能环保手段面临挑战 // 270

解读政府工作报告绿色发展 // 273

改革之风吹绿中国 // 285

附 录 // 289

就能源市场化改革答《中国能源报》记者问 // 291

《东方早报》记者对能源体制改革的访谈 // 296

就绿色发展答凤凰卫视记者问 // 300

注 释 // 305

后 记 // 313

第一章

中国能源：因应世界能源大变局

进入21世纪以来，全球能源供需格局发生重大变化。世界能源危机会再次发生吗？战争对中国能源安全的威胁有多大？中国在全球能源治理中应当扮演什么角色？国际社会如何应对能源资源价格的大起大落？

赢在油气时代的拐点

进入 21 世纪以来，世界能源版图发生了深刻变化，但这似乎还没有真正影响到我国对未来能源发展的布局。学术界和决策机构对能源问题的基本判断仍存在诸多分歧。中国能源是否安全；石油对外依存度是否过高；石油输出国使用“石油武器”怎么办；外交、军事要如何为能源服务；未来我国是重点发展新能源、可再生能源，还是传统化石能源……回答这些问题并不容易，但一个基本前提是，中国已是全球化中不可或缺的一员，讨论我国能源问题，必须首先对全球能源形势做出基本判断。

“页岩气革命”改写世界能源格局

长期以来，人们认为世界油气资源会有枯竭的那一天。罗马俱乐部在 20 世纪 70 年代发出警告，石油资源还可以再用 20 年。

现在 40 多年过去了，在世界油气产量大幅增加的情况下，储采比仍稳中有升。北美“页岩气革命”后，出现了贫矿的“逆袭”，页岩油、油砂油等非常规油气资源也呈现出良好前景。世界油气供应进入相对充裕期，降低了人们对传统化石能源枯竭的忧虑。多个国际机构的研究报告指出，虽然全球风能、太阳能等可再生能源发展十分迅速，但在可预见的未来，化石能源仍是能源消费的主体。

在化石能源中，油气的供需格局出现重大变化。以美国为首的发达国家油气消费需求持续下降，西半球的自身产量不断增加，自给程度持续上升，页岩气、页岩油等非常规油气和海上石油为全球油气供给端注入强心剂。未来几年，全球油气市场将继续保持供大于求的形势。

在过去很长一个历史时期，石油输出国组织（OPEC）国家是世界油气供应的主体，随着北美“页岩气革命”和“能源独立”，美国正在成为油气出口国，伊拉克强势回归世界油气舞台，全球油气供应呈现出中东、中亚、非洲、北美多极并存的格局，油气使用方拥有了更多的选择权。

美国“能源独立”的影响

“页岩气革命”使美国“能源独立”成为可能。美国页岩油产业正试图复制页岩气的成功。能源行业的兴盛及其对相关上下游行业的带动将直接或间接增加美国GDP（国内生产总值）和财政收入。石油进口的减少，将很大程度上改善美国贸易赤字。能源使用成本大幅下降，为美国经济复苏和“再工业化”创造了条件。

这一变化对我国制造业的影响也不可低估。2014年全国“两会”期间，国务院主要领导在参加政协经济界、农业界联组会时，有政协委员反映，美国工业电价、气价比中国便宜很多，他在美国投资办厂，仅能源一项就可以抵消中美劳动力成本的差距。这再次表明，能源的低成本优势，可以直接提高一国的产业竞争力。

“能源独立”对传统天然气出口大国产生巨大冲击，首当其冲是俄罗斯。国际油价可能在未来较长一段时期维持在目前或更低的水平，普京再难享受到21世纪前10年国际油价暴涨的收益，这对实现其强国梦无疑构成严峻挑战。在这场轰轰烈烈的“革命”中,俄罗斯势必会成为“输家”。美国原来的主要石油供应来源——墨西哥、加拿大、中东和非洲国家，都将做出改变，而环大西洋供需区的轮廓也将更加清晰。

“能源独立”还加速了全球气候变化议题边缘化。2012年第一承诺期结束时，发达国家没有兑现在《京都议定书》中的承诺。新的减排全球性协议谈判举步维艰。随着“页岩气革命”带来“能源独立”，美国减排能力明显增强，在国际气候外交中掌握了更大的主动权，使其有条件独立执行减排政策，不参加全球性协议。在后《京都议定书》时代，几经波折签订的《巴黎协定》被称为自主贡献文件，是不具有强制约束力的减排协议。特朗普宣布退出《巴黎协定》及其能源政策，再次为应对气候变化的全球性行动蒙上阴影。这种形势，一方面，使我国被置于全球减排更突出的地位，另一方面，我国在减排方面的实际压力有所减轻。总之，目前，全球应对气候变化谈判在各类国际议程中的地位已经下降。

国际能源政治新趋势

能源问题事关经济社会发展全局，也是国际政治经济博弈的焦点。“页岩气革命”和美国“能源独立”将改写国际能源地缘政治格局。未来，美国在全球能源市场的自主性会增强，将不必顾忌从海湾进口石油的供应安全，而海湾国家对美国的依赖反而会加深。军队撤出、外交官进入，抽身海湾又掌握海湾，将有力支撑美国的外交运作空间，助力其在全球进行军事调整，重返亚太与“再平衡”，重新打理南美后院，同时，削弱俄罗斯这一对手的影响力。

“石油”一直被很多专家渲染为可怕的“武器”。20 世纪 70 年代后爆发的两次石油危机，造成全球性经济波动。随着全球能源供需格局的变化，“石油武器”的效用正在递减。20 世纪末以来，世界主要油气产地的数次地缘政治危机，如两次海湾战争、利比亚剧变、伊朗核危机、俄乌冲突等，虽然对世界经济有影响，但都是短期的、局部的，没有形成全球性危机。传统油气供应方也放下身段，更加积极地对接需求方。

中国如何应对

世界能源格局的变化使我们不得不重新审视传统的能源安全观。1993 年我国成为石油净进口国，之后逐步将石油安全视为最重要的能源安全领域。对能源安全的担心主要集中在供应安全、价格安全、通道安全 3 个方面。一般认为，油气对外依存度越高，越是受制于人，战时将陷于缺油少气的被动局面。因此，中国主张尽可能提高能源自给水平，开辟多种油气入境通道，通过“走出去”获取较多的海外油气资源。

但是，目前世界能源格局与传统能源安全观形成时有了很大不同，后者的局限性十分明显。在传统能源安全观的影响下，我国对能源的利用出现重煤轻油的倾向，制约了能源结构调整；将油气列为关系国家安全的重要行业，只允许个别企业进行上下游一体化经营，抑制了竞争，扭曲了油气价格。同时，对海外油气利益的高度重视，在一定程度上限制了国际交往的回旋余地。

应当看到，我国能源自给率已超过 90%，供给总体上是安全的。很多人担心石油对外依存度接近 70% 这一比例过高。但是，一国石油对外依存度并没有国际公认的安全标准可循，也不宜把能源进口与安全问题在数字上简单对应。在油气与安全的关系上，在可预见的未来，不存在大规模战争中断油气供应的威胁。因担心全面军事冲突造成断油断气而采取过度防卫的措施，如过度强调自给自足、限制油气使用，某种程度上反而会束缚发展的手脚，甚至丧失发展机遇。对我国而言，全球能源格局的新变化总体利大于弊。在此形势下，我国应抓住机遇，立足全球谋划未来能源发展战略。

首先，推进能源生产和消费变革。这一变革首推能源的代际更替，即从煤炭时代进入油气时代。虽然我国能源消费总量达到世界第一，但人均能源消费量仅与世界平均水平相当，与发达国家相差甚远。油气这类优质能源的消费水平甚至低于很多低收入国家。2020 年我国将实现全面小康，到那时，如果能源仍然以煤炭为主，就无法从根本上解决资源环境问题。这种小康也很难说是全面的。在代际更替的同时，能源生产和消费变革还体现在能源技术全面升级和能源体制全面市场化改革方面，即应最大限度地发挥市场对能源配置的决定性作用。换言之，我国能源升级必须依靠改革实现。

其次，重新定义“走出去”。世界上主要的油气资源都已被发达国家瓜分完毕，中国作为后来者，只能到一些经济欠发达、政局不稳的国家参与开发。这导致在对待一些重大国际问题的态度上，往往受油气利益的羁绊，不利于树立负责任大国的形象。而在海外开采的油气，大部分就地销售，并没有直接形成对国内的实物供给。新形势下，“走出去”已经到了从量变到质变的阶段，不应再是简单地直接获取资源，而应以国际油气供应商的身份深度参与全球油气分工；不应再一味追求海外投资项目的扩张，而应注重资产质量和运营能力的提升。同时，应鼓励民营企业“走出去”，让更多的民众能享受到“走出去”的成果。

最后，构建能源外交新“版图”。在经济全球化条件下，油气资源已经全球配置，由一个国家单独去应对供应、价格、通道等风险，代价会很大，也不易实现。我国应当树立集体安全的观念，这包括两方面的含义：一是加强与油气生产国、过境国和其他消费国的合作和政治互信，通过双边、多边合作和区域合作等方式实现共同的能源安全；二是积极参与全球能源治理。目前，全球经济治理主要局限于贸易和金融，对能源缺少有广泛代表性的合作机制。有必要建立一个包括能源生产者和消费者在内的集体安全体系。在这一体系框架下，主要能源生产国可与消费国平等交流，共同讨论能源政策、市场建设、定价机制、运输通道安全等重大问题，并且形成有约束力的机制和共同行动的步骤，从而稳定石油、天然气价格。

回顾历史，一个伟大的民族往往不是赢在出发的起点，而是赢在变革的拐点。当发达国家普遍从煤炭时代进入油气时代时，中国错过了、落后了。所幸的是，油气时代仍会持续很长时间。以“页岩气革命”为代表的贫矿“逆袭”，使油气时代出现了一个拐点，由此带来的美国“能源独立”所造成的全球性影响，已证明了它蕴藏着巨大的“红利”。此时有所作为，或许是中国赶上世界前进步伐的一次难得机遇。

中国在全球能源治理变局中的角色

世界能源格局发生了重大变化，以供给安全、价格安全、通道安全为代表的能源既有安全风险降低，新安全风险增加。传统能源治理机制日渐式微，新的能源治理机制正在形成。中国参与全球能源治理的目的是满足供给充足、价格平稳偏低、自由贸易、投资安全的需要。当前应抓住机遇，推动构建二十国集团（G20）框架下的能源治理机制建设，尽快开展加入《能源宪章条约》（ECT）的谈判。同时，发起“一带一路”倡议下双边和多边能源合作论坛，促进能源领域形成全球性、专业性和地区性“三位一体”的治理体系。

全球能源治理变局

能源安全主要表现为油气安全。按风险类型和出现的时间，可分为既有安全风险和新安全风险。随着北美“页岩气革命”和美国“能源独立”的出现，全球油气呈现出多点供应、供大于求和价格长期走低的局面。与之相伴，能源新安全风险上升，既有安全风险下降。以 OPEC、国际能源署（IEA）、ECT、国际能源论坛（IEF）为代表的传统能源治理机制，其主要治理对象仍集中在既有安全风险，对近年日益凸显的新安全风险重视不够、作用有限，全球能源安全治理机制正面临重大变革。

能源既有安全风险威胁趋弱

长期以来，中国和很多能源消费大国关注的能源安全问题，主要集中在供给安全、价格安全和通道安全 3 个方面，可以称之为既有安全风险。

第一，供给安全。20 世纪曾出现两次石油危机，中东产油国以石油断供为手段向西方国家施压，造成世界经济衰退。此后，国际社会和主要石油进口国都建立了各类应对机制，油价波动再也没有引发全球性经济危机。但是近年来，仍有个别国家在使用石油天然气武器。如俄乌危机中，俄罗斯以断气为要挟对乌克兰施压，但只在短时间内产生了一定消极影响。与 20 世纪石油危机期间相比，当前全球油气储采比大幅上升，能源消费大国能源多元化取得重大进展，想靠中断油气供应威胁一国或世界，既不符合国际道义，也不具有现实可行性。

第二，价格安全。以往世界经济周期中，在经济下行时，能源价格急剧下跌，会加深经济衰退程度，在经济复苏时，能源价格大幅上涨，会推升通胀，延缓经济复苏。20 世纪 70 年代以来，历次世界经济衰退都发生在原油价格上涨到峰值后。但是也要看到，石油是世界上交易量最大的自由贸易产品，以某个国家或某个企业的能力很难控制其价格。国际金融危机以来，全球油气出现了产能过剩的情况，其稀缺性大为降低。石油与美元互为避险工具，油价与美元指数呈反向关系。随着美国经济持续复苏，美元走强，后危机时代，国际游资购买石油避险的需求减少，油价将长期保持低位，价格安全问题不再突出。

第三，通道安全。我国进口的大部分石油来自中东，需要经过霍尔木兹海峡、马六甲海峡等运输通道。对此，国内很多学者认为存在能源通道被封锁的风险，战时会陷入缺油少气的局面。事实上，即使在“冷战”时期，马六甲海峡的运输也没有中断过。当今世界，和平与发展是主题，大国之间尤其是拥有核武器的大国不太可能发生大规模军事冲突，因战争造成的通道安全风险也比“冷战”时期要低得多。

在新的能源供需格局下，上述3个方面的安全风险虽然仍将长期存在，但引发全球性能源危机或经济危机的可能性基本上可以排除，能源既有安全风险已不再成为全球能源治理最重要、最紧迫的议题。

能源新安全风险逐渐上升

随着世界能源格局的变化，能源领域又出现了以下4个新的安全风险。

第一，非传统安全风险。恐怖袭击已经对全球安全构成威胁，在能源领域表现得也十分突出。如，ISIS（宗教极端主义组织）占领叙利亚、伊拉克地区大量能源设施。近年来，各国加大了靠近索马里的印度洋航道的护航力度，但其风险仍将长期存在。我国中亚油气管道途经地区“三股势力”猖獗，缅甸到云南的油气管线通过多个武装割据势力辖区。

第二，能源投资的政治法律风险。能源投资涉及“自然资源永久主权”和“新殖民主义”等敏感话题，项目实施中面临政策变化、合同纠纷、环保、人权乃至政府更迭等风险。当跨国能源公司与东道国利益不一致时，东道国往往会动用外贸、财政、汇率等政策，甚至不惜修改法律法规，以限制跨国公司的经营。如2012年4月，阿根廷以西班牙雷普索尔–YPF公司将大部分盈利转回西班牙，致使阿根廷油气产量不断下降为由，强行收购西班牙雷普索尔公司持有的YPF公司51%的股份，将该公司收归国有。

第三，投资目的地国腐败风险。国际能源公司对一些当事国投资面临较严重的潜规则，如利益输送、政策不透明等，投资风险较大。里海国家腐败就是影响能源投资的一个重要因素。外资投资公司涉嫌腐败还可能被本国政府追究责任。如，2014年爆出的巴西国家石油公司丑闻事件，不仅使该公司生产经营受到严重影响，而且众多外资公司面临本国的腐败指控。

第四，化石能源消费面临环境约束。在全球应对气候变化谈判中，国际社会要求排放大国减少化石能源使用、降低温室气体排放的呼声一直未停。2015年12月，巴黎气候变化大会达成了《巴黎协定》，抑制全球化石能源消费的压力仍然很大。

现有全球能源治理机制的局限性

全球能源治理机制由多个国际组织构成。IEA和OPEC分别代表石油消费国和供给国的利益；IEF是石油生产国与消费国共同参加的组织，但缺少法律约束力；ECT具有较强的法律约束性。G20、世界贸易组织（WTO）等以全球经济治理为主要目的的国际组织也涉及能源治理问题，但影响力有限。此外，还有国际原子能机构（IAEA）、清洁能源部长级会议（CEM）等专业性较强的国际组织，在本领域中的影响较大，但这两类能源占全球一次能源的比重偏小。

虽然现有全球能源治理机制层次多，管理范围广，但其局限性也很明显。一是治理成效总体不大。至今未形成类似联合国、WTO、国际货币基金组织（IMF）的全球性治理机构，在能源治理的广度和深度上，尚未完成从“局部”治理向“全球”治理的跨越。二是治理规则的约束力逐渐减弱。传统治理手段有效性进一步弱化，无论是OPEC限产保价，还是IEA释放产能，其频率越来越低，作用越来越小。执行力明显不足。除ECT外，现有能源治理机制一般以协议方式签署，普遍缺乏法律约束力。三是治理领域覆盖不全。只针对能源既有安全风险，无法覆盖能源新安全风险。

全球能源治理机制正在加快改革步伐

为改变影响力下降的趋势，各能源治理国际组织加大了改革力度，倾向于通过扩大参与国范围而非强化约束力增强影响力。主要措施包括两个。一是采取灵活多样方式，扩大参与国范围。IEA提出“联盟国”（Association）倡议，中国、印度尼西亚和泰国2015年11月成为IEA联盟国。2014年，ECT启动“全球能源宪章”谈判，签署国将成为ECT观察员国，不必履行成员国义务。二是扩大治理范围。如IEA除传统原油安全问题外,逐渐关注电力、清洁能源、技术进步、气候变化、碳捕获与储存等领域，力求多管齐下，扩大实际影响力。三是加大宣传力度。如IEF通过发布研究报告、与石油公司合作、积极参与G20、IEA、OPEC等国际会议，提升自身交流平台的影响力。

虽然各能源治理国际组织积极进行改革，但仍无法遏制影响力下降的趋势。主要原因是治理内容空泛、约束性不强、对现实问题缺乏解决方案等根本性问题尚未得到解决。

中国如何参与全球能源治理

我国改革开放以后才逐步参与全球能源治理。1983 年，我国成为世界能源理事会（WEC）成员，1984 年加入了 IAEA。以此为标志，我国在能源国际组织的席位从无到有，参与由浅入深。

21 世纪以来，我国参与全球能源治理更加注重发挥影响力，如通过担任成员国、联盟国、对话国、观察员国等，与 IEA、IEF、OPEC、ECT、IAEA 等开展了多种形式合作，开始在 G20、金砖国家（BRICS）、亚洲太平洋经济合作组织（APEC）和上海合作组织（SCO）等框架下就能源问题发挥关键作用。我国也是 IEF、联合石油数据库（JODI）、国际能效合作伙伴关系（IPEEC）和 CEM 等众多能源机制的创始成员，还积极参与并主办了众多国际能源会议。

我国有必要深度参与全球能源治理的国际组织，其意义在于以下三点。一是有利于维护全球能源平稳供给。当前，国际石油市场仍存在国别价格、长短期协议价格的差异，全球天然气市场更是尚未建立。改变不利的油气价格体系，需要能源消费国、供给国、过境国共同参与，更需要我国在改善全球能源治理方面发挥建设性作用。二是有利于拓展海外能源市场。近年来，我国能源企业“走出去”日益增多，但海外投资总体并不顺利，常因“资源威胁论”等负面舆论而被拒之门外，落地项目也易受环境、法律等因素干扰。构建有利于促进能源贸易与投资的全球规则，可以有效保护我国不断增长的海外能源投资利益。三是有利于我国树立负责任大国的形象。改革开放 40 年来，我国经济社会高速发展，国际地位大幅提高，国际舆论要求我国承担国际责任的呼声高涨。作为全球主要的煤炭消费国和海外能源项目投资国，国际社会要求我国积极应对气候变化，促进海外能源项目保护环境等要求日益增强。与国际社会合作，推进能源结构转型，制定海外能源投资国际规范，是应有之责。

我国参与全球能源治理的目的，主要是满足供给充足、价格平稳偏低、自由贸易、投资安全的需求。这是我国的能源核心利益。为此，需要构建从供应国经过境国到消费国的全供应链能源安全体系，形成具有一定法律约束力的能源治理新机制。可以考虑推动构建全球性、专业性和地区性"三位一体"的能源治理体系。第一层面，全球性能源治理机制。主要负责油气价格体系调整、应对气候变化、能源反腐败等全球性问题，主要在 G20 框架下完成。第二层面，专业性能源治理机制。重点解决投资安全问题，应具有法律约束力，通过参与 ECT 实现。第三层面，区域性能源治理机制。通过双边和多边能源合作，确保油气稳定供应。

推动构建 G20 框架下的能源治理机制

在 G20 框架下对能源市场进行全球治理是必要的，也是可行的。20 世纪 90 年代以来，全球经济治理逐步从发达国家主导的七国集团（G7）、八国集团（G8），向发达国家和发展中国家共同参与的 G20 转变。2008 年国际金融危机以来，国际社会普遍接受 G20 成为今后开展全球经济治理的主要平台。目前，G20 的 GDP 总量约占世界的 85%，人口约 40 亿人，覆盖了主要发达国家和新兴经济体，也包括了主要的能源资源供应国和消费国，具备承担能源资源市场全球治理的基本条件。

G20 已经在能源治理领域崭露头角。自 2005 年开始关注能源问题，近年来逐步深入。2013 年，G20 圣彼得堡峰会关注全球能源治理与合作问题，并在能源数据合作、新能源开发、应对气候变化等领域达成共识。2014 年，G20 布里斯班峰会将能源合作作为重点议题，核准了《G20 能源合作原则》，重申逐步取消化石燃料补贴。2015 年，首届 G20 能源部长会和 G20 安塔利亚峰会相继召开，在能源获取、可再生能源、能源效率和能源投资等问题方面取得了重要成果。目前，G20 峰会在能源治理问题上已经取得了重要进展，但仍存在缺陷和不足，如成员国轮流办会、无固定的秘书处。为推进 G20 在能源治理领域发挥更大作用，未来应重点讨论 G20 机制化问题。

在中国的支持下，G20 在全球能源治理领域可以发挥更大作用。习近平主席在参加 2014 年布里斯班峰会讨论能源议题时强调，G20 必须从完善全球经济治理的战略高度，建设能源合作伙伴关系，培育自由开放、竞争有序、监管有效的全球能源大市场，共同维护能源价格和市场稳定，提高能效，制定和完善全球能源治理原则，形成消费国、生产国、过境国平等协商、共同发展的合作新格局。中方还对全球能源治理与合作做出承诺：包括提高能源数据透明度，2030 年左右达到碳排放峰值，到 2030 年非化石能源占一次能源消费比重提高到 20% 左右；设立气候变化南南合作基金，帮助其他发展中国家应对气候变化；提高能效，逐步取消化石燃料补贴，支持可再生和清洁能源；等等。

当前和今后一个时期，构建 G20 能源治理机制可以考虑采取以下措施。一是就建立能源治理机制达成共识。积极推动将能源工作组升格为秘书处，专门负责处理能源治理机制相关问题，并争取将该秘书处设在中国。二是鼓励各国加快能源结构调整，推进能源代际更替。承诺我国减少煤炭使用，并鼓励印度、印度尼西亚等成员国努力减少煤炭消费，增加天然气消费比重，并大力发展非化石能源，与世界同步进入低碳能源时代。三是呼吁取消天然气价格与原油价格挂钩的定价机制。天然气价格与原油价格挂钩不符合自由贸易原则，区域价格壁垒有损各方利益。四是呼吁各国联合打击能源投资腐败。建立反腐败合作机制，在《联合国反腐败公约》和《布里斯班行动计划》框架下，加强能源投资反腐败合作，协商与统一各国法律制度差异，解决追逃追赃过程中的诸多法律困境，共同维护能源投资公平。

尽快开展加入 ECT 谈判

ECT 对能源投资、贸易与运输等做了详细规定，对保护缔约国海外能源投资有重要作用。其主要特点包括以下方面。

一是低投资准入要求。ECT 只要求缔约方对于其他缔约方投资者尽“最大努力”给予国民待遇和最惠国待遇，无其他硬性约束，东道国掌握能源开放程度话语权。

二是高投资保护标准。ECT 执行最高保护标准，主要体现在：投资定义宽泛，不仅包括直接投资，而且包括间接投资；投资确立后采取高标准国民待遇原则，不允许缔约国通过豁免清单进行保留；投资的绝对待遇高，不仅要求东道国给予公平和公正待遇，而且包括“最稳定的保护与安全”“禁止无理或歧视性措施”。

三是投资争议解决方式灵活多样。争议解决机制对投资者极为有利，东道国“无条件”同意提交国际仲裁，无须用尽当地救济规则，不采纳“岔路口条款”等。即投资者在通过友好协商不能解决争议后，可以选择多种方式，在任何时间提起争议解决，且一项争议解决未达目的，还可通过其他方式再行解决争议，东道国只能选择被动应诉。

四是保护期限长。ECT 特别规定，即使相关国家终止临时使用，ECT 的投资保护规则和投资者—东道国争议解决规则在 20 年内仍然有效。此外，对于能源贸易与过境通道使用采取无差别待遇，等等。

我国对外签订的油气合作协议，对中方投资的保护水平尚未达到 ECT 的标准。作为对外能源投资较多的国家，这些规定对我国十分有利。能源主管部门应当加强对 ECT 的研究，加快国内改革和能源法律法规的废改立，尽快就签署 ECT 与其秘书处展开磋商与谈判。

世界上没有哪个国家可以完全靠本国的能源资源满足发展需求。在全球化时代，能源资源全球配置势在必行。在这种格局下，参与才能分享，治理才能公平，中国不能置身其外。

我们距能源互联网有多远

能源互联网是当下能源界热议的话题。互联网是典型的通用目的技术，具有创新速度快、通用性广、渗透性强的特点。互联网与任何一个产业结合，都可以创造出前所未有的生产力。遗憾的是，互联网改变了世界，但还没有改变中国能源。至少在以下几个方面，中国能源与互联网世界还有不小的差距。

一是生产方式。传统工业生产方式的特点是大规模、集中式，标准化生产，工厂化制造，远距离输送。第四次工业革命以来，在互联网带动下，先进制造业发展趋势是小规模、分布式，柔性化生产，出现了智能制造、虚拟制造。技术创新周期变短，颠覆性创新增多，传播速度加快。

但是，在能源领域，如电力、油气等，仍然是以传统工业生产方式为主。由于能源装备一次性投入大、沉没成本高，以往能源技术更新往往需要几十年，实现代际更替甚至要上百年。尽管进入了互联网时代，能源领域这种长周期调整的局面尚未改观。

二是分配方式。传统分配方式一般分为初次分配和再分配。初次分配注重效率，再分配注重公平。互联网的出现使初次分配和再分配的界限变得模糊。传统分配方式的分配内容主要是货币和福利，而互联网参与下的分配，还包括服务、实物和各种虚拟回报，如积分、返点、某种权利，其价值可以与货币等同。

能源领域尚未脱离初次分配和再分配的框架。在电力、油气领域的初次分配中，由于有关部门规定价格和产量，企业收益往往难以反映效率。在再分配中，能源国企上缴的国有资本预算差强人意。这些预算又大多用于国有企业，有的能源国企还享受财政补贴。即便从传统分配角度看，能源领域也没有完全做到效率和公平，更不要说接受互联网时代各种新的分配方式。

三是交易方式。移动互联带来了支付革命，极大地降低了交易成本，提高了资源配置效率。过去，买东西能货比三家就算不错了，有了互联网可以货比 N 家，以往交易中普遍存在的信息不对称变成接近于信息对称，消费者可以买到质量价格最优的商品。互联网上进行的交易皆有痕迹，便于溯源。这又增大了失信成本，提高了信用水平。在低成本高效率、低价格高信用的优势作用下，互联网交易的规模急剧膨胀。

但在能源领域，少数企业独买独卖，有关部门决定价格、分配产量。即便在传统交易方式中，这也属于市场化程度较低、效率不高、机制僵化的模式。目前，虽然居民也可以在网上买电，但价格是固定的，消费者不会因为时间不同、消费量不同、电源点不同买到不同价格的电，交易规模也没有出现如同互联网金融和电商那种井喷式的发展。

四是消费方式。互联网消费方式表现为个性化、私人订制，消费者购买的范围打破了空间限制。但是，对能源消费者而言，能源供给仅限于少数电网企业、油气企业，消费者没有太多的选择权。

五是经济体制。互联网世界的特点是充分竞争、非公经济为主、市场主体分散。能源领域的特点是供给侧产业集中度高、单边购买、特许经营，经营者以国有企业为主。

六是组织形态。互联网世界是扁平结构和水平网络模式。能源领域总体还是层级结构，纵向链条模式。

当前，能源互联网没有得到充分发展，主要原因是制度安排上还不具备条件。首先，能源行业产业集中度过高，抑制了竞争，造成价格机制失灵和供求关系失衡。其次，能源行业所有制结构单一，主要是以国有经济为主。传统国有企业的弊端，如大而全、小而全、“吃大锅饭”、效率不高、缺少自我约束机制等问题尚未解决。能源流通主要靠国营贸易、特许经营。最后，行政干预较多。有关部门对能源企业的管理仍以指标控制、行政审批为主，而恰恰需要监管的网络型垄断行业监管缺位。这些问题的存在，使能源在国民经济中仍然是一种特殊商品，而不是一般商品。

实现能源互联网的愿景，关键是让能源回归一般商品属性。具体而言，就是要降低准入门槛，允许各种所有制的市场主体从事能源供给、流通业务。彻底打破对能源交易流通的行政垄断和行业垄断，放开能源供销价格，取消对能源价格、产量的计划管理。对能源领域中的网络型垄断行业，实行网运分开、放开竞争性业务的改革[1]，形成能源供给和能源消费之间多买多卖的市场格局。这是电力体制改革和油气体制改革应当重点考虑的问题。

能源与互联网的结合，不仅仅是给每一个发电机、每一个用电户设置一个 IP（网络之间互连的协议）地址，也不仅仅是利用互联网进行电力调度，而是利用无所不在的互联网，使能源像其他一般消费品那样自由交易。这才叫能源互联网。

建立名副其实的能源互联网，前提是能源市场的充分发育。

只有市场化改革到位，能源才有条件像其他商品一样：利用价格机制灵活调节供给和需求；降低用能成本，尤其是用电、用油、用气成本；减少能源粗放利用；从根本上解决弃风、弃光、弃水问题；提高消费者选择权，满足多样化的能源需求。

第二章

能源体制：让市场决定资源配置

能源是我国传统计划经济体制下高度计划管理的领域。在市场经济条件下，能源是一般商品还是特殊商品？市场这只“看不见的手”能否对能源配置发挥决定性作用？电网、油气管网这些自然垄断行业如何改革？能源体制改革与其他领域的改革是什么关系？

改革无止境，能源不例外

能源是关系国家安全的战略性资源，但也是商品，可以由市场最大限度地发挥配置资源的决定性作用。20 世纪 70 年代以来，能源市场化改革已经成为全球性趋势。无论是成熟的市场经济国家，还是体制转轨国家，大多对能源领域放松管制、打破垄断、引入竞争。

在计划经济时期，国家对煤炭、电力、油气、能源运输行业管得过多过死，导致能源供应长期短缺，利用效率低下。1993 年，国家放开部分行业和地区煤炭价格，提高了市场调节比重，激励了煤炭产量增长。2002 年，国家在电力行业实行厂网分开，引入竞争机制。之后，每年发电装机以 1 亿千瓦的速度增加。这些实践表明，能源的市场化改革极大地促进了供给增加、效率提高。

我国能源领域的市场化改革并不顺利。以煤炭为例，在对待市场主体“多、小、散、乱”的问题上本可以有不同的选择：一种是市场配置资源为主，用“看不见的手”促进多种所有制经济在竞争中优胜劣汰；另一种是行政配置资源为主，依靠“看得见的手”推进企业兼并重组。然而，所有产煤大省几乎不约而同地选择了后者，加大了煤炭资源整合力度，不断提高煤炭生产和运输的集中度。在电力行业，电网企业仍然居于独买独卖的地位，由供求关系决定电价的市场机制远未形成。在油气领域，大型企业覆盖了从勘探、开采到运输、流通，再到冶炼、批发、零售的全部环节，其他各类企业进入的空间很小。能源领域中很多品种尚未实现市场定价，政府对微观经济活动的干预较多，在一定程度上影响了发达国家对我国市场经济地位的认可。

能源领域很大程度上仍沿袭着计划经济体制。例如：在电煤生产中还存在生产计划、运输计划；在电力行业中存在发电量计划；煤炭、电力、油气、能源运输行业仍实行计划与市场并存的双轨制。在这种体制下，价格机制在能源生产经营中的自动调节作用受到了抑制。无论是现代经济理论，还是新中国成立后的前30年的实践均表明，计划经济和不恰当的管制都会造成短缺和效率低下。

改革开放以来，我国对改革模式的认识，从计划经济为主、市场调节为辅，到有计划的商品经济，再到计划经济与市场调节相结合，最终在1992年中国共产党第十四次全国代表大会上确立社会主义市场经济的改革方向。这一认识来之不易。对煤炭、电力、油气这类资源而言，所谓市场化改革，就是要建立全国统一的开放的市场体系，清除分割、封锁市场的行政性壁垒，营造公平竞争的市场环境，鼓励多元投资主体进入，建立以市场形成价格为主的价格机制。

当然，拖延能源领域市场化改革会有很多理由，最有代表性的理由包括以下几种。一是“特殊论”，认为煤炭、电力、油气是特殊商品，是市场失灵的领域。二是“安全论”，断言改革会影响社会稳定和生产安全。三是“控制论”，强调这些领域是国民经济命脉，必须垄断经营，等等。仅仅回顾改革的历史就可以发现，很多领域往往祭出这几面旗帜作为加强管制、回避改革的挡箭牌。而发达市场经济国家的历史则表明，这些领域完全可实现市场化。

市场化不等于国家丧失了控制权，政府完全可以从市场参与者转变为市场的监管者、竞争规则的制定者。这或许正是加强控制力和影响力的真谛所在。

能源体制改革关键是划分竞争性业务和非竞争性业务。能源领域中的一些行业具有自然垄断特征，但并不等于这个行业中的所有业务都应当一体化经营，通过竞争提高效率的规律在这些行业同样适用。

推进改革，应当将这些行业中的竞争性业务与非竞争性业务分开。竞争性领域完全交给市场，引入多元投资主体，扩大对外开放，由供求关系决定价格，由竞争优化资源配置，由契约规范交易活动。对于非竞争性业务，要实行公平接入，提高普遍服务水平，加强政府对其经营业务、效率、成本和收入情况的监管。改革的另一重点是改进政府管理。对于市场失灵的领域，政府应当切实履行宏观调控、市场监管和公共服务的职能。

衔接国企改革与能源改革

我国能源行业产业集中度高、国有企业比重大，推进电力、油气改革无法回避国有企业改革，国企改革也不能回避能源改革。如何将能源行业改革与国企改革统筹考虑，是值得关注的重要问题。

国有能源企业如何分类

这一轮国企改革的重点之一，是将国企按商业类和公益类进行分类改革。国有能源企业属于哪一类?

能源是商品，应当由市场对能源资源配置起决定性作用。从这个意义上讲，能源企业属于商业类。但是，部分国有能源企业又具有普遍服务职能，如满足弱势群体用能需求，为农业生产提供低价电、低价油等。这些业务具有一定的公益性。电网企业和油气企业将商业性业务与公益性业务混在一起，内部形成了交叉补贴，无论将其归为哪一类都不够准确。

解决这一难题，关键在于厘清政府和企业的职能，即政府为公民和企业提供基本公共服务，具体包括：对困难群体用电、用油提供补贴；能源企业按供求关系定价，按商业原则经营；工商企业和居民用能则按市场价格付费。

在明确政企职能的前提下，可以将本应由政府承担的公共服务职能从能源企业中剥离出来。尽管政府满足特殊群体能源基本服务需求的职能仍然要由能源企业完成，但二者的关系是政府购买服务，而不是通过能源企业内部的交叉补贴解决。剥离公共服务职能后，能源企业才能真正成为商业类企业。

交叉补贴落谁家

国有能源企业中发生的交叉补贴，一般理解为企业以低于边际成本的价格向公益性业务提供商品或服务。这部分补贴需要由企业商业性业务的盈利承担。从理论上讲，剥离企业承担的公共服务职能后，交叉补贴支出责任应当转由政府公共财政承担。这势必增加财政支出。

长期以来，国有能源企业反映交叉补贴数量很大，但究竟大到什么程度，一直没有准确的数据。财政支出都要有预算，哪些可以纳入预算，哪些不能纳入预算，有严格的规定。很多在能源企业内部认为是公益服务的支出事项，按照财政的标准是不应支出的，一旦将交叉补贴的支出责任转到财政，数量会受到严格控制。

比如，工商企业用电用气价格高，城市居民价格低。能源企业用工商业电价气价补贴居民消费，在交叉补贴中占了很大一部分。一般而言，城市中越是收入高的家庭用能越多，享受的交叉补贴就越多。这是不公平的，也违反了交叉补贴的初衷。事实上，真正的困难群体家庭实际用电用气量比较少，政府已经为其建立了最低生活保障和各种救济制度，不必由能源企业进行补贴。因此，将企业交叉补贴的支出责任交给政府，政府的实际支出不会增长太多，补贴反而会更加公平合理。

网络监管不可少

2015 年以来，陆续出台的几项改革意见都明确了网运分开、放开竞争性业务的改革方向。电网、油气管网都是网络型垄断行业，今后有可能在这些领域进行企业资产和业务重组。这是国企改革与能源体制改革的重要结合点。

对网络型垄断行业而言，加强政府监管是改革的应有之义。重点要监管几个方面：一是政府对网络输配业务单独定价、单独监管；二是网络向第三方无歧视开放；三是网络建设投资向各类投资主体开放。

政府作为监管主体应当加强监管力量建设，在制度安排上要解决政监合一还是政监分开，统一监管还是分段监管，垂直监管还是分级监管等问题。这些问题目前尚无具体的解决方案，还有待深入研究才能早日提上改革日程。

向管资本为主转变

我国对国有能源企业的现行管理方式与其他国资监管无异，主要是管人、管事、管资产，股东回报在其中处于次要地位。过多的直接管理极大地制约了企业的自主权，不利于企业参与市场竞争。

国资监管转到以管资本为主，体现了国家在国有资产经营目标上的重大转变。具体到能源企业，首先可以通过资本运营实现转型升级。目前，大量的国有能源企业是按能源品种建立的，有关部门也是按资产量对能源企业进行排位，如发电企业看装机容量、油气和煤炭企业看资源储量。国资监管转到以管资本为主后，应当允许能源企业根据世界能源格局的变化和我国能源代际更替的需要，更灵活地处置资产，从事投资回报更高的能源业务。

其次，国有能源企业可以出让部分股权解决历史遗留问题。这对目前陷入困境的很多煤炭企业、老工业基地企业有很强的现实意义。

最后，提高能源国有企业国有资本经营预算规模。与能源国企动辄上万亿元的资产相比，其上缴的国有资本预算规模偏低，且大量的预算又用于国有能源企业，有的还在享受国家补贴。这种情况必须改变。今后，国家应当将能源企业国有资本股东回报的多少，作为衡量企业的业绩和社会责任的主要标志。

改革之风驱散“体制雾霾”

很多西方发达国家在经济快速发展阶段都出现过雾霾遮日的现象。我国经历的这一阶段与经济体制转轨阶段高度重合。不合理的体制是经济粗放发展、能源粗放利用的重要原因。为了消除大气雾霾，必须先解决“体制雾霾”。

煤炭清洁利用不够

煤炭占我国一次能源消费的 60% 以上。为减少雾霾，应当将分散燃烧的煤炭尽可能改为集中燃烧，提高煤炭发电的比重，特别是应当大力发展大容量、高参数的燃煤火电机组。这些措施各方面已经达成共识，国家也制定了相关政策，但由于体制原因，落实并不顺利。

发电用煤约占煤炭消费的 50%。燃煤电厂的煤耗差别很大，百万千瓦超超临界机组每千瓦时煤耗可以低于 300 克，而小火电机组有的要达到 400 多克。大机组的污染处理能力优于小机组，甚至接近零排放。如果让大机组多发电，小机组少发电或者不发电，等于减少了污染排放。但是，事实上，百万千瓦机组与小火电机组年发电时间相差不多。这主要是由于各地政府经济运行主管部门要向每一台机组下达发电量计划，平均分配发电时间，电网按计划进行调度。计划内的电量按国家定价上网，计划外的电量要低于国家定价上网。这使得高效节能机组的发电能力得不到充分发挥。

钢铁、水泥、化工用煤约占煤炭消费的30%。大型重化工企业在污染处理能力和效率方面明显优于小企业，但小钢铁、小水泥、小化工在各地屡禁不止。之所以出现这种现象，主要是重化工项目审批权高度集中于国家有关部门，大型项目往往多年得不到批准。重化工属资本密集型产业，拿不到国家的批件，银行不给贷款，土地部门不给批地，而市场对这些产品需求旺盛。于是，大量达不到环保要求的小企业在各地遍地开花。

可再生能源推广困难

风能、太阳能、水能是世界公认的清洁能源，多用这些可再生能源等于少用煤炭。但是近年来，弃风、弃光、弃水现象时有发生，一些地方风能、太阳能发电并网难的现象，长期得不到解决。与之相关，存在以下体制问题。

一是项目审批制度。风能、太阳能发电项目按装机规模分级审批，5万千瓦以上由国家能源局审批，5万千瓦以下由地方政府审批。各地为了多上项目，出现了大量4.99万千瓦的小项目。虽然电源审批权下放了，电网规划和审批权却没有相应下放。在分散审批的情况下，国家无法统一规划送出工程，大量风电、光电项目难以并网。

二是电力体制。东部地区电价高于中西部地区，同样的光伏发电补贴，在东部地区补贴的电量要高于西部地区。因此，应当在东部大量推广小规模分布式的太阳能电站，替代燃煤发电，如屋顶光伏发电。但是，电网企业是购电和售电的主体。分布式电站的电力自发自用、多余上网。这将减少电网企业的收入，电网没有消纳这部分电力的积极性。

三是电力调度方式。二滩弃水曾经引发了电力体制改革，但这一问题至今仍未完全解决。《可再生能源法》规定，“优先调度和全额保障性收购可再生能源发电”。实际情况是，各地经济运行主管部门对每一台机组下达发电量计划。水电在计划发电小时数之外的超发电量不但得不到奖励，反而要向火电企业支付补偿才能被电网收购，等于用水电补贴火电。水电比火电便宜，既清洁又经济，但由于电网企业是单边购买方，发电方与用电方不能直接交易，宁可弃水也不能把电供给需要的企业。

油气时代姗姗来迟

从能源发展的一般规律看，以煤炭代替薪柴、油气代替煤炭是一个必然趋势。多用油气少用煤炭等于减少排放。但是，由于油气体制市场化改革滞后，使得我国难以适应能源代际更替的大趋势。

首先，油气区块出让仍采用计划分配方式。世界上大部分国家的油气资源属于国家，油气区块招标出让，出价高者获得开发权，长期圈占不开发的区块国家依法收回。我国是少数登记出让区块的国家，国有企业在占有油气区块时没有向国家付出代价。这些企业改制上市后，原本属于全民的油气区块成为股民的资产。大量圈占的区块既不投入，也不开采，限制了国内供给。

其次，油气流通领域处于高度垄断。少数油企基本掌握了全国的原油、成品油管网，不对第三方开放。它们同时拥有原油、成品油进出口权，其他企业即使在国外获得便宜的油源也不能进口到国内销售，必须卖给拥有进出口权的国企，再由它们销售。各地的炼化企业只能从有进出口权的国企手里购买原油。由于地方炼油企业与拥有进出口权国企下属的炼油厂存在竞争，地方炼油企业很难拿到价格合理的原油，不得不进口国外的燃料油、渣油。这类油成本高、油质差、污染处理难度大。这些拥有进出口权的国企还垄断了成品油批发和零售渠道。政府有关方面对民营企业兴办加油站设置了较高的门槛。天然气上游和流通环节的情况与石油基本相同。不同的是，一个城市一般只有一家燃气公司，进入家庭的天然气必须从这一家公司购买。

油气从区块获得、进口开始，直到进入各家的油箱、厨房，大部分环节处于少数企业的垄断经营之下。它们利用垄断地位，排斥竞争，获取垄断利润。国家定价无法使价格反映和调节供求关系。2013 年以来，有关部门着手放开油气进出口权的做法值得肯定，但还远未实现公平准入。在全球油气供大于求和价格走低的形势下，国内油气价格并未出现相应幅度的下降，油气供应仍无法满足国内需求的增长需要。

环境监管成效堪忧

目前，我国环境治理主要运用三种手段，即指标控制、项目审批、价格补贴，与传统计划经济时期的管理方式非常相似。在市场化进程中，政府的这三种经济管理手段都在进行改革，环境监管领域的改革相对滞后。

一是指标控制。“十一五”规划中首次制定了3个节能减排约束性指标，“十二五”规划增加到7个。[2]这些年，节能环保部门把大量精力放在这几个指标的分解下达、检查落实上。这里涉及如何对待政府制定的指标问题。20世纪90年代以来，国家对计划体制进行了大幅度改革。计划指标从原来的约束性指标，总体上转变为预测性、指导性指标。新设的几个节能环保指标则坚持了约束性，完不成就要对地方问责。计划经济时期制定和下达指标尚且要经过几上几下、综合平衡；分解下达节能环保约束性指标则主要靠公式，地方与中央讨价还价的余地比较小。每个五年规划中，节能环保约束性指标刚下达时完成起来很难，但经过努力都能完成。这种相关主管部门自己定指标、自己下达、自己统计、自己考核，缺少第三方参与的指标控制方式，人们难免对其客观、公正存有疑问。

二是项目审批。环评报告审批、节能评估报告审批是各类建设项目的前置审批事项。对这两个环节有关部门把关“严”，企业投入与耗时较长。环评和节能评估一旦通过，实际执行情况往往很难掌控，存在着“重前期审批、轻过程监管”的问题。

三是价格补贴。为了将企业经济活动的外部成本内部化，世界各国普遍采取的措施是“谁污染、谁治理”，或者“污染者付费”制度。而我国使用价格补贴作为治理排放的经济手段，凡脱硫、脱硝的发电企业，国家上调上网电价和销售电价，补贴其增加的成本，即“企业污染消费者付费”。很多发电企业不按规定运行脱硫、脱硝设施，电价补贴就会变成利润留在企业。消费者出了钱，实际减排效果却未达预期。

深化能源与环保体制改革

在计划经济时期，国家对能源实行高度集中的计划管理。改革开放以来，能源的市场化改革在一些领域有所突破，但并未全面完成，总体上处在计划与市场并存的双重体制下。这是能源利用粗放、结构调整缓慢的重要原因。体制雾霾不除，大气雾霾难消，能源的市场化改革可以考虑从以下几方面着手。

第一，抓紧进行油气全产业链市场化改革。改革应覆盖油气上下游各个环节。一是改革矿产资源管理体制。对尚未开发的石油、天然气区块以及页岩气、页岩油等非常规油气区块进行招标出让，价高者得。这样，既体现国家对资源的所有权，也可有效提高国内油气的供给能力。二是改革流通体制。在油气批发、零售、进出口环节放开准入，允许各类经营主体进入。这将有利于我国抓住这一轮全球油气价格下降的机遇，加快能源结构调整的步伐。三是对油气管网实行“网运分开、放开竞争性业务”的改革。对网络运输实行单独定价、单独核算。[3]

第二，深化电力体制改革。抓紧出台电力体制改革方案，促进电网退出单边购买方的地位，真正实现发电方与用电方“多买多卖”的直接交易。取消各地自行下达的发电量计划，实行节能发电调度，按照可再生能源法的要求，确保可再生能源无条件全部上网。

第三，统筹推进国企改革与能源行业改革。能源领域中国有经济的比重较高，有的一个行业就几家国企，如电网、油气、核电等。可以由相关部门共同参与，研究提出能源行业改革和能源国有企业改革相结合的综合性方案。

第四，推进项目审批制度改革。下放大部分能源和重化工业的审批权限，促进重化工业中规模效益明显的大项目上马。通过竞争，以先进生产能力淘汰落后生产能力。在放开对竞争性业务管制的同时，加强对电网、油气管网的监管，促进其第三方开放。

第五，改革节能环保监管方式。建设项目的环评从前置审批改为同步审批，取消节能评估审批。[①] 政府对环境的监管从主要是事前审批转到项目的全过程监管上。

① 2014 年 12 月，国务院提出，企业投资核准只保留规划选址、用地预审（用海预审）两项前置审批，其他审批事项实行并联办理（国办发〔2014〕59 号）。环境影响评价审批、节能审查意见作为前置审批事项，分别依据《中华人民共和国环境影响评价法》（2002 年 10 月 28 日第九届全国人民代表大会常务委员会第三十次会议通过）、《中华人民共和国节约能源法》（1997 年 11 月 1 日第八届全国人民代表大会常务委员会通过，2007 年 10 月 28 日第十届全国人民代表大会常务委员会第三十次会议修订）。2016 年 7 月 2 日，第十二届全国人民代表大会常务委员会第二十一次会议通过了对这两部法律的修改决定，环评、能评不再作为可行性研究报告审批或项目核准的前置条件。

第三章

电力体制改革：徘徊中艰难前行

2012年，在电改5号文件（2002年）颁布10周年之际，笔者曾呼吁启动第二轮电改。2015年3月，新电改方案实施。与既往的期望相比，新电改的步子够大吗？电力市场主体满意吗？对比市场化国家，我国电力体制和电网建设有什么值得借鉴的地方？

有必要启动新一轮电改

2012年是我国开展电力市场化改革10周年。电力体制改革，极大地增强了电力企业活力，提高了电力供给能力。但是近几年，煤电矛盾不断加剧，发电企业频现巨额亏损，工商企业用电负担沉重，新能源、可再生能源发展受到制约，电力行业普遍服务不到位。一系列能源领域的突出矛盾，反映出现行电力体制已成为转变经济发展方式、促进节能减排和发展多种所有制经济的重大障碍。当前，应进一步深化电力体制改革，从根本上解决这一长期困扰电力工业和经济运行的突出问题。

当前电力行业的突出问题

2002年，国务院出台《电力体制改革方案》(以下简称“5号文件”)，对国有电力资产进行重组，成立两大电网公司、五大发电集团和4个辅业公司，组建国家电监会。改革打破了原国家电力公司集发、输、配、售为一体，垂直运营、高度集中的体制，实行政企分开、厂网分开。改革后形成了五大发电集团与神华集团、华润集团等中央发电企业，以及众多地方、外资、民营发电企业，多家办电、多种所有制办电的竞争格局。改革前，每年新增发电装机 2000 万千瓦就是很好的成绩。改革 10 年间，很多时期 1 年就可以新增装机 1 亿千瓦，极大地缓解了长期困扰我国发展的电力短缺问题。改革也有力地增强了发电企业活力。在建设成本大幅上升的情况下，10 年来火电工程造价平均降低了一半，企业的投入产出效率明显提高。

但与此同时，电力体制改革只是取得了阶段性进展，5 号文件确定的一些重要改革任务尚未落实，如输配分开没有实行、区域电力市场建设受阻、电价改革滞后，进而积累了一系列新的矛盾和问题。

一是煤电矛盾周期性发作。进入 21 世纪以来，煤电轮番涨价、发电企业经营困难。往往越是在迎峰度夏、迎峰度冬、重要节庆期间，煤电矛盾表现得越是集中，近两年甚至出现了淡季“电荒”。2008—2010 年，整个火电行业亏损达上千亿元，一些发电企业资产负债率甚至超过 100%。虽然国家采取了煤电联动、鼓励煤电一体化、电煤限价、实施煤炭储备等措施，但都无法从根本上解决煤电矛盾。

二是新能源发电困难。我国风电装机容量已位居世界第一，太阳能发电增长速度居世界首位。但是，新能源的实际发电量与设计水平相比有较大差距，“弃风”、“弃光”、限电现象严重，发展难以为继。在发达国家非常普遍的分布式屋顶光伏发电、小规模风力发电、分布式天然气多联产电站在我国举步维艰。

三是电力节能减排形势严峻。在我国电力结构中，燃煤发电量占 82%。不同效率机组的供电煤耗从 200 多克 / 千瓦时到 400 多克 / 千瓦时，相差很大。长期以来，在大部分电力调度中，对高耗能火电机组与高效节能机组、可再生能源发电的机组平均分配发电时间，甚至存在为了完成火电发电量计划，可再生能源发电要为“火电”让路的情况。这等于鼓励了高耗能机组发展，形成了对节能减排的逆向调节。

四是工商企业用电负担过重。目前，发电企业的上网电价是0.3~0.4 元 / 千瓦时，而工业企业实际用电成本一般要比上网电价高 1~2 倍，东部地区商业企业每度电费用大多在 1.2 元以上。企业普遍反映，电网收费环节多，实际用电支出远高于国家目录电价，甚至达到一些发达国家水平，在很大程度上影响了企业的国际竞争力。

电力行业矛盾的成因分析

电力行业近年来之所以出现上述突出矛盾和问题，源于 2002 年以来的改革没有从根本上解决计划与市场的矛盾。

第一，传统的计划管理方式仍在延续。一般而言，发电企业的销售收入等于电价乘以电量（收入 = 电价 × 电量）。目前，上网电价由政府审批决定，发电量由地方政府下达的生产计划决定。企业在产品产量和定价上没有自主权，这在市场化改革近 40 年的今天是一个罕见现象。人为设定的电价和发电量计划几乎不反映供求关系，也无科学依据。当电煤价格上涨或下跌时，发电企业无法自主调整、应对成本变化因素。地方政府在制订发电量计划时，基本上是按机组户头平均分配发电时间的。火电机组每年可以发电 6000 多小时，往往只给 4000~5000 小时。对于这部分计划内电量，电网企业按国家规定的上网电价进行收购，计划外电量则降价收购。当电煤价格大幅上涨时，火电厂超计划发电甚至造成亏损。

越是煤电矛盾突出的时候，企业的发电积极性越低。在全国发电能力充裕的情况下，不合理的制度安排就造成了“电荒”。

第二，电力市场发育不足。2002 年以来的改革，只是在发电领域初步建立了竞争格局，输电、配电、售电环节仍然维持了上、下游一体化的组织结构。电网企业集资产运营、工程施工建设、电力系统调度、电量财务结算于一身。有的电网企业通过大规模收购兼并，将业务延伸至设备制造领域，对电网设备（如变压器、继电器、开关、电表、电缆电线等）形成生产制造和采购使用的内部一体化。发电企业和电力用户没有选择权，阻断了供求双方的直接交易。其他施工企业无法参与竞争，输变电设备制造业界反映强烈。有的电网企业大规模投资收购境外的发电、电网甚至矿业资产，而国内农网改造工程和无电地区电力建设资本金却全部要国家财政出资；以系统安全、接入标准等为理由，限制新能源发电上网；上收五大区域电网人、财、物资源配置权，5 号文件规定的区域电力市场进一步萎缩。目前，我国电网的购电、售电差价在世界上名列前茅，但资产收益率仍然很低。由于电网调度、交易、财务缺乏透明度，造成其高差价、低收益的内在原因一直是个谜。深化电力体制改革已经到了刻不容缓的地步。

发展电力市场势在必行

传统观点认为，电力行业必须实行上、下游一体化经营，由国家统一管理。随着技术进步和管理创新，这种情况已有了很大变化。国外电力市场化改革的普遍做法是：在发电和用电环节按照公平竞争原则建立电力市场，重新界定输配电环节的市场属性，将输电环节界定为非竞争性领域，由电网公司负责骨干输电网的建设、运营；将配电环节划归竞争性领域，引入市场机制，形成大量配电、售电公司。目前，发达国家的输电网络大多是由众多电网企业组成全国互联或跨国互联输电网，如美国有10个电网，西欧（包括部分东欧国家）有十几个国家电网。多张异步输电网的好处在于，便于区域内资源配置和区域外的电力资源余缺调剂，并在安全性上高于全国一张同步网。5号文件就规定了全国设置6个异步运行的区域输电网企业。

重新界定输配电环节市场属性，可以提高电力市场运行效率。20世纪80年代以来，西方国家电力市场化改革主要遵循了两条主线。一是打破垂直一体化的管理体制，从发电侧的竞价上网发展到逐步开放配电网，将单边购买模式转向批发竞争和零售竞争，逐步加大市场化力度。二是打破电力企业是公益性机构的传统观念，允许不同投资主体进入国有发电和配售电领域，实现产权多元化。尽管各国改革方式和顺序有所不同，但基本上都选择了对产业链进行分拆的路径，建立了多买多卖的电力市场。即便是仍然保留垂直一体化模式的日本和法国，也在发电侧和售电侧开放了市场。各国电力改革实践证明，重新界定输配电环节市场属性，对输配电业务进行重组，并不改变电网原有的物理连接方式，不存在技术方面障碍，也不会影响电力系统安全。重组之后，市场机制将贯穿于发、输、配、售各个环节，在体制上打通发电企业与电力用户间的交易屏障，用户的选择权大大增加，市场功能得到有效释放，电价普遍降低，电力市场的资源配置效率将大幅提升。

进一步深化电力体制改革的思路

参照国际经验，深化我国电力体制改革需要进一步解放思想，重新界定各生产环节的市场属性，并根据其特点对其业务组织模式进行重构。当前,应坚持5号文件确定的市场化改革的正确方向，以界定竞争性业务与非竞争性业务为突破口，构建多买多卖的电力市场，进一步深化电力体制改革。

第一，进一步完成厂网分开和主辅分离的任务。对近年来各级电网企业新收购的装备制造企业、仍保留的辅助性业务单位，如输变电施工企业等以及相关“三产”、多种经营企业，进行产权剥离。严格规范电网企业的业务范围，规定其不再从事输变电主业以外的业务。

第二，实施调度与交易独立[4]。电力调度在组织和协调电力系统运行和电力市场交易中具有举足轻重的影响力，是电网企业维系独买独卖地位的主要手段。为了构建多买多卖的电力市场格局，应按照国际通行做法，将电力调度机构从电网企业中分离出来，组建独立的调度交易结算中心，负责电力市场平台建设和电力交易、计量与结算，组织和协调电力系统运行，以确保电力调度交易的公开、公平、公正和电网的无歧视公平开放。独立调度机构的运行由电监会负责监管，或直接划归电力监管部门。①

第三，取消不合理的发电量计划。目前，各地下达的发电量计划没有法律和政策依据，国家电力主管部门也没有下达过这一计划。在新的电力体制改革方案中应当彻底废止这一计划指标。

---

① 《中共中央、国务院关于进一步深化电力体制改革的若干意见》(中发〔2015〕9号)启动了新一轮电力体制改革，提出将原来由电网企业承担的交易业务与其他业务分开，实现交易机构相对独立运行。

第四，建立市场化电价形成机制。改革基本方向是“放开两头、管住中间”，建立多买多卖的电力市场。即输配电价格由政府制定，上网电价和用电电价放开。具体步骤是，除了用电量占15％的居民生活和农业生产用电仍实行政府直接定价外，对各个电压等级的工业和商业用户，从高到低，逐级、限期实行与发电企业直接交易、合同供电，自行商定电力、电量和电价。所订合同交电力调度机构校核后实施。合同履行后，用电方向相关电网企业支付规定的输配电价。

电价改革中还应清理各种电价附加，改革征收方式。对各地违规自行出台的电价附加坚决予以取缔。对原有符合国家规定的政府性基金和附加，可以通过费改税的方式，开征相关税收。

第五，对电网企业单独定价、单独监管。可完善区域电网公司的现代企业制度，对配电企业实行内部财务独立核算。在此基础上，按照“合理成本加规定利润水平”的原则，由国家对各电网企业单独定价，并由电力监管部门对电网运行、电力市场进行监管。

第六，改革电网企业考核办法。参考国际通行办法，在电网企业的利润水平由政府规定并封顶的前提下，应当将单位资产的输、配电量和供电质量作为电网企业最主要的考核指标。通过改革考核办法，促使电网企业专注于输配电的质量和效率，努力降低成本，约束其追求资产规模的扩张行为，提高电网经营的专业化水平和安全水平。

当前，进一步深化电力体制改革时机已经成熟，条件基本具备。近年来，国务院领导在中央经济工作会议、年度改革思路中反复强调深化电力体制改革和理顺电价形成机制，电力供需各方热切期待改革，政府有关部门也进行了积极探索。改革一旦启动，可在较短的时间内形成方案、付诸实施。预计改革后，发电企业的售电价格会有所上升，工商企业的用电价格会有所下降，煤电矛盾逐步得到化解，多种所有制企业将扩大对电力的投资。在目前经济增长下行压力加大的情况下，此举有利于提高企业竞争力，发挥稳增长的作用，从而一举多赢。[①]

① 本文完成于2012年10月。

实行节能发电调度方式

长期以来，我国发电调度一直沿用传统计划经济的方式，已难以适应社会主义市场经济条件下，建设资源节约型、环境友好型社会的需要。为了大幅度节能降耗，应当以节能、环保、经济为标准，重新制定电网电力调度规则，全面优化各类发电机组上网发电次序和发电时间。实行节能发电调度方式后，据保守估算，这项措施每年可使全国能源消耗总量减少约 4% 左右。

发电调度方式存在的问题

目前，我国电网的发电调度仍沿用传统计划经济的方式，以电厂或发电机组为单位，参照上个年度发电量完成情况，对各个机组平均分配发电利用小时数。也就是说，不论发电方式和能耗水平差异多大，只要机组在电力调度机构有发电“户头”，就可以在年度计划中获得基本相同的发电利用小时数。如，1 台单机容量 5 万千瓦的燃煤小火电机组，供电煤耗高达每千瓦时 450 克标准煤；1 台单机容量 60 万千瓦的高效超临界机组，供电煤耗仅为 270 克标准煤。小机组发电 1 年，要比大机组发同样的电量多消耗 7.5 万吨原煤。按照现行调度方式，这样两台机组每年发电利用小时数基本相同。

这种几十年一贯制、看似公平的调度方式，使高能耗、高污染的小火电，与水电、核电等清洁电源以及大型高效燃煤发电机组享有同样的发电时间。在实际运行中，小机组未达到发电计划指标时，大机组即使还有潜力也不能多发电；燃煤机组未完成计划发电量时，甚至水电也要弃水。这种计划调度方式鼓励了小型燃煤、燃油火电机组的发展，造成了巨大的能源浪费和环境污染，也增加了国家电力结构调整的难度。多年来，国家控制小火电发展的政策难以奏效，很大程度上与这种发电计划调度方式有直接关系。

改进发电调度方式的设想

针对我国发电方式中存在的问题，应当改进传统的电网发电调度方式，制定新的调度规则，以节能、环保、经济为标准确定各类发电机组的发电次序和发电时间。对于能耗低、排放少、成本低的机组，要按照机组申报的发电能力，优先调度上网发电。如果排序在前的机组发电能力已经充分发挥，电网负荷还有需要，再依次考虑能耗等指标稍逊的其他机组上网发电。发电优先顺序可依次考虑如下：（1）可再生能源，包括水电、风电、生物质能发电，以及垃圾发电等；（2）核电；（3）天然气发电，包括煤层气发电、煤气化发电、热电联产发电等；（4）燃煤发电；（5）燃油发电。

我国燃煤发电量占总发电量的比重高达82%，燃煤电厂是优化发电排序的重点。应按照各类不同容量发电机组的供电煤耗水平，从低煤耗机组到高煤耗机组，依次安排100万千瓦、60万千瓦、30 万千瓦和 20 万千瓦容量等级的机组发电。在这些机组发电能力依次充分发挥的情况下，再陆续考虑 13.5 万千瓦、10 万千瓦、5 万千瓦、2.5 万千瓦和 1.2 万千瓦及以下各容量级别的机组发电。同理，在电力负荷降低时，从高煤耗机组到低煤耗机组，依次降低负荷或退出发电。在相同容量等级的火电机组中，煤耗低、排放少、节水型的机组排序在前，优先发电。燃煤的热电联产机组需要按照与实时供热量对应的发电容量，安排优先次序，保证“以热定电”。

改进发电调度方式的效果

改进发电调度方式有利于大幅度减少发电用煤总量。实行新调度规则后，除个别地区外，一般的 13.5 万千瓦及以下的中小型燃煤、燃油机组将难以上网发电。全国这类机组总装机容量约 1.5 亿千瓦，其发电能力转由高效节能型机组承担后，保守估计，仅按每千瓦时发电量节约 100 克标准煤计算，每年可少用 9000 万吨标准煤。2005 年全国能源消费总量为 22.2 亿吨标准煤，相当于每年节约能源超过 4%。

改进发电调度方式还有利于促进能源和电力结构的调整。各类可再生能源发电、核电，以及大容量、节水型、环保型的高效燃煤火电机组已经形成的发电能力得到充分发挥。水能资源得到充分利用，彻底解决水电站不合理弃水问题。多年来靠行政命令屡禁不止的小火电、假热电和燃油电厂无序发展的局面将迅速扭转，燃煤发电对环境的影响得到相应改善。投资者在新建电力项目时将更加自觉注重节能和环保。

实施步骤和措施

第一，科学制订实施发电调度计划。电网企业按节能、环保、经济的原则提出新的电力调度规则，经国务院有关部门审核后公布实施。在具体执行中，各电厂每年向电力调度机构提出发电计划申请，调度机构按照新的调度规则，确定调度计划，依次调度机组上网发电，不准逆排序调度。

第二，改进调度方式要与电价改革相衔接。新的发电调度方式和建立竞争性电价机制的改革在节能、环保方面的取向和目标是一致的。在全面实行竞价上网、同网同价之前，可根据现行上网电价管理办法，新机组发电价格执行国家规定的“标杆电价”或该地区平均上网电价，老机组电价尽快向平均上网电价靠拢过渡，避免影响电网企业的收入水平。

第三，实行发电调度信息公开制度。发电计划“申请一确定一执行”的过程信息全部公开，实时公布，接受电监会的监管和各参与方的监督。

第四，妥善处理关停电厂职工再就业问题。考虑到实行新调度规则后，中央和地方所属各发电企业（集团）的水电机组和大型火电机组可以多发电，弥补小火电关停带来的损失。因此，关停小火电厂职工的再就业、退休人员工资等问题，原则上应在企业内部消化。同时，发电企业和地方政府应积极配合，妥善处理，防止影响社会稳定。

第五，加强改进发电调度工作的组织领导。国家有关主管部门应会同电网公司、电力调度机构，积极研究，尽快提出改进调度方式的步骤和措施。在分解“十一五”规划的节能任务和落实约束性降耗指标时，要充分考虑发挥电力调度对降低发电能耗和减少污染物排放的作用。[①②]

① 2007年1月，《国务院批转发展改革委、能源办关于加快关停小火电机组若干意见的通知》中要求，“改进发电调度方式，按照节能、环保、经济的原则，优先调度可再生能源和高效、清洁的机组发电，限制能耗高、污染重的机组发电”。2007年8月，国务院办公厅转发发展改革等部门制定的《节能发电调度办法（试行）》（国办发〔2007〕53号）。2016年3月，十二届全国人大四次会议通过的“十三五”规划《纲要》也明确提出“推行节能低碳电力调度”。目前，节能发电调度方式仍处于试点状态。

② 本文完成于2006年3月。

从印度大停电看中国电力应重视的问题

2010年7月30日和31日，印度相继发生两次大面积停电事故。中印都是发展中大国，虽然印度电力设施总体上比我国落后，但两国电力系统有很多共同点。主要是：电源结构都是以燃煤火电为主；由若干区域电网组成国家电网；电力调度既有国家级调度，也有分区分级调度；很多电源地与负荷地相距较远；电力体制中计划管理与市场竞争并存。从某种程度上说，印度电力是中国电力的一面镜子。我国应当吸取印度大停电的教训，坚持行之有效的安全原则，科学规划电网结构，优化电力流向，提高调度水平，完善电力体制和应急机制，防范类似事故在中国发生。

电网结构问题

交流电力系统的突出特性是，在其同步（即同频率）运行范围内，存在动态稳定事故的发散型连锁反应机理，并可能引发系统崩溃。综合各方面情况可以看到，印度将多个电网连接成一个同步交流网，是造成电网崩溃的重要原因。

印度电网分为五大区域电网。一般认为，印度电网薄弱。这主要指配电网，各区域之间联网并不薄弱。21世纪以来，印度通过多回路400千伏和765千伏线路，实现了东部（ER）、西部

（WR）、北部（NR）和东北部（NER）电网的同步互联，以强联系形成了容量达 1.1 亿千瓦的中央电网。

印度发生大规模停电事故已有 3 次。2001 年 1 月 20 日，印度北部地区大停电。事故起因是一个变电站跳闸，引起相互牵连跳闸，系统失稳振荡，最后导致电网崩溃。此后，印度电力部门没有吸取教训，几大区之间的电网仍主要设计为多回路交直流的复杂连接。2010 年 7 月 30 日，印度北部电网一座超高压变电站出现故障引起连锁反应，导致北部电网崩溃。7 月 31 日，印度北部电网泰姬陵附近的变电站发生故障，引发北部、东部、东北部电网相继崩溃。这 3 次事故都说明，过大的同步电网，如果发生失稳振荡，就可能波及交流相连的全部电网。而南部电网（SR）与中央电网之间主要通过高压直流线路连接，在 7 月 30 日和 31 日大停电中避免了事故传导波及。

我国电网规模位居世界第一。改革开放以来，无论在电力严重短缺时期，还是供求相对平衡阶段，都未发生大的停电事故。这主要得益于电网建设中，坚持交流电网“分层、分区、分散外接电源、潮流可控”的原则，通过“继电保护四统一”等原则建立“三道防线”。在这些措施保护下，任何一个区域故障失稳，都不会发生大停电，也不会波及相邻地区。如，2006 年 7 月 1 日，华中（河南）电网发生一起较大的电网事故，损失负荷 300 多万千瓦。这次事故没有波及西北、华南和华东，主要因为区间是直流联网。目前，我国六大电网中，除华北、华中通过 1000 千伏交流联网外，东北与华北、西北与华中、华中与华东、华中与南方通过直流连接实现异步联网。

在 2002 年电力体制改革中，明确了全国电网由 6 个区域电网及其各自的调度交易机构组成。区域电网之间的电力交换，都采用了“背靠背”直流输电技术，保持了区域电网相互异步运行。近年来，采用特高压等级，建立坚强智能电网的设想引起电力行业争议。很多专家担心，将各区域电网都用交流特高压连成“一张网”是否安全。应当看到，交流电网的电压等级越高、规模越大，配置电力资源的范围就越大，发生事故造成的损失也就越大。当今中国已不能承受像印度大停电这样灾难性的停电事故。能源主管部门应当高度重视电网结构对电力安全的影响，加强电网发展的统一规划，对跨区联网严格论证，慎之又慎。

电力流向问题

印度主要电源位于东北部和东部地区，以及不丹境内，以煤电和水电为主。电力负荷集中在北部、南部和西部地区。输电方向为“东电西送”“北电南送”。这次大停电警示，必须重视远距离输电存在的安全隐患。

7 月 30 日大停电前，印度北部电网内 4 个邦的用电负荷因农业灌溉、空调使用而急剧上升，西部电网至北部电网的跨区输电线路负荷严重过载。这成为引起电网故障的原因之一。停电发生后，由于负荷中心缺乏电源支撑，远距离的输电救援无法为事故中心的振荡起到支撑作用。我国也出现过类似问题。2008 年我国雨雪冰冻灾害期间，一些地方电网与大电网解裂成为“孤岛”，由于负荷地缺少电源，无法为本地电网提供支撑，出现了大面积停电。

我国能源富集区与电力负荷地不统一，远距离能源输送是送煤还是送电，存在不少争议；如以送电为主，是采用直流还是交流，意见也不统一。无论哪一种方式，在经济性、安全性上都各有利弊。

比较稳妥的办法，一是尽可能将负荷地靠近电源地。随着沿海地区产业结构的调整，第三产业比重上升，重化工业比重下降。国家可以将高载能工业尽可能调整布局到中西部地区。这样既有利于欠发达地区发展，也可以避免新增电量远距离输送。二是负荷中心电力多元发展。从受端电网安全出发，负荷中心应当建设适量的电源项目，使远距离送电容量与负荷中心发电容量之间形成合理的比例。对重要的负荷中心，应当考虑多方向、多种途径送电。在区域电网中，高效清洁煤电、水电、核电和抽水蓄能电站以及其他各类电源应多元发展，一旦发生事故可以形成互相支撑。三是长距离输电应以直流为主。它不仅输送能力较强，而且可以避免交流输电特有的动态稳定问题。

电力调度问题

印度电网采用四级垂直调度，分别是国调（NLDC）、区调（RLDC）、邦调（SLDC）、地调（AIDC）。在五大区域电网内，有31个省级电网以及超过100个地区电网。在日常调度中，印度调度机构对超负荷运行缺乏有效的管控。在2010年大停电事故中，由于北方电网一处超高压变电所出现故障，导致部分输电线路和其他变电站过负荷。客观上讲，过负荷是电网常见事故之一，通过切断负荷，可以将事故控制在较小范围内。但是，由于事故引起电网发生振荡，面对跨区复杂连接的电网，统一调度往往无法在第一时间内做出正确的判断和操作，只能任由事故的连锁反应不断扩大，最终导致电网大崩溃。如果电网规模变得更为庞大，集中调度将更加难以驾驭。

我国电力调度分为国调、区调、省调、市调和县调，共五级调度，与印度的调度体制有类似的一面。随着电网规模的扩大，电力调度面临的情况越来越复杂。既需要加强中央调度的权威，也不能把所有的责任都集中在中央。应当实行中央统一调度、地方分级负责的调度体制，特别是增强区域电网调度的权力和责任。各级调度都应严格执行调度管理条例和规程，提高运行监控、分析决策水平，降低电网安全风险。

电力体制问题

计划与市场并存的体制，不利于电力的安全发展。20 世纪 80 年代以前，印度各邦都有电力局（SEB），从事购电和售电业务。由于政府干预、机构臃肿、效率低下，亏损越来越严重。1991 年以来，印度引入私营发电企业。20 世纪 90 年代中期开始进行市场化改革，发电、输电、配电环节皆各自分开。印度电力体制改革是在计划体制难以为继的情况做出的必然选择。遗憾的是，时至今日，印度电力改革仍未真正市场化，依然是计划与市场并存的体制。专家普遍认为，长期电力短缺、电网超负荷运行是引发印度大停电的重要原因。这与其市场化改革不到位直接相关。如印度电价仍由国家制定，且价格较低，加上线损过大、窃电成风，使电力公司严重亏损。发电企业无力投资新项目，加剧了供求矛盾。

我国的电力体制改革也有待深化。通过主辅分离、厂网分开，我国在发电侧引入了市场机制。但是，发电企业的发电量和电价均由国家计划制定，煤电矛盾反复发作，引起发电企业全面亏损。如果电力行业计划与市场双轨制长期并存，对电网安全的隐性风险不可小觑。我国应当继续加快电力市场化改革步伐。将电网的竞争性业务与非竞争性业务分开，建立和完善区域电力市场，有序推行发电企业与配电企业、大用户的直接交易，通过电力的“多买多卖”，逐步建立起市场化的电力运行机制。

应急响应问题

此次印度停电虽然十分严重，但没有造成社会混乱。一个重要的原因是印度停电频繁，很多家庭、单位建有备用电源。我国虽然按照建筑施工规范，医院、公共交通等设施建有备用电源，但大多是依赖于电网供电，很少有独立柴油机发电的备用电源。即使有也平时疏于维护，应急时可能用不上。此外，各级政府的应急预案中缺少停电应急的内容。

客观而言，任何电力系统安全供电都是相对的。随着经济社会发展和科技进步，全社会对电的依赖越来越强，停电事故影响的面越来越宽，需要建立全社会应对电网事故的应急机制。

一是建立和完善各级政府停电应急预案，定期开展应急演练。在发生大面积停电的情况下，能够做到快速响应，有效维护社会秩序，正确发布信息，保持社会稳定，将事故损失控制在最小范围。

二是强制要求重点机构和部位建立备用电源。应当修改《电力法》和相关建筑规范，政府机构、广播电台、电视台、医院、机场、金融机构等重要单位要强制性地设立独立于电网的备用电源，并做好定期维护。

第四章

煤电矛盾：周而复始何时休

我国煤电矛盾周期性发作。解决之道，是煤电联动、煤电联营、电煤储备？还是价格干预？除此之外，是否有更优的解决方案？

政府失灵还是市场失灵

煤电矛盾是影响我国经济生活的一个突出问题。很多研究认为，煤电矛盾是煤炭与电力的价格冲突，通过加强生产调度和价格调节就可以解决。多年来，有关方面沿着这一思路进行了很多探索，采取的措施包括：实行煤电联动，煤电一体化，整合煤炭生产企业，限制电煤价格，召开煤炭衔接会，实施煤炭储备，等等。

但是，煤电矛盾仍反复出现且愈演愈烈。这说明以行政干预为主的办法存在很大的局限性，需要另辟蹊径，从分析煤电矛盾的机理着手，研究符合实际、系统的解决方案。

煤炭、运力、电力都没有市场化

在煤电关系中，煤炭工业是上游，电力工业是下游。从国外经验看，在煤炭市场和电力市场充分竞争、没有运输瓶颈的条件下，电煤与电力之间可以形成长期稳定的供求关系。

然而，我国的情况是，近年来，电煤价格持续大幅上涨，很多发电企业财务状况恶化，出现了电煤库存下降甚至缺煤停机现象，成为部分地区发生“电荒”的重要原因。这一现象可以简单概括为：电煤涨价，电价滞后，电企亏损，调价艰难。

表面上看，煤电矛盾是价格矛盾。究其本质，则是煤炭、运力、电力市场发育不完善、竞争不充分、管制不当的结果。

首先，从电煤说起。传统观点认为，煤电矛盾是“市场煤”遇上了“计划电”。虽然煤炭是我国生产资料领域最早开始市场化的行业之一，但时至今日，其生产流通并没有完全做到市场化，而且非市场因素越来越多。

我国电煤交易分为重点订货合同交易与市场采购两个不同的市场。重点订货合同煤可以拿到低价煤和低价铁路运力，约占全部电煤的1/3。市场煤主要靠公路和高价铁路运力进行运输，煤价也较高。近年来，一些产煤大省出台控制煤炭产量的“限产保价”措施，通过煤矿整合关停一部分中小煤矿，用“煤票”约束煤炭出省总量，减少了煤炭产能。由于煤炭价格和产量都受到控制，电煤市场竞争很不充分，煤价高企并没有促进煤炭产量的提高。所谓“市场煤”，其市场体系远未完善。

其次，是运输环节。铁路运力高度垄断抬高了煤价。铁路运煤分计划内车皮和计划外车皮。计划内运煤可执行国家规定的运输价格，计划外运煤则要向中间环节付出高昂代价。很多铁路职工经营“三产”“多经”企业从中渔利，早已是行业内公认的“潜规则”。再加上点车费、车板费等各种名目的收费，更是大大提高了运输成本。我国很多地方的电煤物流成本达到电煤价格一半以上，下游企业不堪重负。煤炭供需关系越紧张，运输中间环节对煤电矛盾的放大作用就越明显。

第三，矛盾最集中的是电的环节。发电企业上网电价和电网的销售电价由政府决定。电煤价格上涨后，发电企业无法通过提高销售电价疏导涨价因素。

电厂的发电量也分为计划内和计划外。计划内电量由电网按国家规定支付上网电价，超计划发电部分，电网则降价收购，而电网的销售电价则没有变化。也就是说，电煤价格上涨时，电厂多发电不仅不会增多收益，反而会增加亏损。2011 年华东和华中地区用电紧张，原因之一就是电力企业完成计划电量后，就以停机检修为名不再多发电。

此外，为了获取资源收益，很多地方开征各种名目的收费。这其中有合理的收费，也有相当多的不合理收费。一些地方已经形成了促进煤炭涨价的内在动力，导致煤炭企业生产成本和经营负担增加，推动了电煤价格的上涨。

这些因素表明，煤电矛盾不是价格矛盾这么简单，而是在“煤—运—电”产业链中，过度管制和行业垄断问题十分突出，价格机制未发挥应有的调节作用。这是导致煤电矛盾的根本原因。

没有理由重交“学费”

在解决煤电矛盾问题上本可以有不同的选择。

一是按照既定的市场化方向改革，用“看不见的手”促进多种所有制煤炭企业在竞争中优胜劣汰，在铁路运力和电力行业推进市场化改革。二是行政配置资源为主，依靠“看得见的手”推进企业兼并重组，提高煤炭生产和运输的集中度，加强电煤、电力价格的调整和管制力度。遗憾的是，有关方面几乎不约而同地选择了后者。

于是，一些传统计划经济体制下熟悉的做法越来越多地呈现在人们面前，如生产计划、运输计划、发电量计划、双轨制，还有久违了的票证。接踵而来的问题是，价格机制在煤炭、电力生产经营中的自动调节作用受到了抑制。电煤价格高企，未能带动煤炭产量的增加;电力需求旺盛,也没有提高电力企业的发电动力，“电荒”仍在继续。

解决煤电矛盾选择什么样的路径？是坚持以公有制为主体、多种所有制共同发展，还是回到以单一公有制为主体？是坚持市场化改革方向？还是管制化方向？是鼓励竞争？还是巩固垄断？

回顾中华人民共和国成立以来的历史，再参照发达国家的经验，就可以看到，计划经济和不恰当的管制会造成资源短缺和效率低下，是一种已经被理论和实践证伪的制度安排。

1979 年以来，我国对改革模式的认识，从计划经济为主、市场调节为辅，到有计划的商品经济，再到计划经济与市场调节相结合，最终在 1992 年党的十四大上确立了社会主义市场经济的改革方向。这一认识来之不易，我们付出了高昂的代价。没有必要再付一次“学费”。

对煤电这类生产资料行业，国家的改革方向历来是明确的。那就是建立全国统一、开放的市场体系，清除分割、封锁市场的行政性壁垒，营造公平竞争的市场环境，建立以市场形成价格为主的价格机制。

对于铁路、电力这类垄断性行业，其改革方向是政企分开，垄断性业务与竞争性业务分开，引入竞争机制，鼓励多元投资主体进入。

也就是说，必须在煤炭、运输、电力 3 个环节上进行全产业链的市场化改革，而不是对某一个环节进行修补和调整。

坚持既定的市场化改革方向，就应当鼓励公平竞争和公平交易，加强监管、放松管制。下决心尽快取消煤炭、运力、电力的计划指标，清理和减少对煤炭生产、流通环节的税费；增加电力、铁路调度的透明度，在政府监管下实行公开、公平、公正的调度，以此调动煤炭企业和发电企业的积极性。

细化解决之道

具体而言，未来的调整和改革可以从以下 8 点展开。

一是进一步提高煤炭生产能力。在确保安全的前提下，启动和新上一批煤炭生产能力。

二是增强电力供给能力。在“电荒”严重的省份，抓紧核准一批前期工作基础扎实的火电项目。按火电建设周期平均 22~24 个月计算，2011 年开工的项目要到 2013 年初可以投产。

三是清理和规范煤炭行业税费。按照清费立税的原则，清理煤炭行业不合理收费，推进煤炭资源税费综合改革。取消煤炭大省自行出台的煤炭收费项目，禁止地方政府出台限产保价措施。

四是建立全国统一的电煤交易市场，取消重点合同煤与市场煤的划分。与此同时，将电煤的计划内与计划外运力并轨，建立公开透明的铁路运力交易市场，减少铁路运输中的寻租行为，降低电煤物流成本。

五是取消发电量计划指标。国家应明令取消各地自行下达的发电量计划指标，电网企业按规定的上网电价向发电企业购电。为了鼓励高效节能机组多发电，可以在南方电网实行节能发电调度的基础上，在国家电网推行节能发电调度办法。实施这两项措施，将有助于挖掘现有电力企业的发电能力。

六是加强对电网调度和收入的监管。电网企业实时公布调度和财务收支状况，由电力监管部门核定电网的收益。在电力体制改革没有完全到位，电网企业“三产”“多经”尚未完全分离的情况下，这将有助于防止电网企业获取过高的价差收入。

七是输配电价由政府核定，销售电价逐步放开管制。扩大电力直接交易范围，逐步以市场定价代替政府定价。以区域电力市场为主，推行“多买多卖”的交易方式。由发电企业与用户自行商定电力、电量、电价，签订各种期限的购电合同。电网企业可以按核定输配电价收取过网费，但要坚决杜绝各种其他形式的收费、加价。实施这一措施后，电网在电力购销中过高的价差收入将减少。因此，即使发电企业会通过提高销售电价消化成本上涨因素。终端用户的电价也未必会上涨，甚至可能下降。

八是完善以区域电力市场为主的电力市场，深化铁路体制改革，逐步将电网、铁路网的网络运输业务与电、煤产品的营销业务分开，形成由市场供求关系决定煤价、电价、运价的价格形成机制。①

① 本文完成于 2011 年 8 月。

现行煤电矛盾解决方案及局限性

近年来，针对化解煤电矛盾、理顺煤电关系，学术界和政府实际工作部门进行了大量的研究和探讨。主要提出了煤电联动、煤电联营、电煤价格干预、建立煤炭储备等解决思路和方案，且大多付诸了实施，但尚未取得预期成效。

煤电价格联动

煤电价格联动（简称“煤电联动”）是指，上网电价与煤炭价格联动，销售电价与上网电价联动，从而消化电煤涨价的因素。这一政策思路由政府部门提出并付诸实施，但在执行中争议不断。煤电联动本质上违反了市场定价规则；在实际执行中，只能是缓解煤电矛盾的权宜之计。

煤电联动的提出

我国煤炭价格机制经历了一个由计划向市场转变的逐步放开的过程。1993 年前，煤炭是由政府定价。1993—1995 年，煤炭价格逐步放开。1996 年起，除电煤价格外，煤炭价格完全放开。2002 年以后，电煤价格也全面放开。2003 年开始，经济运行中开始出现煤、电供应紧张，价格矛盾突出。主要的原因是电价调整不能适应煤价变化，发电用煤价格存在长期上涨压力。

最早出现煤电价格联动是2004年6月7日的《国务院办公厅关于做好电力迎峰度夏工作的通知》(国办发〔2004〕47号)。这份文件提出了6条措施。其中，第二条“区别对待，运用价格杠杆调节电力供求”中提到“尽快实施煤电价格联动机制”[9]。同年7月26日，时任国务院总理温家宝在考察国家电力调度中心和8月11日上午国务院第60次常务会议研究全国煤炭供需形势和对策时，再次提出将建立煤电价格联动机制作为应对措施之一。2004年底，国家发展改革委正式出台了煤电联动实施办法。

国家发展改革委制定煤电联动办法经历了一个酝酿和讨论的过程。2004年2月，根据国务院领导指示，国家发展改革委价格司开始着手研究煤电价格联动机制。3月23日，组织了西南、中南、华东地区共16个省、自治区的物价部门，在广州召开座谈会，讨论煤电联动草拟稿。4月27日，组织国家电监会、中国煤炭运销协会、国家电网公司、南方电网公司、五大发电集团公司、中能电力燃料公司等有关部门召开座谈会，讨论《关于建立煤电价格联动机制的意见（草拟稿）》。5月，在广州召开座谈会，听取了广东、广西、云南、贵州、上海、重庆等省（自治区、直辖市）物价部门意见。6月下旬赴江苏、山西调研，听取了地方政府及电力、煤炭企业的意见，并征求电监会、铁道部、交通部意见。7月23日，国家发展改革委主任办公会讨论，并原则同意煤电联动的基本思路及具体措施安排。8月，上报国务院《关于建立煤电价格联动机制的请示》，并根据国务院办公厅要求，进一步听取了河南、四川、贵州、辽宁、湖北、广东、上海、安徽等煤炭主产、主销省市政府意见。10 月下旬，国务院批准了这一意见。国家发展改革委于 12 月颁布文件实施煤电联动。

煤电联动的实施

按照国家发展改革委制定的实施方案，煤电联动机制是以 2004 年 5 月底的电煤车板价为基础，原则上以不少于 6 个月为一个周期，若周期内平均煤价比前一周期变化幅度达到或超过 5%，相应调整电价。联动的标准为煤价涨幅的 70%，另外 30% 的涨价因素由电力企业消化。[10] 其具体内容主要有以下 5 点。

第一，上网电价与电煤价格之间联动。根据煤炭价格与电力价格的传导机制，建立上网电价与煤炭价格联动的公式。以电煤综合出矿价格（车板价）为基础，实行煤电价格联动。为促进电力企业降低成本、提高效率，电力企业要消化 30% 的煤价上涨因素。燃煤电厂上网电价调整时，水电企业上网电价适当调整，其他发电企业上网电价不随煤价变化调整。

第二，销售电价与上网电价之间联动。上网电价调整后，按照电网经营企业输配电价保持相对稳定的原则，相应调整电网企业对用户的销售电价。各类用户的销售电价中，居民电价、农业电价、中小化肥电价保持相对稳定，每年最多调整一次。调整居民用电价格应依法召开听证会。其他用户电价随上网电价变化相应调整。

第三，确定电价联动周期。原则上以不少于 6 个月为一个煤电价格联动周期。若周期内平均煤价比前一周期变化幅度达到或超过 5%，相应调整电价；如变化幅度不到 5%，则下一周期累计计算，直到累计变化幅度达到或超过 5%，才进行电价调整。

第四，建立电煤价格信息系统及指标体系。设立分煤种的煤炭交易量、交易价格统计指标体系，确定统计标准、采价点、报送制度、统计方法等，并在此基础上计算平均煤价及变化幅度，定期对外发布，作为煤电价格联动的计算依据。

第五，按电网区域分价区实行煤电价格联动。由国家发展改革委根据煤炭平均车板价变化情况，按区域电网或在区域电网内分价区实施煤电价格联动，并将具体实施情况报国务院备案。

采用煤电联动进行调价的计算方法有两种。一是上网电价与煤炭价格联动，其计算方法是：上网电价调整标准 = 煤价变动量 × 转换系数。其中，转换系数与供电标准煤耗、发热量、消化比例等因素有关，具体计算方法为：转换系数 =（1 —消化比例）× 供电标准煤耗 ×7000/ 天然煤发热量 ×（1+17%）/（1+13%）。二是销售电价与上网电价联动。其计算方法是：销售电价调整标准 = 上网电价调整标准 × 比例系数。其中，比例系数 =1/（1 —输配电损耗率）。

自 2004 年煤电矛盾激化至 2009 年，国家共 7 次调整电价。在 2004 年研究煤电联动机制的当年，调价两次。从 2004 年底出台煤电联动机制到 2010 年底，共执行了 5 次煤电联动。其中，2008 年进行了两次煤电联动，第二次只上调了上网电价，销售电价未动。2009 年提高了销售电价，上网电价未动。2004 年以来，燃煤火电机组累计上调电价 9.8 分 / 千瓦时，销售电价提高 13.43 分 / 千瓦时（见表 4–1）。

表 4-1　2004 年以来历次煤电联动调价统计

	调价时间	燃煤火电机组上网电价上调（分 / 千瓦时）	销售电价上调（分 / 千瓦时）
1	2004 年 1 月 1 日	0.70	0.80
2	2004 年 6 月 15 日	1.71	2.20
3	2005 年 5 月 1 日	1.86	2.52
4	2006 年 6 月 30 日	1.39	2.50
5	2008 年 7 月 1 日	2.14	2.61
6	2008 年 8 月 20 日	2.00	0.00
7	2009 年 11 月 20 日	0.00	2.80
	累计	9.80	13.43

数据来源：根据公开资料整理。

对煤电联动的争论与评价

在国家发展改革委讨论煤电价格联动方案时，实际工作部门对煤电价格联动能否理顺煤电关系就有过争论。国家电监会认为，实行煤电价格联动是必要的，建议以区域电网为单位实行煤电价格联动。价格主管部门考虑，当时煤炭、电力区域市场均未建立，且区域内各省间经济发展水平、煤炭价格、发电煤种及煤源、电价水平差别很大，较难以区域为单位进行联动。地方物价部门建议，由国家发展改革委制定煤电价格联动的规则，省级物价部门确定电价调整水平，报国家发展改革委备案。煤炭运销协会提出，最好是放开电价，或者把煤价重新管起来。作为过渡性措施，可以暂时实行煤电价格联动，但要注意煤价偏低、电价相对较高的情况。建议将计划内外煤价拉平以后的价格作为联动的基础。中能电力燃料公司、五大发电集团、国家电网公司、南方电网公司认为，煤电价格联动方案规定细致、可行，建议同时实行煤热价格联动。部分电力企业还提出消化30%的煤价涨幅困难较大。国家发展改革委则认为，电力企业消化30%的煤价涨幅应是可行的，有利于电力企业加强管理降低成本，也可以对煤价上涨产生一定牵制作用。

2004年煤电联动方案公布后，引起了学术界的广泛重视和讨论。根据中国知识资源总库的检索结果，方案公布后，公开发表的关于煤电联动的学术论文数量陡增。归纳起来，各界对煤电联动主要有以下值得注意的观点。

第一，煤电联动可以使电价及时反映煤价的变化，在很大程度上能够解决煤电矛盾。林伯强认为：煤电价格联动可以为电力行业提供一个相对确定的商业运行环境；如果煤炭价格必须反映能源稀缺和环境成本，电价也必须反映能源稀缺和环境成本，人为的低电价会导致过度消费。[11] 李长生等认为，电力企业必须消化30%的煤炭上涨价格。这将迫使电力企业提高管理效率，推广使用提高效能或节能生产技术。同时，工商企业作为终端电力用户，将承担更多的煤炭上涨价格，促使工业部门整体效率提高，部分高耗能、低效率企业将退出市场。[12] 王晓晔等通过对煤炭、火电企业进行完全信息动态博弈分析，认为提价是煤炭、火电企业的必然选择，说明提出"煤电价格联动"方案具有必然性[13]。来自电力企业的学者陈宗法认为，从建立科学合理的电价机制，传递真实的电价信号，推动节能减排，保持电力企业投融资能力等方面看，迫切需要进行煤电联动。[14] 国家发展改革委价格司认为：政府调控下的煤电体系联动机制，使政府制定的电价能够及时反映煤价的变化，使煤、电双方有了一个合理透明的政策预期；电价随煤价变化相应调整，不仅有利于保证电力生产的正常运行，更重要的是通过价格信号的引导作用反映能源供求情况的变化，促进节约能源；要求电力企业消化部分煤价上涨因素，并且规定煤价剧烈波动时政府可依法进行适当干预，有利于促进电力企业加强管理降低成本，防止出现煤、电价格轮番上涨。[15]

第二，煤电联动在一定程度上可以缓解煤电矛盾，但具有很大的局限性，不能从根本上解决问题。吕芸认为，用行政办法采取煤电价格联动过渡是权宜之计，是治标的方法，电煤纠纷的最终解决还是取决于电力改革的进展情况，通过电价市场化最终形成市场化的煤电联动化解。[16]刘树杰认为，煤电价格联动未能充分反映电力的燃料成本变化，上网电价以基于经营期成本回收方法的单一电量制为主，不能适应变化了的电力行业结构。[17]于立宏认为，鉴于电力和煤炭价格都完全市场化的模式在相当长时期内还难以实现，中期过渡方案可以采用上网竞价加上日益完善的煤电价格联动机制这一模式。[18]陈聪等认为，煤电联动是我国能源市场化进程中的一个过渡机制，在特定的阶段，其发挥的积极作用是值得肯定的，但在市场化大趋势下将退出历史舞台。[19]石桂峰等认为，煤电联动存在操作上的困难，煤价与电价信息难以统计监测，依靠计算电煤成本核定上网电价，与电价的市场化改革方向是相悖的。[20]

第三，煤电联动是一种计划色彩较浓的管理方式，将导致煤电轮番涨价。首先提出质疑的是中国煤炭运销协会的武承厚。他在煤电联动方案征求意见期间就认为，在电力行业未完全进入市场的条件下，这只能是一个治标不治本的权宜之计。[21]王小芳在研究美国电力自动调节条款的基础上认为，煤电联动中电煤的基准价格难以确定，煤电联动机制承载的目标多重，难以实现单纯的成本传递功能。煤电联动机制条款的设计模糊，未能体现制度自动实施的效果。她指出，价格联动只是在特殊时期绕过通常回报率规制进行价格调整的一种辅助工具，并不是解决电力行业所有问题的万能药，也无力承担解决煤炭和电力行业之间矛盾的重任。在改革的转型和过渡期间，煤炭和电力之间存在着并非简单的生产技术联系，推行煤电联动机制的时机尚未成熟。[22] 钟哲认为，煤炭市场上，不同煤种、不同地区、不同经销商、不同用户的煤炭价格都不同，而且几乎没有有效的价格统计体系。电力市场上，不同区域、不同时段的用户电价不同，各电厂上网电价不仅水平不一，而且启用煤电联动后不得不重新采用为人诟病的成本法衡量。煤炭、电力企业与政府之间的信息不对称，使政府必须付出高昂的监督成本。同时，煤电联动将大部分上涨价格转嫁至电力用户，降低了消费者的福利水平。[23] 陈广娟等通过实证分析认为，煤电联动在一定程度上降低了火电企业的风险，但电力企业要消化 30% 的煤价上涨因素，仍会在客观上增加火电企业的生产成本。电力企业通过煤电价格联动提高收益的空间有限，电煤纠纷的最终解决还取决于电力市场改革的进展，只有当电价由市场来决定时，市场化的煤电价格联动才能形成。[24]

第四，煤电联动虽有缺陷，通过不断完善联动机制，可以发挥应有的作用。刘树杰认为，实践中电煤价格不断上涨，火电机组造价不断下降。因此，建议在我国的上网电价监管中，引入可控成本与不可控成本的概念。对燃料价格等不可控成本的变动，价格应基本上予以全额反映。而对可控性成本，应定期审核，如果确认该类成本可以或已经下降，价格就应及时下调。[17] 他还提出上网电价改革与终端售电环节电价改革必须整体设计、同步推进，并逐步建立电价与物价指数挂钩制度。[17] 刘满平认为，煤电联动后，要有一个能够反映一段时间内煤炭价格变动的煤炭价格指数和电煤价格监测体系。[25] 刘振秋、唐璌认为，为了避免煤价过度上涨或者下跌导致电价大起大落，应在现有煤电价格联动机制的基础上，设置联动机制缓冲区间。如根据物价水平和用户承受能力，设置销售电价最高涨幅上限及煤价临时干预措施的启动条件等，防止煤价过度上涨，并在煤价涨幅较高时，使用户、煤炭和电力企业共同负担，将煤电价格控制在可承受范围内。[26] 姜海洋构建了“市场条件下煤炭商、发电商、供电企业三方协调发展价格联动模型，煤炭商、发电商、运输商三者之间利益协调博弈模型，发电商与煤炭商之间价格谈判的风险收益均衡优化模型，完善煤电联动机制的设计。[27]

应该说，煤电联动作为特定时期内提出的缓解煤电矛盾的方案，使煤电矛盾得到了一定程度的缓解，是有积极意义的。但是，其局限性也十分明显。它是在既定体制约束下的权宜之计，而非根本解决之道，并且导致了三方面的主要问题。

第一，联动方案无法全面反映煤炭涨价因素。按照煤电联动的要求，电煤 30% 的涨价因素要由电力企业消化。2004—2007 年，煤炭价格处于平稳上涨期，发电企业通过自身努力成功消化了 30% 的成本上涨，管理水平和盈利能力都在不断提高。但是，2008 年煤炭价格大幅度上涨，当年需要发电企业消化的成本达 2.35 分 / 千瓦时，是过去 4 年发电企业消化的总和。这一要求对发电企业而言非常困难。再加上发电企业 2004—2007 年每年保证其他成本下降 0.29 分 / 千瓦时，2008 年其他成本下降 0.58 分 / 千瓦时，从单位煤耗水平、管理费用率等指标看，已经达到或接近发达国家水平，进一步下降的空间非常有限。因此，发电企业很难继续消化 30% 的电煤价格上涨因素。

第二，煤电联动具有被动性和滞后性。由于煤电联动是一种人为裁量和操作的定价机制，当通货膨胀压力较大时（如 2008 年上半年），调价呼声虽高，但调价余地较小；当通货紧缩压力较大时（如 2009 年），为避免增加工商企业负担，调价仍难以实施。因此，2004—2010 年的 5 次实施煤电联动，批准提高电价的作用仅限于缓解电力企业的燃“煤”之急，无法反映电力企业的实际用煤成本变化。据观察，除第一次煤电联动外，之后的 4 次都有滞后或执行不到位的问题。第二次于 2005 年中执行，滞后煤价上涨 12 个月，电价少上调 0.75 分 / 千瓦时；第三次滞后 13 个月，电价基本执行到位；第四、第五次，滞后了 24 个月，电价虽然连续在 2008 年 7—8 月上调，但实际上还是少调了 0.6 分 / 千瓦时。这使发电企业每年减少利润 200 亿元。

第三，联动促成了煤、电单向涨价机制。2004 年 6 月 15 日，国家发展改革委宣布调整南方、华东、华中、华北 4 个区域电网的电价，每千瓦时平均提高 2.2 分。煤炭企业纷纷涨价。当年 6 月，国务院办公厅发文指出：“电价调整后，电煤价格不分重点合同内外，均由供需双方协商确定。对已签订的重点电煤订货合同，煤炭企业必须继续履行并保证优先供货。”[9] 据调查，许多煤炭企业对“电煤价格不分重点合同内外”理解为向市场高价位靠拢，煤价调整靠上不靠下。7 月 14 日，河南省政府建议，自 7 月 1 日起上调计划内电煤价格，平均较 5 月涨价幅度达 78~95 元 / 吨。这一次全国计划内电煤价格最低上涨 15 元 / 吨，最高上涨 98 元 / 吨。

计划外市场煤价格也节节高升。秦皇岛计划外市场煤平仓价部分单位和煤种上涨 10~20 元 / 吨。山东枣庄、济宁地区计划外电煤价格最高上涨达 250~280 元 / 吨[28]。在煤电双方价格谈判中，煤炭企业认为，不论电煤价格涨多少，电力企业早晚都可以通过联动“顺出去”。况且，煤炭已经市场化，应当根据市场情况调整价格。当然，如果认为价格不理想也可以不卖。近年来，发电企业投资规模较大，财务费用高，资产负债率已超过 80%。尤其是火力发电企业，燃料成本居高不下。为了保障经济发展和人民生活需要，不能停机停电。因此，在电煤谈判中，发电企业对煤炭涨价大多只能被动接受，把摆脱困境的希望全部寄托在煤电联动上。供电紧张时要求国家涨电价，供电富余时要求国家解决遗留问题，还是要涨电价。从历史数据看，电价涨之后 3 个月内煤价会再次上涨是大概率事件，5 次电价上调中 4 次都出现了这样的现象（见表 4–2）。

表 4–2 煤电联动政策出台后 5 次电价调整情况

年份	市场煤价（元 / 吨）	市场煤价较上一次调整上涨幅度（元 / 吨）	电价实际调整幅度（分/千瓦时）	按联动政策应该调整幅度（分 / 千瓦时）	调整不足（分 / 千瓦时）
2004	274.00	39.00	1.07	1.06	0.01
2005	403.00	129.00	2.59	3.34	（0.75）
2006	412.00	9.00	1.57	0.23	1.34
2008	815.00	403.00	2.20	10.04	（7.84）
2008	857.00	42.00	2.00	1.05	0.95
累计		622.00	9.43	15.72	（10.89）

资料来源：根据公开资料整理。

可以预见，如果继续执行煤电联动办法，在短时间内和一定程度上能够缓解发电企业亏损压力，但无法使其真正摆脱困境。电价上涨后，随之而来的将是煤炭新一轮的涨价，电力企业再次提出煤电联动要求，最终促成煤电轮番涨价。这一轮番涨价的规律已被过去几次煤电联动所证实，而每联动一次，下游工商企业将承担更大的电费负担。因此，煤电联动可以作为权宜之计，但难作长久之计。

从以上分析可以看出，煤电联动方式主要由价格主管部门提出，并得到了价格、电力主管部门和发电企业的支持。这一方案有利于发电企业增收，价格主管部门继续保留定价权。方案将损害购电方的利益，电力用户将增加支出。正因为调价处于发电和购电利益权衡的两难境地，使联动经常处于滞后状态，结果反而损害了发电方利益。

纵向一体化与煤电联营

既然我国的煤电矛盾很大程度上是由于电煤与电力的价格双轨制，企业追求独立的经济利益，从而导致煤电的对立与矛盾，那么，是否可以通过将电煤企业和电力企业纵向整合解决这一问题呢？对此，理论界与政策研究机构进行了很多探索，提出了解决我国煤电矛盾的纵向一体化与煤电联营方案。如，于立、刘劲松认为："煤电紧张关系产生的根源在于煤电企业之间形成的纵向价格双轨制，而纵向整合是缓解煤电关系的有效途径。中国煤电关系架构总的发展趋势应该是煤电企业的纵向整合。"[29]

纵向整合讨论与煤电联营方案

学术界对纵向整合问题有着深远的研究传统。新古典经济学和新制度经济学都对企业进行纵向整合的原因进行了探讨。通过纵向一体化，解决企业间的矛盾与冲突，是学术界解决实际问题的重要思路。随着煤电矛盾日益突出，对煤电纵向关系的研究也越来越多，纵向联营逐步被提上日程。我国煤电联营的历史，始于 20 世纪五六十年代煤炭建设项目中配套安排了一些小型煤炭坑口电厂。20 世纪 70 年代，煤炭行业中开始形成以煤矿为基地，煤、电、路综合开发的发展思路，出现了大屯煤电公司的开发经营模式。改革开放以来，在国家政策鼓励下，不少老矿区为了扭亏为盈，先后办起了一批小电厂。1989 年 3 月，国务院批准推行由能源部提出的煤电联营方案，并指出特别支持和推进对低热值的煤炭资源实行煤电联营。"八五"规划期间，煤电联营取得了一定的发展。煤炭企业办电厂 43 座，总计 104 万千瓦，占全国总装机容量的 1.1%。从煤电联营的进程看，2002 年以前，煤电联营或煤电一体化主要是煤炭企业进行。电力企业由于行业差别，获取资源探矿权、采矿权及采矿业的特殊性，加之电煤价格等诸多因素，对进入煤炭领域积极性并不高。[30]

2002 年电力体制改革后，煤电联营出现加速。在电力体制改革中成立了五大发电集团，发电侧引入竞争机制。但是，上网电价和销售电价依然实行政府管制。当电煤价格随市场行情上涨时，发电企业成本压力增大，而煤电联动政策又往往不能及时到位。在这一背景下，煤电联营得到了政府、企业的支持和重视。2006 年制定的"十一五"规划，对煤电联营采取肯定态度。2010 年 8 月 25 日，时任总理主持召开国务院常务会议，研究部署煤矿企业兼并重组工作。会议要求积极探索煤矿企业兼并重组的有效方式，支持符合条件的国有和民营煤矿企业成为兼并重组主体，鼓励各种所有制煤矿企业和电力、冶金、化工等行业企业以产权为纽带、以股份制为主要形式参与兼并重组，以淘汰落后产能，优化产业结构，提高煤炭生产集约化程度、安全生产和科技水平，有序开发利用煤炭资源，推动现代煤炭产业发展。[31] 2010 年 10 月 21 日，国务院办公厅转发国家发展改革委《关于加快推进煤矿企业兼并重组的若干意见》(以下简称《意见》)。《意见》提出，支持优势企业开展跨地区、跨行业、跨所有制兼并重组，鼓励煤、电、运一体化经营。[32]

从发展态势看，煤电联营最初由于经济、技术、体制等原因发展缓慢，但近年开始加速，促进了一些大型发电集团向上下游延伸，全国出现多种联营模式。武承厚将其归纳为以下几类：神华模式——煤炭企业控股和建设电站；山西焦煤模式——煤炭企业兴建电站；鲁能模式——电力企业兴办煤矿；伊敏模式——煤电合一，统一经营，电力集团集中控股；淮南模式——煤电企业合作新建煤矿或电站。[33]

综合各方面研究，总结出煤电联营有 4 个主要特点：一是五大电力集团组建煤炭业务平台，向电煤生产领域拓展；二是发电企业入股、控股或购并煤矿；三是电力和煤炭企业进入煤化工、冶金行业；四是电力和煤炭企业参与煤炭物流建设。近年来，大型发电集团和煤炭企业加快了对铁路、港口和航运的投资，进一步打造煤、电、运一体化产业链。[33]

煤电联营与纵向一体化的争论与评价

如何看待煤电联营在解决煤电矛盾中的作用，学术界对此进行了大量的讨论。胡涛回顾了中国煤电联营的情况及煤矿办电过程中存在的问题[34]。陶长琪、刘劲松提出煤电企业纵向联结的三种可能的模式，即煤—电企业战略联盟、煤电企业集团、煤电企业完全纵向整合，并通过构建模型分析了这三种煤电企业纵向联结的效应。[35]

整体上看，学术界对煤电联营的解决方案主要提出了以下4种观点。

第一，煤电联营是解决煤电矛盾的根本办法。陈聪、彭武元认为，要根本理顺煤电关系，需要从煤电产业纵向整合等方向入手。[19]钟哲分析认为，煤电联动只能缓和矛盾，只有提高煤炭企业的竞争力，鼓励煤炭与电力企业的纵向一体化，才能彻底解决煤电纷争。[23]武承厚认为，煤电联动是暂时缓解煤电之争的过渡之举，只有煤电联营，实现煤电企业相互持股参股或者控股，实现以资本为纽带的企业联营，构建煤电企业之间的战略联盟，才是真正解决煤电行业之间争执的有效长久之举。[33]中国煤炭联合会副会长濮洪九分析认为，电力实行多种价格，国家限制电价，引发了这两个行业的矛盾。解决这个矛盾的最好办法就是煤电联营。[36]张慧明等对煤电价格联动与纵向整合进行了比较分析后认为，在一定条件下，纵向整合后电力产出及煤电企业的利润比整合前有所增加。而契约交易后再整合，则电力产出、企业利润为最优。[37]

第二，煤电联营可以将煤电外部矛盾内部化。钱平凡、中电联课题组在2010年的研究认为，煤电联营建立了一种互补的、长效利益共享、风险共担的机制，可以将外部风险转化为内部风险，可以减少煤电间不必要的摩擦，降低因为煤炭市场价格波动带来的经营风险。[38][39]陆剑南等认为，煤电一体化是将煤电问题内部化到大的能源集团，通过企业集团内部协调煤电问题。这是发电企业煤电一体化的动因，也是政府鼓励发电企业煤电一体化的初衷。煤电联营有利于矿区煤炭、水、热力、土地等资源的综合利用，矿井、矿区与电厂的部分设施可共用，减少基建投资和经营成本。在有条件的矿区建设大中型坑口电厂，不仅大大减轻了煤炭对铁路的运输压力，而且能优化资源配置，是能源工业较为合理的生产方式。[40]于立宏、郁义鸿认为，基于厂商私人激励的煤电产业链纵向安排是这样一个连续进行的选择，其中现货市场契约是一个极端，纵向整合是另一个极端，而其他契约安排则是中间可选方案。由于资产专用型和契约的不完备性，可能存在事前投资的低效率扭曲和事后契约执行的成本增加，纵向整合就会成为一个更为有效的选择。[41]

第三，煤电联营符合市场化改革的方向。一般认为，煤电行业目前存在潜在的产能过剩问题。煤电联营拉近了新建电厂和煤矿的距离。煤电联营是实现煤电企业双赢的首选。因此，煤电联营有利于加快电价市场化的改革进程。钱平凡认为，煤电一体化经营是“计划”与“市场”的巧妙结合，是打破垄断的崭新尝试，并有可能催生出若干个占据煤、运、电等整个行业链条的特大型能源集团。[38][39]钟哲认为，煤电联动只能缓和矛盾，只有提高煤炭企业的竞争力、鼓励煤炭与电力企业的纵向一体化，才能彻底解决煤电纷争。[23]中电联燃料分会会长解居臣认为，只有将电力和煤炭企业在利益一致的原则下，建立新的资产纽带，才能形成稳定的供求渠道，形成利益共享机制，最大限度地避免市场风险。由于我国经济体制上长期存在条块分割问题，大规模的煤电合作和联营还有很长的路要走。目前，合作和联营建设坑口电厂，实施“煤转电”，是较为可行的。[42]

第四，煤电联营是煤电双方共赢的选择。姚中华认为，煤炭企业实施纵向整合具有资源、管理和区位优势。[43]贾晶莹等对相关观点进行了综述，认为："在煤炭产地推进煤电一体化，就地变输煤为输电，不仅可缓解铁路运输压力，减少运煤对沿途环境的污染，而且拓展了煤炭产业链，提高了附加值，也降低了发电的成本。煤电联营以电促煤，以下游产品的利润扶持上游产业，可以加快煤炭企业走出困境的步伐。同时，还可以解决煤炭行业自办小电厂技术水平低、效率差、污染严重等问题，实现发电上下游之间相互促进。"[44]钱平凡认为，煤电联营使电力企业的煤炭供应数量、供应质量可以得到保证，煤炭供应的价格也相对便宜。而煤炭企业则分享了煤电公司合作的投资利润，得到了自己的利益。[38]

煤电联营方案的主要弊端

煤电一体化有助于提高资源利用效率，这一点业界一度普遍认同。2002年以来，随着煤电联营的快速发展，对这种企业组织方式和运营模式出现争议。徐斌以中国48个煤电上市公司的纵向整合状况为例，运用面板数据模型分析了企业纵向整合时考虑的因素。研究结果表明，交易成本和组织成本对煤电企业采用纵向整合的影响较大[45]。他据此认为，"电煤价格政策调整过频导致了煤电市场交易成本过高，煤电市场交易成本过高又导致了煤电过度纵向整合"。

应清醒地认识到，煤电一体化只是将煤电问题内部化，试图将外部矛盾通过企业集团内部协调解决。尽管煤电一体化可以在一定时期、一定程度上缓解煤电矛盾，但其弊端不可忽视。一是容易加剧行业垄断。煤炭业的竞争性远比发电要强得多，将竞争性的煤炭工业与电力工业结合在一起，容易形成新的垄断。二是煤电联营违背了市场经济的专业化发展方向。采煤与发电是两个完全不同的行业，生产作业毫无共性。从专业化生产取得最大效益的角度分析，也不宜搞煤电联营。三是煤电联营有违电力体制改革的方向。2002 年启动的电力体制改革，把电力的发、输、配、售分开经营。同时实行主辅分开、主多分开，目的就是要推进专业化分工。煤电联营主要是电力企业向煤炭业务延伸，虽然解决了部分发电企业的电煤问题，但未实现煤电一体化的发电企业或者其他工业企业仍然要面对煤电矛盾，其煤炭供应形势甚至会变得更加严峻。电力企业在老的辅业、多种经营包袱没有完全剥离的情况下，又增添新的辅业，不符合电力体制改革方向。四是如果实施煤电联营应有明确的范围。褐煤发热量低、水分大、灰分高、不宜长途运输，对于其他煤炭无竞争力，是唯一适合搞煤电联营的煤炭，最好作为当地火力发电厂的燃料。

从上述分析可以看出，能源主管部门、发电企业赞成煤电联营。从相关利益方看，发电企业可以获得低价煤，能源主管部门可以组织纵向整合。执行的结果是，政府加剧了对煤炭和电力市场的干预，电力企业中形成不公平竞争，煤电纵向一体化给发电企业带来财务风险。由于经济下行压力加大煤炭市场疲软，进行煤电联营的很多电力企业面临亏损压力。

对电煤进行价格干预

由于电力价格关系经济发展安全和人民生活，电价调整难度较大，是否可以通过干预和调整电煤价格解决煤电矛盾问题，理论界和实际工作部门也存在不少争议。

电煤限价方案

国家发展改革委曾于 2008 年 6 月连续出台电煤价格临时干预政策[46][47]，目的在于缓解当时日益严重的煤电矛盾。政策要求，全国煤炭生产企业当年供发电用煤以 2008 年 6 月 19 日的实际结算价格为最高限价。当时出台限价政策的背景是，动力煤价格大幅上涨，秦皇岛山西优混平仓价达到 820 元 / 吨，较年初上涨 56%。

煤价上涨与电价管制使煤炭产业链上、下游矛盾激化，虽然政府主管部门在此之前从保证电力生产的角度出发颁布了一系列政策，但结果并未有效梳理煤炭价格，因此，国家发展改革委出台强硬措施限制煤价上涨。限制电煤价格政策是电煤价格市场化改革以来，政府对煤炭价格最为严厉和直接的行政干预，标志着煤炭价格的市场化进程暂时告一段落，而煤炭价格市场化是整个煤炭行业持续景气的核心基础，限价令的出台使煤价定价机制重回计划时代的老路。

对电煤限价思路的讨论

制定价格管制的经济政策，往往谤誉交加。对于国家干预电煤价格的做法，学术界既有赞同的观点，也有反对的观点。肯定的意见有以下方面。

第一，对煤价干预是特定时期的做法，并不违背市场化改革的方向。王毅认为，2008 年在南方大面积断电，而电煤又供不应求之际，国家实施价格干预的机制是有必要的。由于价格干预是临时性的，不能视为退回到计划经济。[48]

第二，在现有体制下必须对电煤价格进行干预。于立宏认为，在政府不可能放松对销售电价的规制而竞价上网也未有效实施的情况下，整个产业链的外部冲击传递机制也是失效的。现实的选择只能是，政府需要将规制从产业链末端延伸到产业链上游，实施产业链整体规制。我国煤炭产业其实从未真正实现市场化，对上网电价的规制延伸到电煤价格可能是唯一可行的方案。[18]

不同意政府直接干预电煤价格的观点主要有以下方面。

第一，干预导致价格扭曲，加剧了供求关系紧张。白让让认为，政府从稳定电力供应和价格的目的出发，对关键性投入品的价格规制，是导致体系扭曲发生并不断扩大的体制性根源。[49] 吕阳等认为，电煤价格“双轨制”，导致电煤价格信号失真，市场供需关系紧张。计划内与计划外两种价格形成机制的存在，造成煤炭市场的价格混乱，价格机制已经不能准确、真实地反映市场供需情况。同时，导致与煤炭有关的生产资料价格体系和能源价格体系不稳定。由于电煤价格明显低于市场价，因此，靠行政命令强制执行的电煤合同每年都存在执行困难的情况，电煤供应紧张。[50] 陈聪、彭武元认为，实行价格干预的效果并不理想，当年的电煤价格不仅没有得到遏制，甚至出现了有史以来最为严重的“煤荒”和“电荒”。随着国家对电煤价格的逐步放开，电煤重点合同价格呈不断上涨的趋势。[19] 崔文起分析认为，2008 年“限价令”的对象是煤炭企业出矿价格，对中转港口及流通环节的煤炭市场交易价格并未做严格限制。“限价令”的颁布使更多人意识到了当前煤炭市场形势的绝对紧张，煤炭装车后的各个环节都在谋求“低成本”带来的“收益”。国内一些主要港口的动力煤价格在“限价令”颁布后已上涨了百元以上。另外，我国小煤矿数量众多，且非常分散，国家难以对其价格进行真实了解和有效限制。[51]

第二，对电提价、对电煤限价的措施，不能从根本上解决体制问题。饶志伟等认为，采取“对电提价”“对电煤限价”措施，只能治标，不能治本。目前，已经宣布煤炭完全市场化，政府仍然要干预煤炭价格，阻碍了煤、电产业的市场化改革，靠行政手段采取“提价”“限价”措施完善市场经济体制是不可能的，更不可能解决由于经济体制造成的深层次的煤电矛盾。[52] 白让让认为，在规制重建滞后和下游产业垄断的背景下，政府的行政性干预和完全的市场化改革，都无法消除价格扭曲的发生。只有扭转经济增长模式、抑制垄断者的市场势力，煤炭和电力产业之间的不和谐因素才能被减少，而且电煤价格“双轨制”为寻租行为提供了土壤。[49] 吕阳等认为，指导价格是行政权力寻租的工具，它诱使一些人在指导价格和市场价格间谋取暴利。[50]

整体上看，“对电煤限价”措施，短期内在一定程度上缓和了电力成本上涨导致的电力企业亏损局面，但无法从根本上解决由于经济体制造成的深层次的煤电矛盾。回顾历史，在市场经济条件下，往往政府下达商品限价令后，厂商可以采用停止供货、以次充好等手段，也可用转入地下交易的方式，使限价令无法生效。这种情况在我国几次实施的电煤价格干预中表现得尤为明显，使得煤电矛盾在限价政策下依然存在。采取“对电提价”“对电煤限价”措施，只能治标，不能治本。目前，在已经宣布煤炭完全市场化的情况下，政府仍然要干预煤炭价格，阻碍了煤、电产业的市场化改革，靠行政手段采取提价、限价措施完善市场经济体制是不可能的，更无助于解决由于经济体制造成的深层次的煤电矛盾。

综合以上分析，价格主管部门、发电企业一般赞成电煤价格干预。从相关利益方看，发电企业可以获得低价煤，价格主管部门可以行使定价权,但煤炭企业的利益会受到限制。从执行结果看，短期有效，长期则无法执行。

建立煤炭储备体系

近年来自然灾害不断和煤电矛盾加剧，导致一些电厂煤炭库存频频出现告急，一些学者呼吁建立煤炭储备体系，国家发展改革委和一些用煤大省已将构建煤炭储备体系提上日程。但是，对于是否有必要建立煤炭储备体系一直存在争论。不少观点认为其建立的理由并不充足。

煤炭储备体系的提出

建立煤炭储备体系的观点包括两方面的含义。一是指对资源的储量进行保护性开发，提高资源利用的可持续性。二是指现货储备，用于平抑煤价、保障特殊时期的用煤需要。

建立煤炭储备体系的建议始见于21世纪初。高洪烈认为，为确保煤炭安全供应，应当增加地质投入，摸清煤炭资源家底，做好煤炭资源分类储备，加强煤炭资源保护和合理利用。[53]尤强建议,严格控制煤炭的大量出口,建立战略资源储备。[54]郭云涛认为，应当对稀缺煤种进行保护性开发，确保长期供应。建立国家煤炭战略储备基金和战略储备管理机构。[55]这些观点主要针对一定时期煤炭开采中浪费资源的现象，建议对现有资源加强勘查，有序开发。虽然没有提出有很强可操作性的建议,其积极意义值得肯定。

随着煤电矛盾的加剧，建立煤炭储备体系的建议主要针对建立煤炭的现货储备制度。煤炭工业协会会长范维唐和该协会第一副会长濮洪九在2003年曾建议，国家尽快建立煤炭资源战略储备制度。[56]钱平凡认为，能源消费大国为国家能源安全需要建有较为完备的能源储备体系。我国以煤炭为主的能源结构和煤炭产运销的固有特性，要求应尽快建立卓有成效的煤炭能源安全储备体系。[57]李卫东认为，为了保障煤炭的有效供给，必须建立我国的煤炭战略储备体系。[58]开滦集团李敏认为，国家煤炭战略储备主要使命是应急，通过储备库的合理选址和其库存的科学管理，满足战争、突发事件和不同时段的不均衡需求。稳定市场供需关系，避免煤炭价格大涨大落。通过集中储备、集中配送、集中采购、集中结算，达到节约用地、投资，减少储备资金占用，降低采购成本的目的。[59]

一些学者对煤炭储备体系和运行机制进行了设计。孟扬在研究国外石油战略储备的基础上，提出我国一次能源缺乏的城市需要进行煤炭储备，设计了储备规模、组织框架。吕涛、聂锐认为，我国煤炭应急储备应以地方储备、企业储备、现货储备为主，应急储备和日常储备相结合。他们从煤炭消费量、自给率、运输条件、经济实力4个方面分析了影响储备规模的因素。提出了煤炭储备管理的二级储备体系和三级管理体系，以及政府监督、市场运作、企业主导的储备运行模式。[60]秦青林认为，煤炭战略储备具有公用事业性，宜采取相关利益人治理模式。[61]钱平凡等提出应用供应链管理模式构建煤炭储备体系。[62]他们建议，利用数字化配煤系统，把煤炭储备库转化为煤炭加工厂，运用SOSO（Sell-One-Store-One，又称为“卖一补一”）储备战略模式，把长期、静态、简单的战略煤炭储备转换成连续短期、动态、复杂的煤炭战略储备，既可完成煤炭储备的使命，又能提升煤炭的附加值，实现多方共赢的格局。[63]

煤炭储备体系实践

2008年初，南方5省出现雨雪冰冻灾害后，国家加快了建立煤炭储备制度的进程。2010年1月13日，国务院召开加强煤电油气运保障工作会议，国家发展改革委提出加快推进煤炭应急储备工作。福建、北京、湖北、浙江、山东、上海、山西等省市逐步着手进行煤炭储备建设。2011年2月，国家发展改革委向国务院报送了国家煤炭应急储备方案，获得国务院领导批准。在这一方案中，首批储备计划为500万吨。根据方案，神华等10家大型煤炭、电力企业和秦皇岛港、黄骅港、舟山港、广州港、武汉港、芜湖港、徐州港、珠海港8个港口企业，成为国家第一批应急煤炭储备点。所谓国家煤炭应急储备方案，是指国家委托承储企业在煤炭重要集散地、关键运输枢纽等地储备煤炭，由国家统一调用，用于应对煤炭供应中断或严重不足等紧急状况，增强在重大自然灾害和突发事件状态下的煤炭供应保障能力，保持经济社会平稳运行。2011年3月，全国人大通过的《中华人民共和国国民经济和社会发展第十二个五年规划纲要》提出，合理规划建设能源储备设施，完善石油储备体系，加强天然气和煤炭储备与调峰应急能力建设。[2]这是首次在重要文件中将煤炭储备与石油、天然气并列，纳入国家储备体系。

根据国家发展改革委经济运行局的解释，国家煤炭应急储备属于一种专项储备制度，是国家为应对各种紧急状况，保障电力行业煤炭稳定供应，促进经济社会平稳运行而建立的储备。其基本功能是，在发生洪涝、台风、雨雪冰冻、持续大雾和地震等重大自然灾害，以及煤炭生产、运输重特大事故等突发事件的情况下，依靠企业储备和地方储备不能满足煤炭基本供应时，用于应急保障。

国家煤炭应急储备的基本模式包括以下方面。

第一，确立大型煤矿企业为国家煤炭应急储备实施主体。从国家煤炭应急储备性质和功能定位出发，按照有利于尽快起步建设、形成基本规模，操作便捷顺畅、运营成本低，以及有利于政府监管等综合考虑，确定国家煤炭应急储备的基本模式，即由大型煤矿企业接受国家委托，结合本企业煤炭产品流向、市场分布，在具备条件的沿海、沿江和沿河港口，在铁路直达运输但运能不足的华中、西南内陆地区煤炭集散地、火车站等，与企业正常营销周转储销结合，代储代存部分国家应急储备并负责其经营管理，国家按照委托储备数量，对代储的大型煤矿企业给予必要政策支持并实施监管。国家煤炭应急储备采取委托中间运输环节、终端消费环节代储方式。

第二，大型煤矿企业实行代储代存的优越性。确定由国家委托大型煤矿企业实行代储代存，相比较其他方式，其优越性主要有以下几点：（1）储备经过的环节少，在未动用之前产权始终归属煤矿和企业，不存在转换和改变，既有利于煤矿企业经营管理，也有利于政府监督检查；（2）与煤矿企业正常销售结合在一起，对正常周转储备和国家应急储备实施统一管理，不需要另行设立管理机构，经营成本比较低；（3）由大型煤矿企业代储，后续资源充足，运输渠道通畅，销售市场稳定，有利于保持储备规模稳定；（4）采取这种方式，可以加快储备循环周转，大大降低单独设库、长期堆存带来的变质、自燃等风险，有利于储备煤炭质量安全；（5）大型煤矿企业与运输、消费企业有长期稳定的合作关系，由其代储，不改变各环节的性质和定位，符合法律法规规定；（6）实行统一由煤矿企业代储代存，便于制定实施统一的管理办法和配套政策。

目前，国家发展改革委确定的煤炭应急储备建设的目标是，完善国家煤炭应急储备方案的制定和实施，争取各有关方面支持，在科学、合理确定规模与布局的基础上，尽快形成一定的实物储备量，提高煤炭应急供应保障能力。同时，支持、指导地方煤炭应急储备体系建设，形成既能覆盖重点地区，又能上下协调联动、互补的国家和地方煤炭应急储备体系。

煤炭储备体系争论与评价

煤炭储备体系提出后，得到了很多专家学者和经济运行主管部门的支持。他们认为，建立煤炭应急储备有以下几方面的必要性和可行性。

第一，国情决定了必须建立完善的煤炭储备体系。（1）煤炭作为主体能源，在我国一次能源生产和消费结构中占到70%左右，这一地位在未来几十年内难以发生根本改变。（2）我国煤炭资源总量较大，但人均占有量仅为世界平均水平的一半左右。在推进工业化、城镇化的过程中，煤炭资源的“强约束”“紧运行”将呈一种经常性状态。（3）我国煤炭资源赋存与消费在地域、电源点上呈逆向分布，随着煤炭开发战略西移，铁路运煤平均距离延长。铁路运能紧张局面可能是一个较长过程。（4）我国煤炭禀赋条件较差，特别是小煤矿产量占到全国总产量的1/3以上，安全事故多发。这些均影响到煤炭生产的稳定性。（5）我国是世界上自然灾害最为严重的国家之一，地震、洪涝、干旱、冰冻、台风、持续大雾等极端地质和气象灾害相对多发。这些特点表明，煤炭是我国不可或缺和不可大规模替代的主体能源，较之于世界其他国家，保障稳定供应的意义更加重要。同时，难度也更大，必须建立国家煤炭应急储备体系，增强应急状态下电力行业供煤的保障能力。

第二，煤炭供求现状要求加快建立国家煤炭应急储备。我国现有煤炭储备（库存）主要由两部分构成：一是煤炭生产、经销和消费环节的库存，占全社会库存的80%以上；二是运输环节的库存。总体上看，目前，我国煤炭储备（库存）水平较低，且过于分散，特别是没有可以直接调度支配的国家储备，在发生严重自然灾害和突发事件，正常的产运需衔接受到冲击，应急保障任务突出和繁重的情况下，政府不直接掌握储备资源，只能“临时抱佛脚”，动员和协调有限且分散的社会储备，“拆东墙补西墙”，捉襟见肘，从而限制了应急响应和组织指挥能力，降低了应急保障效率。为增强应急状态下的电煤供应保障能力，必须加快建立国家煤炭应急储备。[64]

第三，我国已经具备了建立国家煤炭应急储备的基础条件。（1）从煤炭资源看，截至2009年底，我国煤炭总产能超过36亿吨。在确保当前供应前提下，完全可以调剂出一部分资源用于建立国家应急储备。（2）从储运设施看，改革开放以来，我国铁路、公路和港口水运等基础设施快速发展，煤炭储装运能力上了一个大台阶，完全可以支撑起建立国家煤炭应急储备。（3）从财政资金看，改革开放以来，全国财政收入增长了50倍以上，完全有能力安排出一部分财政资金，用于建立国家煤炭应急储备。（4）从储备技术看，由于确定了由国有大型煤矿企业结合自身生产经营周转储备，代储国家煤炭应急储备的基本模式，在实践中已经形成一些可行技术，可以保证储备数量和质量的安全。

对建立煤炭储备体系的质疑主要有以下 4 个方面。

第一，大规模政府投资难以为继。钱平凡是煤炭储备体系的重要建议人和设计者。他认为，煤炭储备不能照搬粮食储备的模式，主要是成本太高，国家难以承担，不具有可持续性。[65] 配煤和供应链管理都能增加煤炭储备基地的附加值，有很好的盈利性，因此，无须国家投资，可以是完全的市场行为。目前出台的方案，储备基地仅仅承担了简单的煤炭进出，是一个中转站。虽然可以实现战略储备的功能，但增加了运行成本，也很难形成盈利。[66] 李金峰指出，煤炭储备基地作为一个经济细胞和煤炭产运销的一个环节，不但要具备生存能力，而且必须具备发展能力，长期依赖补贴不是也不可能成为煤炭储备基地的理想发展模式。实际上，受制于煤炭产品对装卸、养护等费用的高度敏感性，稍有不慎，煤炭储备基地极有可能成为部分地方政府和煤炭企业的包袱。[67]

第二，大规模煤炭储备存在技术难题。煤炭现货储备面临着极易风化、变质甚至自燃等风险。与石油储备相比，煤炭储备需要占用更多的土地，容易对土地、水、空气造成污染。煤炭露天存放时间越长，储存成本越高，而煤炭的价值也会下降。这就决定了煤炭储备基地的储存量不能很多。[64]

第三，从资源量上讲没有储备的必要。是否建立一种资源的战略储备，关键要看这种资源是否短缺，而我国的煤炭资源丰富。目前，除我国外没有一个国家将煤炭进行战略储备。同时，我国煤炭消费量较大，哪怕只作为一个月的储备，就需要 2 亿～3 亿吨，无论从占地还是投入都是不可想象的。[64]

第四，应急需求难以成立。雨雪冰冻等自然灾害不具有常态性，而且也无法预料下一次灾害发生的地点。煤炭战略储备太少不能起到平抑物价的作用，储备太多则缺乏经济性。[64]

对煤炭战略储备的争论和试点都在进行中。目前，建立这一制度主要是凭借实际工作部门的经验感受，缺少足够的理论依据。在技术上确有一些难题没有找到解决办法，形成了瓶颈制约。在实践中没有注意充分发挥市场机制的作用，而是希望政府把战略储备包下来，用于政府的调节，因而忽视了储备经济性的论证，其成效值得怀疑，是否能持续发挥作用还有待观察。[64]

从上述分析中也可以看出，建立煤炭现货储备平抑煤价上涨主要是经济运行主管部门的意见。从相关利益方分析，部分电力企业可以获得储煤收益，但与煤炭、铁路等环节的利益关系不大。执行的结果是增加财政支出，缺乏经济性和可行性。

小结

从以上对我国煤电矛盾问题的研究综述看，现有解决煤电矛盾的方案还不能从根本上解决我国存在的煤电矛盾问题，其局限性主要表现在以下几个方面。

第一，这些研究一般局限于煤炭市场或电力市场。即使从煤电产业链的视角，也仅局限于纵向关系安排，对煤炭市场和电力市场的关联性考虑不够，没有从煤电产业链的角度进行统筹兼顾。对煤、电纵向关联市场之间存在的外部性未予以足够的重视。这使政策制定者在对其中的某一市场进行管制时，往往忽视了这种管制对纵向关联的另一市场所产生的影响。对于市场绩效和管制效应的评价是建立在单一市场效率基准上的，并未真正将煤电产业链作为一个整体进行研究。

第二，研究内容上主要着眼于煤电价格机制。实际上，价格问题只是煤电产业链的显性问题之一，其实质是交易体制问题。此外，还涉及煤电的物流以及交易信息畅通等问题。

第三，研究方法主要运用产业经济学的理论和方法。其实，煤电问题不仅是产业组织的问题，而且涉及制度经济学等学科，需要进行跨学科的研究才能全面分析和解决。此外，在研究方法上，相对于国外的煤电关系研究，我国学术界在经验研究方面做的还很不够，大多集中在探讨煤电纵向交易模式或者煤电政策的利弊分析上。

第四，一些研究对策缺乏可操作性。大部分方案认为，煤电矛盾的症结在于煤电价格形成机制不同，即“市场煤”与“计划电”的纵向价格双轨制。很多对策是实行煤电纵向一体化，忽视了煤、电市场已经形成的现实，更回避了产业链各环节纵向分离的发展趋势。因此，这些措施可以暂时缓解矛盾，但无法从根本上解决问题。

系统解决煤电矛盾的思路

煤电矛盾看似煤企和电企之间的博弈，实际上是涉及煤、电、运和政府四方面的系统性问题。已经放开的“市场煤”，其市场机制并不完善；尚未放开的“计划电”，无法按照市场供求关系形成价格；铁路运力的市场化程度远远滞后于煤、电、运产业链的其他环节。同时，煤炭产地地方政府对煤炭供应的数量和价格产生着巨大影响。这些都构成了煤电矛盾的深层次原因。为了理顺煤电价格机制，国家应统筹考虑煤、电、运产业链上下游关系，以交易入市、网运分核、规范收入、系统监管的思路，抓紧建立煤炭、电力、运力3个有形市场，适时出台煤炭资源税，清理各种中间环节收费，加强对市场的监管。通过这些措施，在煤、电、运各个环节和政府之间建立起与市场经济相适应的价格形成机制与管理体制，从而在根本上解决煤电矛盾。

煤电矛盾的成因分析

电煤价格、上网电价、销售电价到底是高还是低？煤矿、电厂、电网、用户从各自的角度出发，提出自己的诉求，各方不可能达成共识，也就无法制定行政调价方案。为找出真正的症结所在，还需要跳出现行价格体系的局限，从煤、电、运产业链整体以及政府行为的角度，对形成矛盾的机理进行考察。

第一，已经放开的“市场煤”市场机制不完善，推动了煤炭价格虚高。1993年以来，国家逐步放开了煤炭价格，但此后，电煤交易仍被分割为行政办法规定的重点订货合同交易和市场采购两个完全不同的市场，没有形成全国统一的市场体系和各方共同遵守的交易规则。电煤重点订货合同交易量约占全部电煤用量的60%左右，通过每年一度的全国煤炭订货会签订年度合同。这是计划经济条件下的订货模式。近年来，煤炭订货会改称重点煤炭产运需衔接会，基本上由国家提出框架性意见，要求企业自主订货、行业协会汇总。每次产运需衔接会实际上变成了煤电两大阵营的集中博弈会，煤电双方各自联手、唇枪舌剑，很少能顺利达成共识。当矛盾积累到一定程度后，由政府出面协调确定交易价格。煤炭订货会从开始的有价有量，到有量无价，再到无价无量，作用已十分有限，合同履约率也逐年降低。

21世纪以来，电煤产量与火电装机同步增长，在实物量上是平衡的。为什么占煤炭消费量近50%的钢铁化工建材行业，在国家不实行“煤钢联动”“煤化工联动”的情况下，没有出现煤炭和产品的轮番涨价现象？这主要是电煤市场“双轨制”下，价格信号处于失真状态，一些企业和个人利用重点合同价与市场价的价差倒买倒卖，各种中间环节层层加价，产、运、供、需衔接屡屡陷入困境。加之电煤是一种价格弹性较小的大宗商品，市场一旦出现供给不足的信号，就会导致煤炭价格一涨再涨，电力企业只能让煤价“牵着鼻子”走。

第二，电煤物流中间环节多，铁道运力市场化程度低，成为煤炭加价的重要因素。我国煤炭资源主要分布在华北、西北地区，消费地集中在东南沿海发达地区。电煤主要从北方产地出发，经公路、铁路运输，集结至北方沿海港口，再经水路运往东南沿海地区。总体上看，我国电煤物流环节较多、管理方式粗放、效率低下、市场透明度低，物流成本已达到电煤消费价格的30%～60%，下游企业不堪重负。电煤运输的瓶颈主要是铁路。电煤运输大约占全国铁路货运量的一半以上，铁路运煤分为计划内车皮和计划外车皮。2007年，铁路计划内煤炭运力是8.4亿吨。其中，电煤6.4亿吨。计划内运煤合同执行率仅有70%～80%，而实际铁路煤炭运量达14亿吨。计划内运煤可执行国家规定的运输价格，计划外运煤则要向中间环节付出相当高的代价，很多铁路职工经营的“三产”“多经”企业从中渔利。这早已是行业内公认的“潜规则”。再加上点车费、车板费等各种名目的收费，大大提高了运输成本。煤炭供需关系越紧张，运输中间环节的放大作用越明显。这也是2008年迎峰度夏时节山西煤运到秦皇岛价格翻一番的重要原因。

第三，尚未放开的“计划电”无法建立起市场价格传导机制，提高了成本和中间加价，压缩了电厂利润空间。2002年以厂网分开为标志的电力体制改革，只在发电环节打破了垄断，开始引入竞争机制，与国务院确定的电力市场化改革目标还有相当大的差距。电力工业总体上没有摆脱计划经济体制的束缚。

一是电价由政府制定。目前，发电企业的上网电价和各类用户的销售电价，仍由政府部门行政审批决定，定价的基本依据是“合理成本加合理利润”。从定价机制看，发电企业和电网企业向国家上报的成本越高，国家批复的上网电价、销售电价（含输配电价）就越高；反之亦然。这就在事实上鼓励企业抬高或虚报建设和运行成本。尽管新投产的火电项目已执行标杆电价，部分电厂开始消除“一厂一价”或“一机一价”，但电力定价机制本质上还是依靠政府部门对企业申报成本的主观判断。上网电价确定后，如果电煤涨价，电力企业就会要求政府出台顺价政策，否则无法避免电力行业大面积亏损；如果电力需求下降、电煤价格下跌，电力企业受制于政府电力定价的束缚，不可能主动面对市场，实行打折促销等经营策略。这种定价机制不仅压抑了市场主体开拓电力市场的积极性，而且使电力价格失去了反映和调节供求关系的应有功能。

二是发电量按计划分配。我国发电调度至今仍沿用计划经济时期的传统办法，即由政府部门对各个机组平均分配发电量计划指标。不论发电方式和能耗环保水平，只要机组在电力调度机构有“户头”，就可以在年度计划中获得基本相同的发电利用小时数。这种计划调度方式鼓励了高耗能的小型燃煤、燃油火电机组的发展，与节能减排、优化能源结构的方向背道而驰。在实际执行中，发电量又有计划内和计划外之分。计划内电量由电网公司按国家规定支付上网电价；超计划发电量部分，电网公司要求发电企业降价上网，而销售电价实际上没有变化。因此，火电厂多发电未必会多收益。这也在很大程度上影响了发电和电网企业的关系。

三是电力交易实行“统购统销”。发电企业的发电量由电网公司统一收购，再向用户统一销售，电网企业的收入主要来自购销之间的价差。这种盈利模式客观上为电网企业利用自然垄断优势向发电企业或电力用户谋取不当利益创造了条件。在大部分情况下，发电企业的上网电价是 0.3 ~ 0.4 元 / 千瓦时，而工业企业实际用电成本可以达到 0.6 ~ 0.7 元 / 千瓦时，商业企业为 0.7 ~ 0.8 元 / 千瓦时，甚至更高。出现如此之高的购销差价，除合理的发电成本和输配电成本外，相当一部分是说不清道不明的交叉补贴和销售环节各种形式的收费和加价。正是由于电力用户与发电企业不直接见面，无法建立反映市场供求关系的价格信号，增大了不必要的交易成本。

第四，地方政府为获取资源收益，收费名目繁多，推动了电煤价格上涨。电煤成本中，除开采成本外，各种形式的收费名目繁多，占煤价的比重越来越高，对出省煤炭更是如此。以山西省为例，煤炭企业每生产 1 吨煤，除按国家规定向税务部门缴纳 20 元左右的能源可持续发展基金外，还要缴纳统配矿管理费、地方煤矿维简费、中小学危房改造资金、林业建设基金等收费；对铁路运输和公路外运的煤炭收取每吨煤炭价格 2.5% 的运销服务费；通过公路运输的，向煤矿收取 1.5% 的管理费；通过火车运输的，向煤矿收取 4% 的代销费（3% 的管理费和 1% 的损耗费）。煤炭出省还要另外征收“出省费”。即使在产煤省内，各市县的收费项目和金额也没有统一标准。煤价高企时，政府收费收入就多。煤价降低时，政府收费收入有所减少。因此，地方政府已经形成了促进煤炭涨价的内在动力。2008 年以来，一些地方甚至出台了“限产保价”措施，煤炭企业生产成本和经营负担进一步加大。

理顺煤电关系的思路

商品价格是市场供求关系形成的，没有市场，价格形成机制也就无从谈起。煤炭从坑口运到电厂，再变成电送到插头，经过的每一个环节都纠缠着计划内与计划外、政府定价与市场定价、权力与寻租、“看得见的手”与“看不见的手”等“剪不断、理还乱”的复杂关系。理顺煤电价格形成机制，需要按照科学发展观的要求，运用统筹兼顾的方法，全面考虑煤、电、运上下游各个环节的关系，按照“交易入市、网运分核、规范收入、系统监管”的思路，建立和完善电煤市场、电力市场、运力市场，转变政府管理方式，做到市场秩序规范，交易公开透明，政府监管有效。

“交易入市”，即将煤、电、运产业链各个交易环节均纳入有形市场进行公开交易。建立全国电煤交易市场，完善电力市场（以区域电力市场为主），把铁路运力作为交易产品纳入电煤市场交易，建立由市场供求关系决定煤、电、运的价格形成机制。

“网运分核”，即将电网、铁路网的网络运输业务与煤、电产品的营销业务分开。电网企业实施输配财务分开核算，国家核定输配电价；推进大用户与发电企业在电力市场进行多边直接交易，并按照输配电价缴纳过网费；电网企业作为电力承运方，逐步减少并最终退出电力交易。国家核定铁路基础运价，成立多家独立于铁路系统的运输公司承运电煤；承运公司向托运方收取费用，按基础运价向铁路部门缴纳过路费。

“规范收入”，即适时出台煤炭资源税，保证并规范地方政府的煤炭资源收益，取消各地方政府、运输环节和输配电环节的乱收费。

“系统监管”，即逐步取消电煤、电量、运力的计划指标和审批定价，转变政府职能，建立国家对电煤市场、电力市场、运力市场的监管体系。

建立全国电煤交易市场

国内很多大宗商品交易，如部分粮食品种、棉花、有色金属、成品油等，历史上大多出现过供求关系紧张、价格大起大落的情况，后来逐步打破传统计划体制下的购销方式，建立了全国统一的现货市场和期货交易。电煤交易应当参考这些经验，建立“全国电煤交易市场”。该市场可包括两个组成部分：一是现货市场，对电煤进行实物集中交易，做到产需多方报价、运力紧密衔接、信息公开透明、市场规范有序；二是期货市场，与全球电煤市场相衔接，帮助市场参与者预测供求形势和价格走势，通过套期保值，规避价格风险。

全国电煤交易市场可以实行会员制，由参与交易各方（包括煤、电、运企业）和监管方共同制定交易规则，通过计算机系统集中竞价、自动撮合交易，建立规范的结算、交割制度。为增加交易透明度，可建立市场信息披露制度，编制电煤交易价格指数，尽量减少交易双方信息的不对称。

将电煤运力纳入市场交易

运力对理顺煤电关系有着决定性的影响。为了保障煤炭交易能够获得足够运力，可以考虑将电煤计划内与计划外运力并轨。按照“管住网、放开运”的思路，先核定铁路电煤运输的基础运价。同时，以电煤运输为主的铁路线路开展试点，整合铁路系统现有的“三产”、“多经”和其他中介企业，成立若干家铁路煤炭承运公司。将承运公司的运力制作成交易品种，纳入全国电煤交易市场进行交易。运输完成后，承运公司按基础运价向铁路部门缴纳过路费。

开展电力直接交易

世界上许多国家已经改变了传统的电力交易方式，电力市场运行主要由发电方与用电方进行直接交易。结合大用户直购电试点的经验和反映出的问题，我国应当学习国外先进经验，全面推进电力直接交易。具体措施包括：国家合理确定电网输配电价，先行对输配电业务实行内部财务独立核算，在试点基础上实施输配分开；扩大用户直接购电范围，由发电企业与用户自行商定电力、电量、电价等事宜，签订各种期限的购电合同；电力直接交易应以区域电力市场为主，推行“多买多卖”的交易方式；负责电力输送的电网企业相应收取输配环节的过网费，逐步减少并最终退出电力交易中的购买方角色。当然，建立完整意义上的电力市场，还需要按照节能调度办法确定发电市场节能环保准入条件，将电网交叉补贴由暗补改为中央和地方政府明补。在条件成熟时，建立独立于电网的调度中心、电力交易平台和结算中心。

适时出台煤炭资源税①

在国际金融危机影响下，我国煤炭生产能力供过于求或供求平衡的形势至少会持续一年以上。国家可以抓住这一时机，规范煤炭产地的各类收费。主要包括：取消资源大省自行出台的煤炭收费项目，出台煤炭资源税，统一计税依据，提高税负水平，规范征收管理，保证煤炭输出省的财政收入。

加强政府对市场的监督和管理

随着煤、电、运市场机制的完善，除输配电价、铁路基础运价由政府审定外，其他价格均由市场供求关系形成。相关政府主

① 煤炭资源税已于 2014 年 12 月改为从价计征，从实施效果来看，仍有较大改进空间。

管部门应当从审批职能中摆脱出来，把主要精力放在制定市场规则上，着力打破条块分割，健全法律法规，研究建立涉及煤、电、运产业链上下游的政府监管部门。

实施成效预期

通过“交易入市、网运分核、规范收费、系统监管”，可以完善电煤、电力、运力市场，转变政府管理职能，对于交易各方和各级政府而言是一个多赢的方案。

第一，煤炭企业。建立电煤交易市场，有利于提高交易效率，减少中间环节，避免电煤价格大起大落；将铁路运力纳入电煤市场交易，可以减少物流环节成本；取消地方政府乱收费，出台煤炭资源税，可以减少煤炭销售成本。这三项合计，能够在基本不影响煤炭企业收益的情况下，使电煤价格在现有基础上有所下降。

第二，铁路。长期以来，一部分铁路运输收益落入了中间环节和灰色地带。在网运分开，核定铁路基础运价后，铁路运煤价格应高于原来的计划定价。铁道部门挖掘运输潜力，可以多运多收。

第三，电力企业。通过建立电煤交易市场降低电煤价格，可以减少电力企业的燃料成本。开展电力直接交易，形成电力市场，可以增加发电企业在电力销售和电价协商中的选择权。发电企业一般只有在顺价销售时才与用户签订购电合同。因为这有利于保证企业的合理收益。

第四，电网企业。电网企业虽然逐步退出电力交易中作为购买方的地位，但由于国家按电网的有效资产核定了输配电价，能够稳定地保证电网企业的合理收益。如果电网加强管理，科学调度，提高效率，就会有进一步增收的潜力。

第五，电力用户。实施电力直接交易后，减少了交易环节，降低了交易成本，取消了各种乱收费，电力用户的实际用电成本会在现有基础上有所降低。

第六，政府部门。由于电煤、电力、运力价格均由市场供求关系形成，可以使政府从纷繁复杂的价格冲突中解脱出来，从根本上减轻每年协调“煤、电、运”的压力，把有限的公共管理资源放在制定规则、加强监管上。

当然，对于目前煤、电、运交易的各种中间环节，电网和铁路的“三产”“多经”，以及出台乱收费项目的地方政府部门而言，这一方案将减少和取消其收益。对于必不可少的中间环节，在规范的市场竞争环境下，其收益也将回归社会平均利润。

电煤并轨：让市场配置资源

在计划经济时期，煤炭是由国家计划组织生产和分配的物资。改革开放后，国家逐步放开煤炭价格、生产、流通，市场配置煤炭资源的比重不断提高。虽然煤炭是市场化改革较早的资源类产品，但改革并不彻底。电煤双轨制导致的不公平竞争、供求矛盾加剧、寻租现象丛生等问题，是造成煤电矛盾的重要原因之一。近年来，计划煤的实际作用逐步减少，计划内外电煤价差明显缩小，电煤并轨的时机已经成熟，条件基本具备。国家应采取果断措施，取消重点合同煤、煤炭产量计划、煤价干预等煤炭计划手段，建立全国统一的电煤市场。下决心尽快取消运力、电力的计划指标，实行与电煤市场化相适应的铁路运输和电力调度体制。这将有利于在一定程度上缓解周期性出现的煤电矛盾。

当前的问题和改革的必要性

改革开放以来，我国煤炭市场化改革不断深化。1983 年以来，国家逐步缩小煤炭指令性计划。1993 年，国家决定逐步放开煤价。2004 年起，逐步取消了政府直接组织煤炭订货的方式。但是，依靠计划配置电煤资源的体制并未从根本上消除，而且计划干预的形式更为多样。双轨制严重扭曲了煤炭的供求关系，妨碍了公平竞争，创造了大量寻租空间，应当坚决取消。

第一，计划煤比重逐年减少，已失去存在意义。在煤炭放开之前，国家每年组织煤炭订货会签订供需合同。2004 年以后，煤炭订货会改称重点煤炭产运需衔接会，原则上由国家发展改革委提出框架性意见，企业自主订货、行业协会汇总。在会上，国家发展改革委要对重点合同电煤发布参考价，价格一般低于市场煤价，主要供应对象是五大发电集团和其他国有发电企业。在实际运行中，每次产运需衔接会都是煤电两大阵营的集中博弈会，双方很少能顺利达成共识。当矛盾积累到一定程度后，由国家发展改革委出面协调确定交易价格。由于非重点订货合同电煤价格完全由市场调节，计划内与计划外存在价差，便为倒卖寻租提供了机会。重点合同煤到用户手中时，与市场煤价相差无几。近年来，煤炭订货会的成交量逐步减少。2012 年重点合同煤名义数量为 7.5 亿吨，占全年电煤消费量的 37% 左右。实际上大部分合同是有量无价，甚至无价无量。煤炭衔接会的作用已十分有限，重点合同履约率也逐年降低。在这种情况下，取消重点合同煤对市场价格、供求关系基本不会产生影响。

第二，重点合同煤与铁路运输计划挂钩，抬高了中间环节的加价。我国煤炭产地主要集中在山西、陕西、内蒙古西部（简称“三西”）等华北、西北地区，而煤炭需求地则聚集在经济发达的华东和东南沿海地区。煤炭运输呈现北煤南运、西煤东运的格局，煤炭总运量中约 60% 通过铁路运输。计划内的重点合同煤纳入铁路运输计划，可执行国家规定的运输价格。计划外的非重点合同煤运输则要向中间环节付出相当高的代价。一些铁路职工办的“三产”“多经”企业从中渔利，已成为行业潜规则。此外，还存在点车费、车板费等各种名目的收费。电煤供需关系越紧张，运输中间环节的放大作用越明显。在煤电矛盾突出的时候，山西煤运到秦皇岛价格可以翻一番甚至更多，大部分差价来自铁路运输。

第三，地方政府对电煤产量下达计划指标，破坏了全国统一市场。上一轮煤炭企业通过兼并重组，提高了生产集中度。同时，增加了产煤省对本地产能的控制能力，为地方限产保价提供了方便。有的省向产煤企业发放“煤票”，没有“煤票”的煤不得出省、不得交易。大部分产煤地的地方政府在省界、地界、县界设置关卡，收取出境费。这些做法，严重破坏了全国统一市场，扰乱了正常的煤炭生产、流通秩序。

第四，对电煤价格进行行政干预，妨碍了市场机制发挥调节供求关系、配置资源的作用。国家在放开电煤市场的同时，对电煤价格的干预几经收放。1993 年放开煤价，1996 年又开始实行政府指导价，形成价格双轨制。2001 年，再次放开电煤价格。同时，有关部门又发布参考价。2008 年以来，又多次出台价格临时干预措施。一般而言，当煤电矛盾突出时，有关部门便会出台电煤限价措施，以减轻电力成本上涨带来的发电企业亏损。限价使价格无法准确反映供求关系。煤炭企业对煤价预期要高于国家限定的价格，不愿与电厂签订长期合同。限价措施出台后，普遍出现以次充好（如在电煤中掺入煤矸石降低燃烧值）、地下交易（如不签合同、现金交易）等办法规避限价。限价不仅不能达到控制电煤成本的目的，反而加剧了供需矛盾。

除直接干预外，有关方面提出建立国家煤炭储备，准备利用储备煤吞吐调节价格。这一做法有很大争议。一般而言，对于短缺的战略物资才需要建立国家储备，而我国煤炭资源充足，电煤供求矛盾和价格大幅波动是由于体制原因，而不是资源禀赋不足。煤炭也不是什么优质资源，世界其他国家均未建立煤炭储备。何况现货储备占用土地多、污染大、易自燃，储备太少无法满足应急需求，大量储备成本很高且存在技术难题。目前，我国只建成了500万吨的储备，要达到影响市场价格的目标，储备规模要远远高于这个水平，会加重财政负担。近年来，受美国页岩气大量替代燃煤发电等因素的影响，一些国家的低价煤炭进入我国沿海地区，具有压低煤价的作用。因此，在充分市场竞争和经济全球化条件下，以煤炭储备缓解供需矛盾或平抑价格似已没有必要。

第五，与计划煤对应的发电量计划仍在延续，严重损害了发电企业的利益。20世纪80年代和90年代初期，计划内电煤与计划内发电量及相应的上网电价是完全对应的，须执行严格的指令性计划。随着煤炭体制改革的深化，计划内煤炭越来越少，发电量计划本应逐步减少直至取消。但长期以来各地经济运行主管部门仍在下达这一计划。这种电量计划基本不考虑发电方式和能耗环保水平，而是按照机组户头平均分配发电时间。电网公司对计划内电量按国家规定支付上网电价。超计划发电量部分，电网公司要求发电企业降价上网，而销售电价实际上没有变化。这一计划严重损害了发电企业的利益。2011年华东和华中地区用电紧张，原因之一就是电力企业完成计划电量后，计划外电量低价上网，发得越多，亏损越严重。于是，很多电力企业就以停机检修为名不再多发电。因此,发电量计划的存在加剧了煤电矛盾。同时，这种计划调度方式加速了高耗能的小型燃煤、燃油火电机组的发展，与节能减排、优化能源结构的方向背道而驰。

电煤并轨的思路

电煤的计划性主要表现为非市场力量对产量、价格、运力进行的干预。重点合同煤是电煤计划的一部分，仅取消重点合同煤不足以实现电煤的计划内与计划外并轨，需要多方面采取措施，实现电煤的完全市场化。电煤并轨的总体思路是，坚持市场化改革方向，切实维护企业市场主体地位和经营自主权。取消重点合同煤、煤炭计划、电煤价格干预等行政管理措施，由供需双方自主决定交易量和交易价格。具体可以考虑采取以下措施。

第一，建立完全竞争的电煤市场。取消年度煤炭衔接会，建立区域煤炭交易市场。电煤合同的交易量、期限、价格、金额完全由供需双方自行决定，无须报国家有关部门备案或批准。合同纠纷应依据《合同法》及相关经济法律处理。在完善区域煤炭交易市场的基础上，建立全国电煤交易市场。先以现货市场为主，逐步建立期货市场。

第二，取消政府对煤炭市场的直接干预。取消地方自行出台的煤炭产量计划、“煤票”制度、出入境检查收费等制度。禁止各级政府对煤炭生产、营销、定价等商务活动进行干预。暂缓推进煤炭储备制度。

第三，将铁路运力纳入市场交易。取消计划煤后，重点合同煤的运力计划也就不复存在。为了保障煤炭运力，应当建立公开透明的铁路运力交易市场，减少铁路运输中的寻租行为，降低电煤物流成本。国家发展改革委和铁道部对电煤运力单独制订运输计划、单独考核、单独定价。选择大秦、朔黄等煤运专线进行“网运分开”试点。具体做法可以是，先核定铁路电煤的基础运价，成立若干家铁路煤炭承运公司，将承运公司的运力作为交易品种，纳入全国电煤交易市场进行公开交易。

第四，取消发电量计划。随着电煤并轨，原本与计划煤对应的计划电量存在的基础已彻底消失，应相应取消。电网企业也应按规定的上网电价向发电企业购电。

第五，推广节能发电调度办法。电煤并轨改革后，在没有发电量计划、没有购电合同的情况下，电力调度以何为依据的问题便会提上日程。解决的办法是实行节能发电调度。南方电网的试点证明，这是一个行之有效的制度。近年来，中央经济工作会议和政府工作报告中多次强调要推行节能发电调度，但执行效果不够理想。可以考虑以电煤并轨为契机，按照国务院办公厅 2007 年 8 月下达的实施方案，在全国电网企业推行节能发电调度办法。即按照节能、环保、经济的原则，优先调度可再生能源和高效、清洁的机组发电，限制能耗高、污染重的机组发电。采取这一调度方式有利于公开、公平、公正调度和促进节能减排。

第六，深化煤、电、运全产业链市场化改革。煤炭、运力、电力 3 个领域均存在计划与市场并存的双轨体制，相对而言，电煤并轨的难度最小。取消计划煤后，电力和铁路体制将成为造成煤电矛盾的主要原因，国家应当再依次推出这两项改革，最终从根本上化解困扰国民经济的煤电矛盾。①②

---

① 2012 年 12 月 20 日，国务院办公厅出台了深化电煤市场化改革的指导意见（国办发〔2012〕57 号），要求取消重点电煤合同，实施电煤价格并轨；加快健全区域煤炭市场，逐步培育和建立全国煤炭交易市场。12 月 21 日，国家发展改革委发布《关于解除发电用煤临时价格干预措施的通知》，决定从 2013 年 1 月 1 日开始，解除对电煤的临时价格干预措施，电煤由供需双方自主协商定价。至此，计划内与计划外电煤实现了并轨。

② 本文完成于 2012 年 10 月。

化解新煤电矛盾

我国工商企业用电成本居高不下，很大程度上源于电价调整滞后于电煤价格变化。本轮煤价断崖式下降以来，工商企业仍未享受到用电成本降低的机会。当前，亟须降低电价，扩大电力需求。同时，加快电力体制改革步伐，扩大电力直接交易比重，依靠市场机制理顺煤电价格关系，从根本上解决新一轮煤电矛盾。

煤电联动滞后于煤价波动

煤电矛盾是我国煤电关系中的老问题（见图 4–1）。上一轮煤电矛盾爆发在 2003 年初至 2010 年期间。以 2008 年国际金融危机为界，前期电煤价格快速大幅上涨，而火电上网电价和销售电价涨幅不大，发电企业亏损严重。金融危机后，电力需求增速放缓，电煤价格下降，发电企业才逐步消化了煤价上涨的压力。

本轮煤电矛盾始于 2011 年底，至今仍未根本消除。为了分析煤价与电价的关系，假设将山西的火电送到北京，分析其在本轮煤价波动中的轨迹。2011 年 10 月，秦皇岛港 5500 大卡动力煤平均价格为 855 元 / 吨。之后出现断崖式下跌。2015 年 11—12 月为 370 元 / 吨，跌幅达 56.7%。半年后又有所回升，2016 年 10 月底为 600 元 / 吨。

图 4–1　“电煤—电价”走势

资料来源：wind、北京市发展改革委、山西省发展改革委

当电煤价格处在 855 元 / 吨的高点时，山西火电平均上网电价为 0.3682 元 / 千瓦时，北京一般工商业电价（1 千伏以下峰电）为 1.194 元 / 千瓦时。在电煤价格开始大幅下跌后很长一段时间，全国没有相应下调上网电价和销售电价，而是提高了电价。山西火电上网电价在 2011 年 12 月至 2013 年 8 月达到最高值 0.3977 元 / 千瓦时，北京一般工商业电价从 2014 年 1 月开始达到最高值 1.4002 元 / 千瓦时，分别比煤价最高的 2011 年 10 月上涨了 8% 和 17%。

2016 年以来，全国电价进行了两次调整，燃煤机组降价 0.03 分 / 千瓦时，一般工商业电价降低超过 0.04 分 / 千瓦时，减轻工商企业负担 470 亿元左右，成为供给侧结构性改革“降成本”的一个亮点。但是，这两次调价降幅有限，且降价范围没有覆盖所有电价类别和所有地区。目前，包括北京在内，全国大部分地区工商企业的用电成本仍处于历史高点。电价还难以反映一次能源变化的状况，全国工商企业用电成本偏高的问题仍很突出。

与此同时，售电和购电的价差却不断扩大。如山西的火电送到北京，价差从 2011 年 10 月的 0.8258 元 / 千瓦时，扩大到 2016 年 10 月的 1.0797 元 / 千瓦时。也就是说，每输 1 千瓦时的电，输电企业 2016 年要比 2011 年多收入约 0.25 元。输电环节占销售电价的比重从 2011 年的 69% 提高到 2016 年的 77%。

这些情况表明，在这一轮煤电矛盾中，电网企业的效益得到保证。发电企业的上网电价却无法反映燃料成本的变化，企业效益随着煤价波动而波动。下游工商企业用电成本居高不下，没有分享到电煤整体降价带来的收益。如果说受上一轮煤电矛盾影响较大的是发电企业，这一轮则是广大工商企业。

电价调整滞后带来的问题

在本轮煤电矛盾中，电价调整滞后不利于发展实体经济和减缓经济下行压力，主要会引发以下 4 个方面的问题。

一是影响企业经济效益。高用电成本成为我国企业提高经济效益的障碍之一。重化工企业、制造企业、基础设施建设和不少高新技术企业都是耗电大户。据 IBM（国际商业机器公司）统计，能源成本一般占数据中心总运营成本的 50%。据工业和信息化部统计，我国数据中心总量已超 40 万个，年耗电量超过全社会用电量的 1.5%。据中电联统计，2015 年，互联网、大数据、云计算等新一代信息技术行业用电比上年增长了 14%。

二是削弱制造业国际竞争力。目前，美国工业用电平均电价为 0.43 元人民币 / 千瓦时，商业用电平均电价为 0.67 元人民币 / 千瓦时。据政府权威部门测算，我国工商业电价平均比美国高 45%。美国制造业回归很大程度上得益于用电成本下降。这一优势甚至吸引了我国沿海地区一些高载能工业向美转移。

三是不利于消纳电力产能。2011 年以来，全国 60 万千瓦及以上火电装机平均增长 5600 多万千瓦，但发电量增速却在零增长附近徘徊。平均发电利用小时数从 2011 年的 4731 小时，降到 2015 年的 3969 小时。由于目前大部分地区的电价仍由国家制定，过剩的电力产能无法通过价格杠杆进行疏导。

四是抑制电力需求增长。如果用电比烧煤更有经济性，广大农村地区就可以更有效地推动以电代煤。我国工业化、城镇化进程尚未完成，2015 年人均用电 4142 千瓦时，是经济合作与发展组织（OECD）国家平均水平的 45.4%、韩国的 1/3。到 21 世纪中叶，我国要达到中等发达国家水平，电力需求仍有很大增长空间。释放这些潜在需求，需要电力保持合理、经济的价格水平。

煤电矛盾形成的机理

出现煤电矛盾的主要原因，是对电价和电量的计划管理。我国价格主管部门对燃煤火电上网电价和销售电价，主要是按照煤电联动的原则进行调整。这是一种模拟市场的定价方式。有关部门根据统计的煤价波动情况，每隔一个周期会在全国统一调整一次电价。由于各地的电煤和电力供求情况千差万别，一次调价的幅度往往难以化解所有矛盾。历次煤电联动又存在明显的滞后性、被动性，往往使供求矛盾越积越多，直到形成全局性的影响。

同时，各地经济运行主管部门向发电企业分配发电量计划，计划内发电量按照国家规定的电价上网，超出部分则要低价上网。

在计划电价和计划电量的双重管制下，电力企业无法根据用煤成本和电力供需情况自主决定电力的生产和销售的量与价。在这一轮煤电矛盾中，无论煤价是涨还是跌，工商业电价始终保持在高位。

理顺电价，完善电力定价机制

化解煤电矛盾的关键是让市场说了算。在上一轮煤电矛盾中，一个重要的改革成果是，实现了电煤的计划内与计划外并轨。遗憾的是，在这一轮煤电矛盾中，有关方面又在人为地调控煤炭价格和供求关系。在当前没有全面完成电力市场化改革任务的情况下，要使广大工商企业保持合理的用电成本，需要从调价和改革两个方面采取措施。

第一，调价首先降低工商业电价。在这一轮煤价断崖式下跌期间，有关部门错过了降低电价的最佳时机。尽管如此，降价仍有空间。2016 年 10 月 31 日，秦皇岛 5500 大卡煤价为 600 元 / 吨。统计分析表明，这一时点上我国大部分地区一般工商业电价比相同历史煤价时的电价高出 0.15 ~ 0.2 元 / 千瓦时。如果将工商业电价调整到与历史煤价相当的电价水平，按 2015 年全国工商企业用电 4 万多亿千瓦时计算，将减轻企业成本 6000 亿 ~ 8000 亿元。

第二，大幅度扩大电力直接交易和市场化定价的比重。从近年来电力直接交易试点情况看，参加交易的电力大用户的用电成本普遍降低。当前，可以大幅度增加电力直接交易占火电发电量的比重，逐步取消煤电联动，尽快形成“多买多卖”的电力市场格局。

目前，在推进的电力直接交易中，有些电力调度部门将直接交易的电量从分配给发电企业的发电量计划中扣除，影响了发电企业的利益。下一步，应当按照电力体制改革的要求，取消各地自行制订的发用电计划，从而减少政府部门对企业售电和用电行为的行政干预，也为电力直接交易扫清障碍。

第三，抓紧推进输配电价格改革。发电和用电企业自主定价后，过网费执行输配电价是降低电力交易成本的关键。目前，国家已在18个省级电网和1个区域电网开展了输配电价改革试点，有关部门原计划用3年时间完成这项改革。考虑到改革的方向和操作内容已无太大争议，应当加快在全国核定和执行输配电价的进程；严格监管电网企业新建项目，减少不必要的建设支出，防止输配电价定得过高；加强对输配电成本监管，取消交叉补贴，将电网企业内部各类交叉补贴由“暗补”改为“明补”；加快电力市场建设，电网企业不再对电力统购统销，进而逐步退出购电和售电主体。

第五章

油气改革：“放宽”还是“放开”

近年来，世界油气价格出现断崖式下跌，而我国油气价格仍长期处于高位。调价能否解决价格矛盾？油气体制改革从何入手？油气管网是否要独立？中国能否重演美国“页岩气革命”的奇迹？

油气全产业链市场化改革方略

我国油气领域市场化改革滞后，不但在全球油气变局中处于被动局面，而且油气企业自身效益下降，甚至影响我国经济的竞争力。油气行业产业集中度高，企业上下游一体化经营，即使单独对某个企业、某个产业环节或某个区域进行改革，也难以实现市场对油气资源配置起决定性作用的改革目的。基于全产业链市场化改革的方法论，应实行“一条主线、三个维度、多个环节”的改革思路，即以产业链为主线，从政府、市场、企业 3 个维度出发，对油气产业上下游各主要环节，包括矿权出让、勘探开发、管网运输、流通、炼化等进行全产业链市场化改革，从而建立起公平竞争、开放有序、市场对资源配置起决定性作用的现代油气市场体系。

全球油气格局与中国面临的问题

20 世纪 50 年代以来，油气逐步取代煤炭成为世界一次能源中的主体能源，发达国家大多完成了从煤炭时代到油气时代的转变。21 世纪以来，世界能源版图发生了深刻变化。随着北美“页岩气”革命的成功，加上勘探开发技术的进步，全球油气储量大幅增加，出现了多点供应、供大于求、价格持续走低的局面。在可预见的未来，油气在世界能源消费结构中仍将占据主要地位。

新中国建立以来，石油化工产业得到长足发展，为社会主义现代化建设提供了有力保障。但是，放眼世界，我国油气产业无论规模，还是水平、效益，与发达国家相比仍有很大差距。主要表现在：油气生产和使用成本偏高，一定程度上削弱了我国经济在国际上的竞争力；油气占一次能源消费的比重偏低，尚未完成从煤炭时代向油气时代的跨越；国内资源勘探开发投入不足，国产油气保障程度逐年下降；国有大型油气企业大而不优、大而不活，近年来经营效益大幅滑落，人均产出远低于国外同类企业；油气收益分配内部化，国有资本收益低，油气资源国家所有者权益体现不多，油气财富没有彰显全民共享。油气行业的现状不利于我国经济的稳定增长和产业结构的优化升级。

制约油气行业健康发展的体制原因

经过几次改革，我国油气产业选择了上下游一体化的国家公司经营模式，对迅速提高油气企业规模发挥了积极作用。但是，少数企业的上下游一体化经营扭曲了市场价格和供求关系，成为油气供求矛盾加剧和价格居高不下的主要原因。油气是传统计划经济时期管制最严格的领域之一，即使中石油、中石化、中海油（以下简称“三大油气企业”）已在美国、中国香港等地上市成为国际公司，但迄今为止仍没有完成向市场经济体制的转型。因此，我国油气体制既有计划经济特征，也有市场经济特征，是典型的双重体制。油气产业链是多重体制亚型复合体构成的不完全市场产业链。

矿权

少数企业无偿获得油气区块，大量矿区占而不采。目前，国际上普遍采用招标方式出让油气矿权，对矿业权人规定了严格的权利义务。我国长期实行"申请在先"的矿权出让方式，三大油气企业无偿取得了国内大部分油气区块的探矿权。油气矿权持有成本低，企业对大量矿区既不投入也不开采，制约了国内油气供给能力的提高，未能充分体现国家对资源的所有者权益和企业有偿使用矿权的原则。在我国目前实行油气勘探开发专营权制度和对外合作专营权制度情况下，除少数国有油气企业外，其他各类市场主体不能进入勘探开发领域，也限制了油气领域的对外开放，制约了上游市场的发展。

管网

建设运营不向第三方开放，缺少有效监管。20 世纪 80 年代以来，大部分发达国家对网络型行业进行了网运分开、放松管制的改革。但是，我国油气管网设施的建设和运营仍集中于少数大型央企，实行纵向一体化的经营。不同公司的管网之间互不联通，有的地方交叉重复、空置浪费；有的地方建设不足、运行饱和。企业利用市场支配地位，不向第三方开放，不允许社会资本进入，消费者缺少选择权。国家对管网运输的价格、建设、运营缺少有效监管。城市燃气管网一般也是由一家公司经营，与国家油气管网存在同样的问题。随着油气上、下游市场主体逐步走向多元化，相关市场主体对于油气管网改革的诉求日益强烈。

流通

个别国企专营，形成市场壁垒。原油是目前世界上交易规模最大的自由贸易商品，但在我国仍是由少数企业特许经营。在进口环节，我国对原油仍实行国营贸易管理。同时，允许一定数量的非国营贸易。三大油气企业、珠海振戎公司和中化集团5家国营企业原油进口量占整个原油进口总量的90%以上。原油国营贸易配额只能用于中石油和中石化的炼厂加工。没有国企的炼化生产计划文件，民企进口的原油不能通关，铁路不能安排相应运力。这种制度安排客观上限制了其他市场主体的进入。天然气进口方面，尽管国家没有明确的禁止性法规，但限于进口基础设施的排他性，民营企业很难实现从国外进口天然气，一般是通过三大油气企业代为进口。

2015年7月，山东、辽宁一些地方石化企业获准使用进口原油，但有关部门要求用油企业满足淘汰落后产能、承诺严格原油流向管理等条件。也就是说，对流通领域仍然是有条件、有限度的放宽准入，没有从根本上改变原有特许经营的格局。至于"流向管理"，有关部门没有对行政许可的来源做出说明，也没有明确界定行政主体和行政相对人的权利义务。

在批发零售环节，国家赋予了中石化和中石油（以下简称"两大集团"）在成品油批发和零售环节的专营权。全国各炼油厂生产的成品油全部交由两大集团的批发企业经营，各炼油厂一律不得自销成品油。新建加油站统一由两大集团全资或控股建设，近年来有所放松，陕西延长石油进入零售行业。三大油气企业开始与民企合作，但三大油气企业仍在批发零售环节占据绝大部分份额，其他市场主体难以自由进入。

炼化

靠项目审批控制规模，形成逆向调节。炼化产能主要集中在三大油气企业，各地也有一些地方炼化企业。对炼化项目的审批高度集中于国家有关部门，大型炼化项目往往多年得不到批准。炼化是资本密集型产业，拿不到国家的批件，银行不给贷款，地方不给批地，而市场对成品油需求旺盛，小炼化企业在各地遍地开花。对炼化项目的"严格"审批不能抑制过剩产能，相反形成逆向调节，加剧了低水平的产能过剩。

企业

"大而全、小而全"，现代企业制度不健全。三大油气企业开展的业务覆盖了上下游全产业链，从生产经营到后勤服务、"三产"、"多经"，一应俱全，包袱沉重。企业吃国家的"大锅饭"，职工吃企业的"大锅饭"，企业办社会等问题仍很严重。国家有关部门对油气企业管人、管事、管资产，企业经营自主权出现下降趋势。油气企业以满足国家考核作为主要经营目标，将提高国有资产投资回报置于次要地位。虽然三大油气企业早已进入世界500强企业，但大量业务来自关联交易，内部交叉补贴严重，经营管理成本高昂，盈利很大程度上依赖国家给予的价格保护和补贴。

价格

国家定价为主，价格调整滞后国际市场波动。尽管我国已经明确了原油和成品油与国际接轨的定价原则，但定价机制仍不健全。国内原油价格被动跟踪国际油价，不能准确反映国内市场真实的供求关系和成本变化，无法发挥价格杠杆调节供求关系的作用。成品油定价机制存在滞后性，国内油气消费者没有充分共享国际油气价格走低带来的“红利”。国有油气企业不能参与国际期货市场交易，既不利于我国参与国际石油定价，也无法对冲油价波动的风险。

财税

税费功能界限不够清晰，各方经济利益亟待平衡。在现有税费政策下，油气企业除一般企业均需缴纳的企业所得税、增值税、消费税和营业税外，还须缴纳矿业权（探矿权、采矿权）使用费、矿业权价款（实际未征收）、资源税、矿产资源补偿费（矿区使用费）和石油特别收益金。这些税费基本上延续了计划经济下按生产环节收取的形式，内涵与边界比较模糊，没有反映出国家与企业的权利义务关系。在分配中，中央和地方利益不够平衡，没有兼顾到相关利益主体的诉求。

政府

政企不分，政监不分，监管薄弱。油气储量评估、行业标准制定等政府职能仍由企业承担。本应由政府承担的行业监管职能缺位，以企业自我监管为主。政府的油气管理职能分散在多个部门，管理方式基本上是以批代管，缺少事中、事后监管。政府部门中没有对油气进行监管的专门机构，对网络运营环节监管缺位。相当数量的法律法规抑制了市场竞争，已经成为油气改革的障碍。

油气体制改革的目标思路和基本原则

当前，油气领域已经出台了一些改革措施，但尚未解决存在的突出问题，迫切需要通过顶层设计进行全产业链市场化改革。即未来的改革应当是"链式改革"，而不是"点式改革"。

改革的目标是：推进油气产业从不完全市场产业链向市场化产业链的根本性转变，建立公平竞争、开放有序、市场对油气资源配置起决定性作用的现代油气市场体系，不断提高油气保障能力，加快能源代际更替步伐。

为了实现这一目标，改革的总体思路是：围绕"一条主线、三个维度、多个环节"进行"链式改革"，即改革以油气产业链为主线，从企业、市场、政府 3 个维度出发，对油气产业链的各主要环节，包括矿权出让、勘探开发、管网运输、流通、炼化等，进行全方位市场化改革。在企业层面，要实现政企分开、主辅分离、网运分开；在市场层面，油气上中下游市场全面放开准入；在政府层面，要简政放权、政监分离、强化监管。同时，统筹推进行业改革与企业改革，加快油气法规废、改、立进程。

推进油气体制改革应当坚持 3 个基本原则。

一是坚持解放思想，树立新的能源安全观。中国长期重煤轻油，制约了能源结构调整的步伐。将石油作为战略资源，只允许个别企业进行上下游一体化经营，抑制了竞争，扭曲了价格。在全球化环境下，一个国家完全靠本国的能源资源满足发展需要，既不可能，也无必要。我国应当树立在开放条件下保障能源安全的观念，充分利用两个市场、两种资源，积极参与全球能源治理，推动建立国际能源集体安全体系，加快能源代际更替的步伐。

二是坚持市场取向，构建单一市场体制。从党的十二大提出"计划经济为主、市场调节为辅"，到党的十四大确立社会主义市场经济体制的改革方向，再到党的十八届三中全会明确"市场在资源配置中起决定性作用”，[1]我国走上了一条市场化改革的道路。油气行业在改革开放后的前20年经历了放权让利、政企分开，与全国改革保持了同步，但1998年以来油气领域加强了行业集中，弱化了竞争，市场化改革陷于停滞。未来油气体制改革要坚持市场化方向，建立单一的市场体制，而不是计划与市场并存的双重体制。

三是坚持激励相容，形成各参与方共赢的格局。在市场化改革中，每一个参与者首先关心的是自身在改革中的收益。油气体制改革涉及多方面的既得利益，在研究制定市场化改革方案时，应当坚持激励相容的原则，对各利益主体的收益预期进行充分评估，尽可能兼顾相关利益方，使改革后各参与方的收益预期大于改革前。

油气体制改革政策建议

第一，以矿权改革为核心，放开上游市场。通过矿权改革，建立油气上游市场，引入更多市场主体，从而提高国内油气资源的勘探开发和供应能力。

一是放开矿权市场。参照国际一般做法，从“申请在先”方式，改为“竞争性出让”方式，通过公开招标有偿出让矿权。

二是松绑勘查资质。将探矿权出让与勘查资质分开，勘查资格证不再作为申请矿权的必要条件。取消上游油气勘探开发的限制准入条款，允许各类市场主体参与油气勘探开采。①

三是提高持有成本。提高最低勘查投入标准，不能达到投入

① 国务院于2017年9月决定取消地质勘查资质审批（国发〔2017〕47号），同时要求国土资源部门加强事中事后监管。

标准的企业要退出矿权。允许企业在满足法定条件下转让矿业权或股份，活跃矿权市场。

四是合同约定权利。矿业权竞争性出让改革，将完全改变现行法律规定的权利义务，在进行监督管理时无法可依。今后，国家在出让油气矿业权时，可以采用油气租约形式，制定出一套油气矿业权出让行政合同，与受让方约定权利义务。合同内容包括出让的油气矿权的范围和性质、矿权期限、勘探和开发义务、最低义务工作量、环保安全责任义务、争议解决等必备条款。对于涉及国家与矿业权人经济关系的，如使用费、价款、权益金等，可以签订经济合同。

五是全面对外开放。取消三大油气企业对外合作专营权，获得矿业权的企业可自主决定对外合作相关事宜。

第二，构建独立多元的油气管网运输体系。改革的总体思路是"网运分开、放开竞争性业务"，给油气生产者和消费者更多的选择权。

一是网运分开、独立运行。将原来属于三大油气企业的天然气管道独立出来，通过混合所有制改革或资产出售方式，成立多家管网公司，而不是由单一的国家管网公司运营。这些管网公司只参与石油、天然气输送、不参与油气生产、销售，按照"财务独立—业务独立—产权独立"的步骤，推行"厂网分离""网销分离""储运分离"，渐次推动管网独立。为方便对网络监管和网络运输定价，应当剥离管网公司下属的辅助性产业。

二是公平准入、多元投资。新的管网公司按非歧视原则向第三方提供运输服务。允许三大油气企业以外的经营主体从事油源、气源业务，包括国外进口和国内煤制气、页岩气、天然气均可进入管网运输。允许各类投资主体以独立法人资格参与管网和 LNG 接收站、储油库、储气库等相关设施的投资经营，逐步在全国形成多个管网公司并存、互联互通的格局。

三是合理回报、有效监管。政府制定管网的输配价格、合理回报水平，对管网公司向第三方公平开放、执行价格、合理回报进行监管。

第三，建立竞争性油气流通市场。这是油气回归商品属性的关键。

一是取消原油进口资质条件。放开原油进口权，取消国营贸易企业对原油进口的特许经营，任何企业均可从事原油进口和国内贸易。配合进口权开放，取消排产计划，国内炼化企业均可公平地进行原油交易。进一步研究论证“原油流向管理”的必要性，审慎出台此类直接干预市场主体行为的措施。

二是取消成品油批发零售环节特许经营权。撤销国务院 1999 年和 2001 年出台的《关于清理整顿小炼油厂和规范原油成品油流通秩序的意见》《关于进一步清理整顿和规范成品油市场秩序的意见》，不再授予个别企业在成品油批发零售环节的特许经营权。

三是放开下游零售市场。放开加油站业务的市场准入，允许两大集团对其全资或控股拥有的加油站企业进行混合所有制改造或剥离，逐步实现加油站行业多元主体经营。

四是发展石油期货市场。放开石油期货交易参与主体的限制，允许国有油气企业参与交易，推动各类企业能够实现实物交割。同时，增加上海石油期货交易所的交易品种，扩大交易规模。

第四，深化油气企业改革。进行“主辅分离、做强主业、产权明晰、完善配套”的改革，进一步完善现代企业制度，国家对油气企业从"管人管事管资产"转变为"管资本"为主。

一是资本运营。将三大油气企业改组为国有资本投资公司，由国务院授权经营，并继续保持对原上市公司的控股地位。

二是做强主业。将三大油气企业非上市部分的核心业务（即主业）并入上市公司，增强上市公司实力。

三是剥离辅业。将三大油气企业的"三产""多经"、油田服务等辅业剥离，三大油气企业上市部分人员压缩至目前的10%~20%。剥离后的辅业主要有两个出路：组成若干独立经营的企业，由三大油气企业控股或参股经营；将资产整体出售，或者下放地方政府管理。

三大油气企业中规模较小的油田、闲置的低品位资源和部分炼油化工、油品销售的子公司、分公司可以划转给省级地方政府，使其成为由地方政府授权经营的独立法人。医疗和教育单位按国家规定实行属地化管理。油气企业离退休人员实行社会化管理。

在改革中大量剥离、下放的企业，要进行股份制改造，建立规范的现代企业制度、公司治理结构，具备条件的可单独上市。考虑到改革中安置分流人员要付出一定的代价，可以将出售资产获得的资金专项用于人员安置和解决历史遗留问题。

第五，逐步放开油气价格。油气企业放开准入、放开进出口和流通领域资质限制、管网独立后，国家不再对油气的批发零售定价，交由市场竞争调节，但要继续保留对管道运输价格的定价权，并严格监管。

第六，构建多方利益平衡的财税关系。油气资源税费制度改革的思路是：厘清利益关系，落实有偿取权，稳定所有者权益，促进资源开发，兼顾各方利益，构建新型资源税费体系。

一是改革油气税收体制。按照竞争性进入、高风险持有、收益合理共享的原则，体现国家资源所有者的权益。油气资源税费体系包括：矿业权使用费，体现矿租内涵，按土地面积定额收取，取代原有的探矿权使用费、采矿权使用费和矿区使用费，简化税赋，增加持有成本，促进资源的有效开发；探矿权采矿权价款，是资源开发超额利润的预付款，即现金红利，采取竞争或者评估谈判的方式产生；权益金，是资源所有者权益分成，在开发者毛利润中定率收取，也可以在矿业权竞争性出让时，通过对权益金率进行报价产生。从长远看，权益金应取代原有的资源税、资源补偿费和特别收益金。在目前低油价环境、国内油价成本过高情况下，可适当保留资源税进行过渡。

二是理顺中央与地方的财权分配关系。按照实际管辖权限和经济功能，对矿业权使用费、资源税、价款、权益金等税费，可与地方进行适当形式的分成。

三是提高国有资本经营预算。增加国有资本收益上缴公共财政比例。

四是建立石油基金，保障公益事业。权益金收入的管理方式可借鉴挪威模式，建立作为主权财富基金的石油基金，用于职工安置、解决历史遗留问题、保护环境及其他公共事业。

第七，改革政府管理体制。建立“政监相对独立、分段分级监管、部门分工明确、监管权责清晰”的现代管理体制。

一是统一规划，分级实施。赋予国家发展改革委、能源主管部门全面完整的规划权限。地方发展改革委、能源主管部门的职责主要是落实国家油气发展的战略规划和政策措施。

二是构建“分段分级监管”的油气监管体系。能源、国土资源、商务、质量监督检验、环境保护、安全监管等主管部门分别承担不同的监管职能。各监管部门重点加强油气管道环节公平开放和输配价格、油气矿权公平出让等方面的监管。

三是减政放权、放管结合。各主管部门不再干预微观主体的经营活动，并尽快拿出权力清单、责任清单和负面清单。大幅度减少对油气项目的审批。对确需审批的项目，改串联审批为并联审批。取消有关主管部门对油气运营的调配权和下游炼化项目的审批事项。

第八，加快油气法规的废改立。为保证改革的顺利进行，首先要停止执行若干与市场化改革相悖的法规条款。在此基础上，逐步制定新法。能源法规不再搞部门立法。考虑到我国成文法具有滞后性的特点，对尚未充分实践或拿不准的措施不急于立法，可以先制定暂行条例，随着改革成熟再以法律形式固定。①

① 2017年5月，中共中央、国务院印发了《关于深化石油天然气体制改革的若干意见》。要求深化油气勘查开采、进出口管理、管网运营、生产加工、产品定价体制改革和国有油气企业改革。主要内容包括，一是完善并有序放开油气勘查开采体制。实行勘查区块竞争出让制度和更加严格的区块退出机制。允许符合准入要求并获得资质的市场主体参与常规油气勘查开采，逐步形成以大型国有油气公司为主导、多种经济成分共同参与的勘查开采体系。二是完善油气进出口管理体制。建立以规范的资质管理为主的原油进口动态管理制度。三是改革油气管网运营机制。分步推进国有大型油气企业干线管道独立，实现管输和销售分开。完善油气管网公平接入机制，油气干线管道、省内和省际管网均向第三方市场主体公平开放。四是深化下游竞争性环节改革。保护和培育先进产能，加快淘汰落后产能。加快天然气下游市场开发培育力度，促进天然气配售环节公平竞争。五是改革油气产品定价机制。完善成品油价格形成机制，发挥市场决定价格的作用。保留政府在价格异常波动时的调控权。依法合规加快油气交易平台建设，鼓励符合资质的市场主体参与交易，通过市场竞争形成价格。加强管道运输成本和价格监管，按照准许成本加合理收益原则，科学制定管道运输价格。六是深化国有油气企业改革。推进国有油气企业专业化重组整合，推动国有油气企业"瘦身健体"，支持国有油气企业采取多种方式剥离办社会职能和解决历史遗留问题。七是完善油气储备体系。八是建立健全油气安全环保体系。

油气体制改革的实施步骤

油气体制改革不应是对原有体制的修修补补，而是要在市场化的方向上迈出重大步伐。对改革的具体组织实施可以采取以下步骤。

第一，制定覆盖全产业链的一揽子方案。党中央、国务院组织专门班子统筹制定油气全产业链市场化改革方案，各行业主管部门、油田所在地方政府、各企业配合，但不是由各部门和相关企业自行提出改革方案。

第二，分三步走推进改革。第一步，在矿权改革、管网改革、国企改革、财税改革 4 个关键点上率先突破。第二步，放开进出口和流通准入，放开价格管制。第三步，全面完善政府监管。

需要说明的有三点。一是关于改革的关键点。油气改革中放开进出口、流通和价格比较容易，但在没有形成矿权市场、管网不独立的情况下，放开进出口、流通和价格后仍然不能形成竞争性市场，改革的成效不明显。因此，改革首先要在形成竞争性市场的关键点上有大的突破，即进行矿权、管网和国企改革。二是关于财税改革。由于油气改革涉及调整利益分配关系，财税改革必须在改革之初优先推进，使各参与方明确自己在改革中的收益，以调动各方面参与改革的积极性。三是关于政府监管。以往改革的经验教训说明，在市场发育不足的情况下，监管部门不易实施有效的监管。在油气改革之初，政府部门应将主要精力放在突破旧的体制上，随着全产业链竞争性市场格局逐步形成，再转向全面完善监管。

第三，抓紧完善配套措施。由于改革会涉及大量的人员分流和社会稳定问题，可以考虑用财税改革后的权益金收入、三大油气企业改革中出让资产收入、部分企业上缴的国有资本金预算共同建立石油基金，主要用于职工安置和解决历史遗留问题。

油气体制改革成效预期

改革涉及的既有利益主体包括中央、地方、三大油气企业、企业职工、地方炼油企业等。其中，三大油气企业的情况比较复杂，既有主业，也有各种"三产""多经"、油田、油服等。此外，涉及的利益主体还包括各类期望进入油气领域的国有企业和多种所有制经济的企业。按照上述改革方案，各利益主体在改革中的收益均会有所增加。

第一，中央和地方政府。在矿权改革中，提高了油气企业对矿区持有的成本，势必造成三大油气企业退出一部分矿区，有利于为竞争出让矿权提供资源基础。对于国家而言，将"登记在先"出让方式改为"竞争出让"，既可以通过招标出让三大油气企业退出的矿区，也可以出让页岩气、煤层气等非常规油气矿区，吸引各类投资主体参与油气勘查开发。在国有企业改革中，三大油气企业出售和调整下放的油田资产，将增强地方经济实力、增加地方税源，从而调动地方参与生产开发、消化分流人员和历史遗留问题的积极性。财税体制改革将使中央、地方更多地分享油气改革给企业带来的收益。

第二，三大油气企业。三大油气企业改革后，通过主辅分离，人员大幅度减少，会使主业更强、效益更优，提高资本运行效率。辅业将形成新的油田服务市场，走专业化发展的道路，极大地降低三大油气企业主业经营成本。剥离后的辅业形成的新企业经过股份制改造，如可以利用股市形势向好、注册制改革的机遇上市融资，则更有利于扩大投资和经营规模。

第三，管网企业。管网独立后，国家将核定管输的合理回报。同时，对各类投资主体开放。这对资本市场有较强的吸引力。改革将促进管网建设获得较快的发展。

第四，地方炼油企业。地方炼油企业将获得更多优质油源，不必炼制低质的重油和渣油，有利于生产更多低成本的优质产品，减少炼油造成的环境污染。

第五，三大油气企业员工。不论是保留在三大油气企业上市公司中的职工，还是剥离的各种辅业职工，都将进入市场竞争。在这方面，多年的国企改革已经积累了丰富的经验。对调整和下放到地方的资产和人员，考虑到近些年地方的基本公共服务水平已经普遍高于油田，调整和下放应该会受到相关油企职工的欢迎。同时，改革后权益金收入、国企出让资产收入、国有资本预算共同建立的石油基金，可以拿出一部分用于职工安置。职工福利会保持现有水平或随着企业效益的提高有所改善。

第六，其他各类投资主体。全产业链市场化改革后，各类投资主体可以进入上游，投资传统油气和页岩气、煤层气等非常规油气；进入中游，投资流通和管网运输；进入下游，投资炼化。

总体上看，通过改革可以增强国内油气资源保障能力，降低油气使用成本，为国家创造更多的利润和税收，打破油气领域所有制壁垒，加快能源结构调整和代际更替步伐，从整体上提高中国制造业产品的国际竞争力。油气体制改革虽然难度很大，但完全能够实现各参与方共赢，打造成经济增长的新亮点。[1]

试论天然气改革从管网突破

天然气是优质清洁的化石能源。近年来，全球天然气出现供大于求、价格迅速下降的趋势。但是，我国天然气价格持续上涨，供不应求的问题十分突出。出现这种鲜明反差，与我国天然气领域由少数大企业上下游一体化经营直接相关。当前，应当以网运分开、放开竞争性业务为突破口，推进天然气市场化改革。可以考虑合并现有天然气企业的网络运输业务，建立独立的天然气管网公司。新的管网公司要向第三方开放，公平地为各类用户提供运输服务，并不再从事燃气购销业务。允许和鼓励多元投资主体经营天然气气源、进入管网建设领域。通过建立充分竞争的天然气市场，提高天然气供给能力。

加剧天然气供求矛盾的体制原因

20 世纪 90 年代后，我国出现了天然气探明储量大幅度增长、产量快速攀升的形势。但是，天然气消费需求增长更快。2013 年以来，全国多地大范围实施“煤改气”“油改气”。按照 2014 年 7 月通过的大气治理“国十条”要求，天然气替代改造规模进一步扩大，2014 年冬季到 2015 年春季可能面临历史上最严峻的供求矛盾。

与此同时，北美“页岩气革命”后，全球天然气呈现出供大于求的格局，气价总体上呈下降趋势。美国得益于此，淘汰了大量燃煤火电，电力价格持续下降。在这种形势下，我国天然气价格不但没有下降，反而在不断上涨，目前已远高于美国，与其他大部分OECD国家相当。这在很大程度上削弱了下游工业用户的国际竞争力。

我国在天然气产业发展初期，选择了上下游一体化的经营模式，对迅速提高天然气应用规模发挥了积极作用。但是，由于在天然气业务准入、定价、排产、管输等方面仍延续了传统计划体制，上下游一体化经营扭曲了市场价格和供求关系，成为天然气供求矛盾加剧和价格持续上涨的主要原因。

少数企业上下游一体化经营排斥竞争。天然气产业链的主要环节是：上游气源，包括勘探开发、国外进口、煤炭气化等；中游运输，包括管网、LNG 接收站、储气库等；下游分销，包括城市燃气公司、加气站等。三大油气企业集天然气生产、进口、批发为一体，分别形成了覆盖了上游、中游的业务体系。近年来，还积极进入下游城市燃气市场。目前，国家政策仅允许各类投资主体与三大油气企业合作开展油气业务，而不是以独立法人资格参与竞争。如，在 2010 年公布的民间投资“新 36 条”中，虽然提出了“鼓励民间资本参与石油天然气建设”，但在具体要求中明确，民间资本与国有石油企业的关系是“合作”“参股”。因此，迄今为止，天然气仍是特许经营商品，在制度安排上并未允许各类市场主体公平进入、充分竞争。

天然气定价与实际供求关系脱节。世界范围内天然气定价主要有三种模式：一是以美国为代表的竞争性定价；二是以欧盟为代表的垄断性定价；三是以俄罗斯为代表的政府定价。目前，欧盟已放松管制，向自由竞争定价转变。俄罗斯也开始天然气价格改革，允许一定范围内的协商定价。市场定价已成为天然气定价的大趋势。我国天然气定价比较混乱，主要特点如下。（1）一气一价。国产气成本较低，进口气价普遍较高，不同气源到达同一消费地的门站价差别很大。部分门站价低于进口价，在油气企业内部形成交叉补贴。2013 年价格调整后，对存量气、增量气实行不同的价格。（2）模拟市场定价。新的天然气定价将传统的成本加成改为净回值法定价。以上海市场作为计价基准点，选取燃料油和液化石油气（LPG）作为可替代能源，按一定的公式计算各地门站价，并定期调整。（3）政府定价。所有进口价、门站价均要政府批准。可见，我国尚未形成统一的天然气市场。模拟市场定价比传统的成本加成法定价有所改进，但仅能实现调价目的，无法灵活反映和调节供求关系。

管网不足与排他式经营并存。截至 2012 年，我国天然气管网长度达 6.7 万千米，初步形成跨区域的管网输送格局。但是，干线管道密度仅为 0.0033 千米 / 平方千米，相当于法国的 1/20、德国的 1/32。天然气输配管网尚不完善，不能完全适应安全保障供应的需要。目前，骨干管网主要由三大油气企业掌握，独立运营。它们利用市场支配地位，不向第三方开放。比如，某发电集团计划向北京供应其内蒙古工厂生产的煤制气，因自己没有管道，只能将煤制气卖给有管道的石油企业，再由其销给北京市场。另外，由于三大油气企业的天然气管道互不联通，造成有的地方交叉重复、空置浪费，有的地方建设不足、运行饱和，设施潜力未能得到充分发挥。国家对天然气的价格、建设、运行缺少监管，基本上是"以批代管"。虽然能源主管部门在管网向第三方开放问题上提出过要求，但很难落实。

以网运分开为突破口深化改革

从发达国家的经验看，天然气产业大多经历了从上下游一体化经营到网运分离、业务分拆、分段监管的过程。当前，我国缓解天然气供求矛盾，需要对全产业链进行市场化改革，打破上下游一体化的经营格局。在合理划分垄断性业务与竞争性业务的基础上，把竞争性业务交给市场，把垄断性业务管住管好。在一切可以引入市场竞争的环节放松政府管制。同时，加强政府对垄断业务的监管。

当然，天然气领域的改革同其他行业一样，应当突出重点，有所为有所不为。在上游，各类投资主体公平进入资源勘探开发领域的问题，可与矿产资源开发体制改革统筹考虑。在下游，城市供气的事权主要在地方，改革的主动权可放给城市政府。只有中游，天然气管网向第三方开放、允许多元投资主体进入，直接关系到能否有效扩大天然气供给。

因此，天然气网络运输环节的市场化是“牵一发动全身”的改革，需要抓紧在矛盾关键点上有所突破。按照党的十八届三中全会关于网络状垄断行业改革和国有企业改革的原则[1]，天然气领域应当实行网运分开、主辅分离、公平准入、政府监管的改革，全面放开竞争性业务，充分发挥市场对天然气资源配置的决定性作用。对改革的具体措施试做以下设想。

第一，加快管网储运设施独立。将原属于三大油气企业的天然气管道、LNG 接收站、储气库以及省级管网独立出来，按照长输管线供气范围和区域天然气市场范围组建若干家管网储运公司。在公司治理上实行所有权与运营权分离，即三大油气企业、省管网公司出资者作为储运公司的财务投资者，不参与日常运营管理。

第二，实施强制性第三方准入，包括以下几方面内容：现有管网公司不再从事天然气交易业务，按非歧视原则向所有用户提供运输服务；放开气源限制，实行气源多元化，允许除三大油气企业外的其他经营主体从事气源业务，包括从国外进口，国内煤炭制气、页岩气、天然气均可进入管网运输；允许除三大油气企业外的各类投资主体以独立法人的资格参与管网和LNG接收站、储气库等相关基础设施的投资经营，在全国形成多个管网公司并存、彼此间互联互通的格局。

第三，加强对网络开放的监管，赋予能源主管部门天然气管网监管职能，其主要任务是：核定网络运输的成本和固定收益率；对管网和相关设施向第三方公平地开放，允许多元投资主体进入进行监督，防止管网公司滥用垄断地位；对全国天然气骨干网建设进行规划。

当前，天然气领域以网运分开为代表的改革时机已经成熟，条件基本具备。天然气作为网络状垄断行业的典型，各方面对其改革方向应尽快达成共识。特别是近期，国际市场LNG现货价格走低，很多企业有渠道、有能力组织进口。天然气管网和相关基础设施独立运营后，可以无条件地向这些企业开放，从而有效增加天然气的供给能力。在国家核定网络收益和放开投资后，由于回报稳定，有利于吸引各类投资主体进入管网和相关基础设施建设领域，在较短时间内大幅扩大建设规模，提高管网密度，增强接收国外天然气和系统调峰的能力。发挥市场对天然气资源配置的决定性作用并非没有可能。

从提高经济性入手推广天然气分布式能源

为了有效治理雾霾，我国大规模开展以电代煤、以气代煤改造，逐步淘汰城市建成区燃煤小锅炉。以气代煤有多种方案，其中天然气分布式能源作为新型的终端供能系统，在发达国家已经得到广泛认可。从能源利用效率看，使用天然气分布式能源，要远优于单纯使用燃气供热供电，是燃煤锅炉理想的替代选择。但是在我国，受用气成本较高、余电并网困难等因素制约，天然气分布式能源推广面临很大困难。为解决这些问题，可以考虑采用扩大天然气供应主体、放开管网建设、增加余电消纳等措施，提高天然气分布式能源的经济性，从而减少散煤燃烧，推动清洁采暖。

天然气分布式能源具有明显效率优势

一般而言，化石能源从一次能源向二次能源的转换效率越高，能源利用就越充分，对环境的影响也越小。这些能源系统的能源效率每提高 1 个百分点，都需要巨大的投资。

21 世纪以来，天然气分布式能源开始逐步进入我国，每台装机一般是 0.6 万~2 万千瓦，适合工业园区、居民小区、大型商业设施推广使用。其工作原理是，天然气经过燃气轮机燃烧发电后，余热通过回收设备继续供热、制冷或再发电。单纯使用天然气供热的热转换效率是 55%~65%，发电利用效率为 35%~55%。经过天然气分布式能源的梯级利用，天然气实现了冷、热、电三联供，能源综合效率能够达 80% 以上。

与传统大规模集中式供能形式相比，天然气分布式能源高度接近负荷地，避免了远距离传输的效率损失。与风能、太阳能等清洁能源发电相比，天然气分布式能源具有高度稳定性，不存在随机性、间歇性问题。与燃煤发电相比，环境效益突出，全生命周期排放的温室气体和氮氧化物分别只有煤炭的 1/2 和 1/3，硫氧化物和粉尘排放也显著低于煤炭，是公认的清洁能源。

推广天然气分布式能源受经济性制约

1998 年，我国在北京燃气大楼建立了第一个天然气分布式能源站。截至 2015 年底，我国天然气分布式能源项目有 288 个，总装机超过 1112 万千瓦。这些项目大多需要依靠财政补贴或电价补贴，由于缺少盈利能力，极大地制约了大规模推广。主要原因是以下方面。

第一，气源价格偏高。燃料成本占天然气分布式能源站变动成本的 70%~80%。近年来，全球天然气价格出现断崖式下跌，国内终端价格气价却保持高位。比如，在天然气分布式能源比较集中的东部沿海地区，上海、杭州、南京的终端工业气价在 3.1~3.6 元人民币 / 立方米，广州、南宁超过了 4.1 元人民币 / 立方米。同期，美国工业气价平均为 0.87 元人民币 / 立方米（汇率按 1 美元 =6.9 元人民币计算），仅为我国的 1/5~1/3。

第二，管输设施高垄断、低密度。我国天然气骨干网和 LNG 接收站主要集中在三大油气企业，基本不向第三方开放。省网和城市燃气管网在特定区域形成垄断，“最后一千米”加价较高。管网密度远低于发达国家水平。2015 年底，全国干线管道总里程 6.4 万千米，仅为美国的 1/8。虽然一些企业可以进口低价 LNG，但由于接收和管输不畅，分布式能源站难以用上低价气。

第三，余电并网困难。天然气分布式能源一般采用以热定电的方式组织生产，电力首先满足自发自用，余电销售给电网。以北京现行电、热价估算①，售电收益占总收益的 58%。发电装机规模、电价对项目的经济性有很大影响。目前，电网企业对天然气分布式能源并网装机规模和自发自用率有严格限制②。

提高分布式天然气能源经济性的思路

提高分布式能源的经济性，关键是要打破网输垄断，解决余电销售问题，具体可考虑采取以下措施。

第一，天然气管输设施向第三方无歧视开放。按照党的十八届三中全会和油气体制改革关于“网运分开，放开竞争性业务”

---

① 以北京为例：天然气工业气价 3.16 元 / 立方米，天然气发电企业临时结算上网电价 0.65 元 / 千瓦时，集中供暖非居民计量热价 0.0696 元 / 兆焦，假设按投入 1 立方米天然气产出 3 千瓦时电和 20 兆焦热，仅计算变动成本（占总成本 70%~80%，总成本约为 4 元），投入 1 立方米天然气，总收益为 3.35 元 =1.95 元（千瓦时电）+1.4 元（20 兆焦热），售电收益占总收益的 58%，总收益略大于变动成本，小于总成本。

② 《国家电网关于做好分布式电源并网服务工作的意见》、《关于促进分布式电源并网管理工作的意见（修订版）》（国家电网办〔2013〕1781 号）、《国家电网公司分布式电源项目并网服务管理规则》等。《南方电网公司关于进一步支持光伏等新能源发展的指导意见》（南方电网计〔2013〕84 号）、《南方电网公司分布式光伏发电服务指南（暂行）》（南方电网计〔2013〕119 号）等。

的要求[1]，各级能源主管部门将天然气长输管网、省网、城市燃气管网、LNG 接收站纳入监管范围。在目前管网和 LNG 接收站暂不能从原企业完全独立的情况下，应要求三大油气企业、省网和城市燃气企业，在内部将管输业务、LNG 接收业务与购气、售气业务分离，管输与 LNG 接收由政府单独定价、单独监管，为各类气源提供公平的运输服务。

第二，鼓励社会资本投资管网和储运设施建设。即便管网和 LNG 接收站向第三方开放，现有的管输体系仍无法满足天然气消费增长的需求。按照国家规定，干线管网建设要由国家发展改革委核准。地方管网由省管网公司特许经营，一般是"一省一网"，非省管网公司不得建设主干管网及直接连接下游用户的供气管道。LNG 接收储运设施按规模分别由国家能源局、国家发展改革委核准，国务院备案。这些准入限制不利于管网和储运设施建设。当前，有必要修改 2016 年发布的《国务院关于政府核准项目目录》，将管网和储运设施建设项目由核准制改为备案制，允许和鼓励各类投资主体投资经营。将管网建设纳入供给侧结构性改革"补短板"的范畴，增加中央预算内投资对管网建设的支持力度，将部分管网项目纳入政府和社会资本合作（PPP）项目库，由政府与企业合作建设。

第三，余电作为新增电量自营销售。目前，电网企业接收余电的电价一般为 0.65 元 / 千瓦时，已高于燃煤火电的上网电价，但仍难以满足天然气分布式能源站经济性的要求。考虑到现在城市工商业电价一般都在 0.8~1.5 元 / 千瓦时，如果天然气分布式能源站将余电直接销售给终端用户，而不是卖给电网，将有很好的财务回报。建议按照电力体制改革中售电侧改革的思路，对于天然气分布式能源的余电销售制定单独政策，允许这部分电量作为新增电量，由天然气分布式能源运营企业按市场价自行销售，电网企业提供必要的输配电服务。

适时启动高价 LNG 长协价格复议

为了有效治理雾霾，我国正在实施以电代煤、以气代煤的能源结构调整政策。但是，用气成本偏高，制约了天然气的广泛使用。当前，我国大部分进口 LNG 签约价格偏高，随着全球气价大幅下跌，有必要启动价格复议（Price Review/Re-negotiation）。同时，主动完善天然气定价机制，为以气代煤提供有力的保障。

LNG 进口价偏高严重制约以气代煤

近年来，随着北美“页岩气革命”成功，全球天然气探明储量增加，国际天然气市场呈现多点供应、供大于求的局面。2013 年以来，国际天然气价格与石油价格同步出现断崖式下跌。2015 年，全球 LNG 产量约为 4300 亿立方米，新增产能接近 600 亿立方米，而同期全球 LNG 需求量约为 3990 亿立方米[①]。东亚地区长协和现货 LNG 价格从 2012 年的 17～20 美元 / 百万英热单位跌至 2016 年的 6～8 美元 / 百万英热单位。未来国际 LNG 价格将持续走低。

东亚国家进口 LNG 一般以长期协议为主，期限大多为 20～25 年。进口价格一般与日本石油现货进口的价格（JCC）挂钩[②]，气价

---

① 综合 IEA、PFC Energy、BP 等机构统计。

② 价格公式一般为 P= 斜率 ×JCC+ 常数，斜率指气价与 JCC 的关系，常数与油价正相关。

的谈判焦点主要是价格公式中斜率的高低。协议一般采用国际惯例，有照付不议（take or pay）、固定交货地、禁止向第三方采购等条款。其中，“照付不议”指买方无论提货与否，均要向供气方支付百分之百的货款，目的是保证供气方有长期稳定的市场和销售收入。除中国外，东亚国家大部分 LNG 进口协议设有价格复议或重新谈判条款，复议年限一般为 4～5 年。

2002 年，中海油签署了我国第一个 LNG 进口协议，接收站落户广东大鹏。该项目在目前执行的长协中价格最低，不仅斜率仅为 5.25%，而且设置了 25 美元 / 桶的天花板油价。三大油气企业在 2007—2011 年签署了大量 LNG 长期协议，签约斜率一般在 14%～16%[①]。目前，国际市场主流 LNG 长协的斜率已降至 11%，按石油 50 美元 / 桶计价，斜率 16% 对应的进口气价，每立方米要高出人民币约 0.6 元，占天然气门站价格的 25% 以上。由此带来的主要问题有以下方面。

第一，抬高天然气供应成本。目前，在卖方市场时期（2007—2011 年）签署的高价长协 LNG 合同总量达到 2345 万吨 / 年，占正在执行的 LNG 协议的 60%。[②] 由于三大油气企业进口 LNG 的价格较高，成为国内用气成本偏高的重要原因之一。这些合同大部分要执行到 2030—2035 年，其对国内市场的影响将是长期的。

第二，加剧国内天然气供求矛盾。近两年，高价长协开始陆续执行。虽然当前国际天然气现货市场价格低迷，但为了防止进口低价气挤压高价 LNG 市场，三大油气企业在国内天然气供求矛盾突出的情况下，进口低价气的积极性并不高。2015—2016 年，

① 由于合同没有公开，此数据来源于专业机构测算。

② 100 万吨 LNG 按 13.6 亿立方米折算。

三大油气企业基本停止了新签 LNG 进口协议，只有华电集团和少数民营企业在新签 LNG 进口协议。由于 LNG 接收站和管网基本掌握在三大油气企业手里，其他企业难以扩大进口规模。

第三，限制以气代煤政策大范围实施。2017 年，我国要完成以电代煤、以气代煤改造 300 万户以上，全部淘汰地级以上城市建成区燃煤小锅炉。这意味着对 LNG 的需求将大幅增加。按照现在天然气销售价格，燃气发电成本一般在 0.8～1 元 / 千瓦时，远高于火电 0.4 元 / 千瓦时水平。天然气用于居民采暖，成本也远高于燃煤锅炉集中供暖。推广以气代煤需要国家给予大量补贴，在目前财政收支矛盾尖锐的情况下，地方政府很难有积极性。降低进口天然气价格已成当务之急。

启动高价 LNG 长协价格复议的可行性与必要性

近年来，随着 LNG 市场供需格局发生根本改变，现货、短期合同等贸易方式快速增加，LNG 长协明显松动，国际上重新谈判已经成为普遍的趋势。但是，我国签订的大多数 LNG 长协合同并未设定价格复议或重新谈判条款，少数有价格复议的合同年限过长，如与卡塔尔签订的两个合同，价格复议年限长达 15 年。这导致目前启动价格复议难度很大。尽管如此，从我国能源结构调整的大局看，仍应当千方百计启动价格复议。

对于无复议条款的长协，国外已有启动价格谈判成功的先例。2009 年，印度最大的 LNG 进口商、国有油气企业 Petronet 与卡塔尔第二大 LNG 生产商 RasGas（卡塔尔石油与埃克森美孚的合资公司）签订了 25 年期、750 万吨 / 年的供气合同。2015 年 12 月底双方重新修订了合同，印度成功降低了合同气价。2016年，印度在价格复议方面实施了一系列大动作，取得了明显效果。包括推迟了与俄罗斯天然气工业股份公司20年LNG采购合同，并重新议定合同；与卡塔尔就一项长期供应协议进行重新谈判，价格降低近半；寻求与埃克森美孚重议一项高价进口协议等。

印度的成功经验是，充分利用国内市场空间作为筹码，在双方的利益诉求中找到平衡点。既满足买方的降价需求，又增加卖方的供气量和市场份额，在双赢的基础上达成新的定价机制。印度政府对LNG进口企业启动价格复议施加了很大压力。在企业谈判过程中，印度政府又及时给予外交和政策支持，如批准使用进口天然气发电和生产化肥等，由此产生新的需求空间，使其成为吸引卖方复议的重要因素。

我国的市场规模和潜力有利于启动价格复议。我国已是全球第二大LNG进口市场，以气代煤政策为国外供应商带来了良好的市场预期。英国石油公司（BP）预计，未来20年中国仍将是全球天然气主要消费市场，天然气消费将从2015年的1942亿立方米增至2035年的5000多亿立方米[①]。北美和一些新的气源国产能增长很快，对传统供气方形成了竞争。作为未来世界上最大的买方市场，与我国保持良好关系对现有供气方十分重要。从国外经验看，即使启动价格复议，一般通过非公开谈判基本也可以解决，不会对我国企业和国家信誉产生重大负面影响。

重启价格复议对改善三大油气企业的经营业绩至关重要。虽然现在三大油气企业掌握管网和接收站，限制了其他企业进口，但国家对LNG进口没有设置特许经营，加上LNG储运技术进步

① 根据《BP能源展望2016》数据计算。

很快，一些民营企业已开始着手建设储运设施。低价气进入国内是大势所趋。启动价格复议越晚，越不利于三大油气企业消化高价气。

尽快启动 LNG 长协价格复议

第一，三大油气企业抓紧启动高价 LNG 长协价格复议。三大油气企业对现有长协进行全面梳理，着重审查是否有价格复议机制、灵活提货安排、不可抗力、违约责任、争议解决等条款，寻找可以利用的商务和法律依据。对于无合同依据的协议，在提出价格复议时，可以供应方关切的利益为筹码，着重强调中国天然气市场潜力，以扩大供应方在华市场份额、给予更多贸易机会等作为谈判条件。

第二，通过外交努力推动价格复议。与我国签署高价 LNG 长协的卖方主要是卡塔尔天然气、荷兰皇家壳牌、美国埃克森美孚等，我国可以积极开展能源外交，在与卖方及相关国家高层往来中将天然气价格复议作为重要议题。

第三，创新进口天然气定价机制。近年来，国际天然气定价呈现与油价逐步脱钩、协议期限缩短的趋势。我国在新的 LNG 协议谈判中，应当自主设计新的定价机制，替代与日本 JCC 价格挂钩的定价方式。新的定价机制可以考虑将与天然气消费密切相关的因素，如将天然气发电上网价格、天然气交易中心价格等作为主要的参考变量纳入定价公式，增加 LNG 协议价格的灵活性。

新体制新办法开发新矿种

“页岩气革命”使美国“能源独立”成为可能。我国页岩气可采资源量与美国相当。作为一个新矿种，页岩气开发应当实行新的、市场化的勘探开发体制。如采用与国外类似的区块招标方式，由政府与企业签订分成合同，将国家分成收益建立专门基金。设置较低的页岩气开发准入门槛，吸引多种所有制经济、多元投资主体参与勘探开发。也许，这将带来我国的“页岩气革命”。

我国发展页岩气前景广阔

我国页岩气资源类型多、分布广、潜力大。全国可采资源量约为 25 万亿立方米（不含青藏地区），与陆域常规天然气相当，与美国页岩气的 24 万亿立方米相近。现在，已优选出有利区 180 个，面积 111 万平方千米。

我国页岩气开发具备一定基础。目前，勘探开发主要集中在四川盆地及其周边、鄂尔多斯盆地、辽河东部凹陷等地，获得重大发现。已完钻近 63 口页岩气探井，30 口井压裂获工业气流，初步掌握页岩气压裂技术。国内相关企业、科研院校成立专门机构，开始研究页岩气生成机理、富集规律、储集和保存条件。2009 年，我国与美国签署了《中美关于在页岩气领域开展合作的谅解备忘录》，在勘探开采中与国外企业开展了广泛的技术合作，为顺利产气提供了有力的技术支撑。

我国是能源消费大国，与发达国家相比，煤炭占能源消费总量的比重较高，油气等优质能源的比重偏低，目前正处在能源结构优质化的进程中。天然气在我国一次能源消费中的比重为4%，远低于世界平均24%的水平。页岩气与传统天然气一样，是清洁、高效、低碳的优质能源。加强页岩气资源勘查开发，是增加我国清洁能源供应、促进节能减排的有效途径，对改变我国油气资源格局、保障国家能源安全具有重要意义。同时，页岩气开发也可带动管网、发电、化工、城市用气等产业发展，培育新的经济增长点。

页岩气开发面临的问题

第一，市场开放程度不够。美国页岩气开发得益于竞争开放的开发体制、专业化分工协作机制，以及市场化的管网运行和价格政策。我国在天然气领域的市场开放程度远远不够。主要表现在两个方面。

一是页岩气矿业权配置存在障碍。我国传统石油、天然气探矿权和采矿权主要以申请在先方式获得，经国土资源部审批后登记。油气矿业权大部分由三大油气企业获得，陕西延长石油、中联煤层气、河南煤层气拥有少量矿权。由于页岩气近80%分布区和常规天然气分布区重叠，第一次和第二次拿出来招标的区块都避开了重叠区。现在的问题是，页岩气矿业权配置如沿用传统的审批登记方式，将限制多种所有制经济进入这一领域。如果按照现在这种方式招标，虽避免了矛盾，但也避开了资源富集区，大部分页岩气区块将无法靠竞争方式出让。

二是天然气管网不开放。我国天然气骨干网的建设与运营由三大油气企业掌握，它们是管网的投资主体、生产建设主体、输送和销售主体。这种模式有利于将集中开采的天然气输送到消费地，但不利于页岩气这种小规模、广分布的燃气资源开发、输送。

第二，开发收益如何分配。世界上大多数资源富集国，通过征收可观的资源税费和签订开发合同，使国家获取油气资源收益最大化，并把开发企业的收益控制在合理的范围内。在取得矿业权环节，主要税费是矿业权租金和红利。在矿产资源生产和销售环节，主要是征收权利金和超额利润税。油气资源国与资源开采企业签订的合同包括产量分成合同、服务合同、回购合同、联合经营合同等，并依法纳税。

我国矿产资源属国家所有。但对资源开发征收的税费比率较低，企业的利润空间较大，石油、天然气开发的利润大部分留在了国有企业。如果页岩气向各类所有制企业开放，大部分收入将落入开发企业和个人手中。如果没有合理的分配制度安排，就有可能像其他资源行业放开后那样，出现炒作探矿权和采矿权，少数企业和个人获得过多的问题，甚至引发社会矛盾。反之，如果仍由少数国有企业作为页岩气开发主体，地方政府将只能有少量税收收入，大多数将上缴开发企业所在的发达地区或中央政府。这将影响地方的发展积极性，容易引起地方与中央的矛盾。

结合页岩气公开招标的情况看，在第一次页岩气探矿权出让的公开招标中，只有 6 家从事传统油气业务的国有企业有资格从事页岩气勘探开发。第二轮招标放宽了准入条件，仅限于注册资金在

3亿元以上、具有油气勘查资质。投标后，由国土资源部组织专家综合评定确定中标者。其实，3亿元的资金门槛不算高，勘查资质也可以通过合作获得。评定哪些企业可以中标，应当是价高者得，即谁能给国家的分成多谁就中标，这更能体现国家对资源的所有权。

第三，地质勘探难以满足发展需要。我国具有页岩气大规模成藏的基本条件，但尚未系统开展全国范围内页岩气调查和普查，资源总量和分布情况没有完全掌握。这主要是因为地质勘查投入不足。我国页岩气调查评价和勘探累计投入不足70亿元，而常规油气勘探每年投入约660亿元。我国对油气商业地勘实行特殊准入规定，基本由几大油气公司掌握，社会资本很难涉足。有的政府地勘职能也由企业执行，其地质资料无法让行业内共享。因此，通过全面调查掌握页岩气资源分布的难度很大。

第四，技术上存在差距。页岩气勘探开发需要水平井分段压裂等专门技术，目前我国尚未完全掌握。如完全依靠自主研发，将需要较长的时间和投入。

美国发展页岩气的经验

美国页岩气开发始于20世纪80年代。随着21世纪以来的重大技术突破，目前，美国已成为页岩气技术全球领先、产业化最成功的国家。2011年，页岩气占整个天然气产量的28%。美国页岩气的成功开发，使其成为全球第一大天然气生产国，大大提高了能源自给率，降低了能源对外依存度，甚至提出了"能源独立"的日程表。美国页岩气的规模化产业化发展，得益于以下几个方面的关键因素。

一是竞争开放的开发体制。美国页岩气勘探开发准入门槛低，勘探开发主体多元化。美国的页岩气勘探开发主要由中小公司推动，目前有数千家页岩气公司。2006—2010年，85%的页岩气产量由中小公司生产。中小公司在率先取得技术和产业突破后，大公司则通过收购和兼并中小公司参与进入市场，形成了大中小企业并存发展的市场竞争格局。

二是专业化分工协作机制。美国油气专业服务公司门类齐全，自主研发仪器装备，专业化程度高。如，地震公司、钻井公司、压裂公司等。在页岩气产业链中，某专业公司在完成本环节服务后即可退出，转由下一环节的服务公司接替，形成了相互衔接、配套服务的局面。由于高度分工，页岩气开采的单个环节投入小、作业周期短、资金回收快，吸引了大量风险投资和民间资本进入页岩气开采领域。

三是市场化的管网运行和价格政策。美国页岩气产业的快速发展，与天然气价格的放松管制、天然气开发和运输业务的垂直分离以及发达的天然气管网设施密切相关。美国天然气管网总长约50万千米，大大减少了页岩气在开发利用环节的前期投入，降低了市场风险。同时，天然气开发和运输全面分离，运输商对天然气供应商实行无歧视准入。政府在对管道运费进行监管的同时，完全放开天然气价格，有力支持了页岩气开发的商业化。

四是科技创新、税收等激励措施。美国政府重点支持页岩气技术研发，并在初期对上游开发实施税收优惠。美国政府于20世纪70年代就设立专项资金用于页岩气基础研究、资源潜力评价和前期技术攻关。到90年代后期，研发工作主要由油气公司负责，政府则通过设立研究基金的方式支持相关研究。1978—1992年，美国联邦政府对页岩气等开发实施长达15年的补贴政策，州政府也出台相应的税收减免政策。对油气行业实施5项税收优惠，大大地鼓励了中小企业的钻探开发投资，有力地扶持和促进了页岩气的勘探开发。

国外油气资源收益分配方式

研究国外油气资源收益如何分配，有助于我国在规划页岩气新体制时，确定国家与企业的利益分配关系。世界上大部分国家的油气矿产资源属于国家。在勘查开采过程中，国家所有的油气权益采用不同的方式体现，主要包括以下两种。

第一，征收税费体现国家权益。一是在取得矿业权环节的主要税费。包括矿业权租金和红利。矿业权租金又称矿业权使用费，是矿业权人取得矿业权而向国家支付的费用，反映了矿产地租的概念。红利，主要指一些国家对前景明朗、潜力较好的矿区矿业权采取招投标等竞争性方式出让，中标者向矿产资源所有者支付一次性的现金。实际上，矿业权租金与红利都反映了开采主体获取矿业权，取得经营地下含矿空间而支付的租费。二是在矿产资源生产和销售环节的税费。包括权利金、超额利润税。权利金反映了矿产资源的绝对地租，体现了国家对矿产资源的所有权。超额利润税是按照矿产资源的质量差异而按不同比例征收的权利金。世界各国大多要对油气开采征收数量可观的权利金。同时，加入对超额收益部分的调节，体现了资源所有者对级差地租的权益。

第二，签订油气合同体现国家权益。油气资源国与资源开采企业签订的合同包括产量分成合同、服务合同、回购合同、联合经营合同等。目前，国际上使用较多的，一是产量分成合同。石油公司在勘探中如果没有商业发现，将承担所有的开发和生产费用。如果有商业发现，资源国政府（或国家石油公司）按约定比例进行利润分成。这种合同常用于高风险开发。二是服务合同。由石油公司提供资金和技术进行勘探开发，承担开发作业风险，而其合同收益仅为现金形式的服务费。这种合同在资源前景明朗的国家使用较多，如伊拉克、伊朗、巴西等。不论石油企业与资源国政府（或国家石油公司）签订何种合同，都要依法纳税。各国一般以国家石油公司名义同油气开发企业签订合同，油气收益大多会形成一个专门的基金，用于国家需要的方向。

新矿种应当采用新体制

推进页岩气资源勘探开发，应当借鉴国外经验，突破传统油气开发模式，对新矿种实行新体制。在页岩气开发的制度安排上，应当进一步大胆探索。如，今后可以考虑实行“市场配置、多元投入、合理分配、开放创新”的原则，实施各种鼓励政策，调动各方面积极性，提高页岩气对我国能源供应的保障能力。同时，也可以为推进油页岩、油砂、天然气水合物等油气资源开发探索一条新路。结合国外的经验和我国实际，可以对未来页岩气的开发体制做一些大胆设想。

第一，运用市场机制配置页岩气矿业权。所有页岩气矿业权都应当通过公开招标出让，出价高者获得矿业权。由于页岩气是新矿种，对于页岩气与已登记常规石油天然气重叠的区域，国家应设置新的页岩气矿业权，各类企业通过平等竞争获得。同时，进一步解放思想，允许国外企业参与页岩气矿业权投标和勘查开发。

第二，进一步放宽市场准入。页岩气分布面积广、埋藏浅，地表条件很适合中小企业进行分散式开发。应鼓励中小企业和民营资本参与页岩气开发。放宽页岩气的市场准入，投标单位不仅限于已有的油气开发企业。不宜设置过高的资质要求，要向各种所有制企业开放，为资本市场的参与留出空间。适时进行天然气管网改革，建立单独的天然气管网公司，专门从事天然气的运营业务，并组建专门的监管机构进行监管。管网实行"网运分开"，接入和建设向所有用户开放。

第三，合理分配收益。为了保证国家作为资源所有者的权益，可以借鉴国外的做法，一是由国土资源部与开发企业签订分成合同，分成收益建立专门基金，作为财政性资金管理。在基金中提取一部分充实公益性地勘基金，专项用于页岩气地质勘探。二是在页岩气开发中进行权利金制度试点，将矿产资源补偿费、矿区使用费、资源税合并为权利金。权利金分为两个部分，分别反映矿产资源的绝对地租和级差地租。反映绝对地租的部分，可按照产值或产量进行征收，并实行比例费率。反映级差地租的部分实行从价计征、滑动比例和累进费率。

第四，鼓励页岩气技术开放创新。页岩气的核心技术大多掌握在国外专业公司手中，我国在实施好国家页岩气重大专项的同时，应当鼓励企业引进消化吸收再创新。国家可以优惠政策鼓励页岩气开发企业与国外技术原创方加强合作。在保护知识产权的基础上，鼓励国内企业以合资、参股和并购的方式与国外专业技术公司合作。对页岩气技术研发应给予财政补贴。对页岩气勘探开采等鼓励类项目项下进口的国内不能生产的自用设备（包括随设备进口的技术），按有关规定免征关税。

当然，页岩气开发离不开国家有关部门有力的组织协调。国家应当集中优势力量，在资源富集区，如川、渝、黔、鄂、湘地区实施页岩气开发示范工程。在资源勘察、区块招标、技术攻关、开发利用、政策支持、市场监管等方面进行综合试点，争取率先形成产能。

推广乙醇汽油需更合理的制度安排

汽车尾气是雾霾的重要成因之一。在防治雾霾的讨论中，治理汽车尾气的思路主要集中在减少汽车数量、提高油品质量上，对使用新型油品重视不够。国际经验已经证明，使用乙醇汽油可以有效减少大气污染和温室气体排放。燃料乙醇与汽油混合使用，能够使汽油充分燃烧。实验数据显示，在不更换汽车发动机的情况下，添加10%燃料乙醇的乙醇汽油可减少25%~30%的碳氧化合物的排放量，有效降低氮氧化物、酮类等污染物的浓度，从而大幅减少$PM_{2.5}$（细颗粒物）的合成，对消减雾霾具有重要作用。此外，添加10%燃料乙醇的汽油可降低10%左右的二氧化碳排放量，也能有效降低温室气体的排放。欧美国家都将燃料乙醇作为油品升级换代的重要添加剂。

我国以推广乙醇汽油治霾还有额外的好处：普惠“三农”并有效消化陈次粮。

燃料乙醇一般以小麦、玉米、薯类、高粱、甜菜等植物为原料，主要用于汽车燃料。我国每年需要处置近2000万吨出芽小麦、毒素超标小麦、霉变玉米、镉大米等次粮和问题粮，约占粮食总产量的3%左右。2001年，我国在吉林、黑龙江、安徽、河南等省试点生产推广燃料乙醇项目。通过生物燃料乙醇转化这些人畜无法食用的粮食，是最具安全性、经济性的解决方案。

同时，以粮食为原料的燃料乙醇项目可充当国家粮食收储的“调控器”。

目前，第二代燃料乙醇也被称为纤维乙醇，以农作物秸秆、农林废弃物等纤维素资源为原料，既避免了秸秆焚烧造成的空气污染，也为农民提供了新的增收来源。据农业部统计，2011 年小麦、玉米每亩净利润仅为 118 元、263 元。按河南每亩地每年种一季小麦、一季玉米计算，每年可产秸秆约 1 吨，燃料乙醇企业收购价为每吨 250～300 元，相当于多种了一季玉米。

美国、巴西、法国、日本、印度等国家都将燃料乙醇作为重要的清洁能源予以政策扶持。目前，我国加快推广使用燃料乙醇具有广泛的环境、经济和社会意义。

生产燃料乙醇在技术上并非难题。我国自 2000 年开始发展燃料乙醇产业，目前整体技术水平居世界前列，是继美国和巴西之后全球第三大燃料乙醇生产国和消费国，正处于规模化发展前夜。近年来，乙醇汽油在河南、黑龙江、吉林、辽宁、安徽等地区推广较为迅速，在亟须治霾的京津冀各省市也酝酿多年，但遇到了很大困难。主要原因有四个。一是 3 个行政区域统一行动、全封闭推广的阻力较大。二是消费者对乙醇汽油的认识存在一些误区。全封闭推广乙醇汽油的地区，很多消费者将行车中遇到的各种问题都归结为使用乙醇汽油。科学实验表明，使用乙醇汽油与纯无铅汽油基本没有区别，在燃烧方面甚至更优。三是全封闭推广乙醇汽油的省份主要依赖中石化和中石油的销售渠道。因缺少其他竞争者进入，抬高了供应商的垄断地位，挤压了上游燃料乙醇厂商的利润。四是乙醇汽油零售价格与纯无铅汽油相差无几，竞争中不具优势。

在上述制约因素无法消除的情况下，如何推广乙醇汽油需要有更合理的制度安排，更多发挥市场机制作用，引导消费者使用乙醇汽油，可以借助深化成品油流通体制改革实现。

目前，我国成品油流通尚未完全市场化。在京津冀地区推广乙醇汽油，可作为改革窗口，放开乙醇汽油的批发、仓储和零售环节市场准入，允许各类所有制企业进入，也准许地方炼油企业将汽油与燃料乙醇混配后销往试点地区。由于小排量汽车车主对油价高度敏感，可以考虑在放开准入的基础上将乙醇汽油售价由零售商自主定价。

需要改变的还有税收和补贴制度。从美国的经验看，政府通过补贴降低乙醇汽油的成本，使其售价低于普通无铅汽油，以增强其市场竞争力。目前，美国车用汽油大部分使用乙醇汽油。而我国对燃料乙醇生产长期实行指令性计划，计划内企业可以获得财政补贴。近年来，国家对以粮食为原料的燃料乙醇的补贴额度逐年下调，每吨补贴标准为：2013 年 300 元、2014 年 200 元、2015 年 100 元。这一补贴政策到 2016 年终止。税收政策方面，自 2015 年 1 月 1 日起国家取消变性燃料乙醇定点生产企业的增值税先征后退政策。同时，以粮食为原料生产用于调配车用乙醇汽油的变性燃料乙醇也将恢复征收 5% 的消费税。这显然不利于乙醇汽油的推广。我国需要的不是取消补贴和税收优惠，而是优化补贴方式，从按指令性计划补贴改为招标方式补贴，选择每吨燃料乙醇需要补贴最低的企业中标，使同等的补贴资金最大限度地补贴燃料乙醇产量。最终通过有效的推广增加销量，降低成本，使乙醇汽油在经济性上可以与无铅汽油在市场上竞争。

当然，对于部分不法企业混入甲醇等燃料销售的行为，也需要制定乙醇汽油混配标准和身份识别标识，以实现生物燃料生产和销售的可追溯、可鉴证。在目前雾霾最为严重的京津冀地区，要推动油品升级和替换，有必要将推广乙醇汽油纳入京津冀协同发展规划。

第六章

可再生能源：融入能源发展大格局

水电、风电、太阳能发电，因其低碳备受推崇，也饱受争议。如何看待水电开发对环境的影响？开发水电仅仅是为了电吗？风能、太阳能发电一定要补贴吗？什么时候它们才能与火电有竞争力？

“十三五”规划传递新能源发展积极信号

过去10年，我国新能源经历了从初见端倪到茁壮成长、领先世界的10年。截至2015年，我国风电、太阳能发电累计装机容量超过全球的1/4，达到世界第一。这是令世界瞩目、令我国新能源开拓者引为自豪的成就。但是，也必须看到，新能源发展仍然面临很多困难，包括弃风、弃光问题突出，一些新项目并网难，可再生能源附加补贴到位不及时等。针对这些问题，“十三五”规划纲要[68]和李克强总理的政府工作报告[69]中，都对未来5年新能源发展做出部署，传递出很多积极的信号。

第一，将新能源确立为战略性新兴产业。每个时代都有一批对经济社会发展全局起到引领和支撑作用的产业，哪个国家能早一步提供有效的支持，就能在未来国际竞争中占据主动。在“十三五”规划中，国家将储能与分布式能源、新能源汽车列入战略性新兴产业。通过设立战略性产业发展基金，发挥新兴产业创业投资引导基金的作用，重点支持创新型初创企业。

第二，将发展可再生能源作为推动能源结构优化升级的重点。优质、清洁、低碳是优化能源结构的主要方向。“十三五”规划期间，国家将实行能源发展八大重点工程，其中之一是可再生能源重点工程。内容包括优化建设“三北”、沿海风电和光伏项目，加快发展中东部及南方地区分散式风电、分布式光伏发电，实施光热发电示范工程，建设宁夏国家新能源综合示范区，推进一批可再生能源示范区建设等。实施这些工程既要靠各类所有制经济的积极投入，也要靠国家在资金政策上的大力扶持。

第三，实施一系列鼓励新能源发展的政策。在能源和价格政策方面，继续通过征收可再生能源附加，对风能、光伏等可再生能源制定较高的标杆电价，支持新能源发展。在财税方面，建立政府绿色采购制度、绿色税收体系。在金融方面，建立绿色金融体系，包括发展绿色信贷、绿色债券，设立绿色发展基金。需要特别强调的是，“十三五”规划纲要提出，要实施节能低碳电力调度。按照这一调度原则，应当优先调度、全额收购新能源、可再生能源发电。然后，按机组能耗和污染排放水平由低到高排序，依次调度化石能源发电。这一调度方式可以最大限度地减少能源资源消耗和污染物排放。提出节能电力调度也已经有10年的时间了，迄今为止只在个别电网得到落实，“十三五”规划期间要真正实现这一绿色调度方式，发挥其对新能源发展的支持作用。

能源是我国传统计划经济管制比较严的领域，产业集中度高，市场化程度低，国有经济比重大，行政干预较多，目前油气、电力、核电等体制改革仍未完全到位。新能源领域，无论是能源开发还是装备制造，来自传统体制的困扰较少，各类所有制经济平等竞争的空间较大，对能源投资者来说无疑是不可错失的机遇。

在当前全球油气价格大幅降低、全球应对气候变化谈判徘徊不前的情况下，新能源由于自身存在成本较高，间接性、随机性较强等问题，将面临来自传统化石能源的激烈竞争。新能源要保持过去10年的发展势头，必须在技术创新、成本降低上有大的突破。只有早日实现平价上网，新能源才能从根本上形成与传统化石能源竞争的优势。

怒江以流域开发带动区域发展

云南省怒江州经济社会发展长期滞后，是典型的“少边穷”地区。怒江州有极其丰富的水能资源，但水电开发迟迟不能落实，当地人民群众脱贫致富也一拖再拖。当前，怒江州如期实现2020年全面建成小康社会的任务十分紧迫，以水电项目开发为龙头，通过流域开发带动区域发展，是实现怒江州人民富裕和生态保护有机统一的重要选择。

怒江州经济社会发展基本情况

怒江傈僳族自治州地处滇西北的滇缅接合部，居住着傈僳族、怒族、独龙族、普米族等22个民族，少数民族人口49.8万人，占全州人口的93.6%，是全国民族族别最多和人口较少民族最多的自治州。近年来，怒江州在发展当地经济、带领群众脱贫致富的道路上取得了一定进展，但经济社会发展总体状况仍然大幅落后于云南省和全国平均水平。

怒江州贫困面大、贫困程度深、贫困发生率远高于云南省和全国水平。怒江州4县均为国家扶贫开发重点县和滇西边境山区集中连片贫困地区片区县，下属29个乡镇中有21个列入贫困乡；255个行政村中有181个被列为贫困村，占行政村总数的70%，贫困比例高达 32.7%[70]。同期，云南省和全国贫困比例仅为 12.7%[71] 和 5.7%[72]。全州有 524 个深度贫困自然村，5.89 万深度贫困人口，有 4 万农户共计 18 万人需要实施易地搬迁，扶贫成本高、脱贫难度大。

贫困现象在少数民族地区较为普遍。白族支系“拉玛人”“勒墨人”，景颇族支系“茶山人”整体处于深度贫困状态。住房差、饮水难、就学难、就医难的情况普遍存在，因灾、因病、因学返贫现象突出。

怒江州很多地方仍然保持着原始落后的生产生活方式。大量坡耕地不但没有退耕还林还草，甚至划入基本农田。当地居民仍延续着刀耕火种的原始耕作方式。全州约 6.23 万户农户处于人畜混居的状态，住在以“竹篱为墙、柴扉为门、茅草为顶、千脚落地”的简陋房屋里。

按照现在的发展速度，怒江州很难如期实现 2020 年全民奔小康的目标。2015 年，怒江州地区生产总值 113.45 亿元，不到云南省的 1%。怒江州农村居民人均可支配收入 4791 元，分别为云南省和全国平均水平的 58.1%、21.8%。[73] 全州教育、卫生等社会事业发展严重滞后，公共服务供给差。州府六库镇至今还没有民族博物馆、影剧院、体育场馆、音乐厅等公共文化服务设施。2015 年，怒江州人均 GDP 为 20 950 元，仅为云南省人均水平的 72.2%[73]，离全面小康目标值 58 000 元还相差 37 050 元。到 2020 年怒江州人均 GDP 要达到 58 000 元，“十三五”期间人均 GDP 必须年均按 20% 以上速度增长才能达到[73]。而在常规条件下，这样的经济发展速度几乎是很难达到的。

怒江州人民群众长期、大面积、深度贫困是由多方面原因造成的。

第一，自然环境恶劣。怒江州山高坡陡，生态脆弱，人类生存条件差，经济社会发展成本高。因温度、坡度等因素限制，全州耕地量少质差，宜耕土地5.59万公顷，仅占总土地面积3.89%[74]。零星分布，形不成规模，导致耕作困难，平均产值低。由于刀耕火种、毁林开荒和每年消耗50万立方米生活用柴，目前，怒江河谷海拔2000米以下地区森林覆盖率仅5.6%[75]，当地生态环境遭到破坏，水土流失和泥石流等自然灾害严重。

第二，基础设施落后。怒江州是云南省唯一无高速公路、无机场、无铁路、无航运、无管道运输的“五无”州，对内对外互联互通的道路等级低。市政基础设施建设滞后，城镇发展水平低。全州有1458个自然村未通公路，“过溜①上学、人背马驮”还是部分地区的主要出行和运输方式。基础设施落后导致物流成本长期居高不下，严重制约了当地旅游业发展，限制了特色农副产品的生产与外运。

第三，人口受教育程度低。受地理环境影响，怒江州居民点较分散，学校校点多、规模小、条件差，人民群众受教育程度低，文化素质普遍不高。义务教育学校特别是村小和教学点缺乏基本办学条件，313所农村义务教育学校尚有D级危房校舍面积10万平方米。

第四，水电资源迟迟得不到开发。水能资源是怒江州最有优势的资源。由于多种原因，怒江水电项目迟迟未能开工，导致地

① 过溜指溜索道过河。

区发展难以进行中长期规划，资源优势无法转变为经济资源。

怒江州以水电为核心的流域开发具有重大意义

怒江流域水能资源丰富，单位面积产水量大、泥沙含量低、河段落差大，可开发装机容量2132万千瓦[76]，占“十三五”规划纲要提出的开工建设常规水电6000万千瓦的1/3以上[68]。以水电为重点的流域开发带动区域发展，是怒江州彻底摆脱贫困实现全面小康的重大机遇，将有力地服务云南省及全国实现全面小康战略目标的大局。

水电开发是怒江州全面脱贫奔小康的关键之举。党的十八大明确指出，要确保到2020年实现全面建成小康社会宏伟目标。习近平总书记多次强调“全面实现小康，一个民族都不能少”[77]。没有怒江州各民族如期脱贫实现全面小康，就不能说全国实现了全面小康社会目标。而延续“输血式”扶贫，靠“小打小闹”的开发思路难以从根本上改变怒江的面貌。① 开发怒江流域水电资源，实现怒江州跨越式发展，已经成为当地摆脱贫困实现全面小康最重要的选择，是实现2020年全面建成小康社会的关键举措。

第一，怒江水电开发有利于流域“生态廊道”建设。实施绿色发展战略，是经济社会发展到一定水平的必然要求，体现了发展的质量和水平。要看到，怒江的生态现状并不乐观，刀耕火种的原始生产方式已经导致海拔2000米以下地区的原有生态植被荡

① “十二五”时期，怒江州生产总值年均增长9.12%，人均生产总值年均增长15.47%，固定资产投资年均增长22.93%，地方一般公共财政预算收入年均增长9.04%，社会消费品零售总额年均增长14.51%。数据来源：怒江州人民政府工作报告（2016年）解读，参见http://www.nj.yn.gov.cn/nj/72913014084337664/20160321/278246.html。

然无存。2015 年，《云南省人民政府办公厅关于印发滇中城市经济圈生态环保一体化专项规划（2014—2020 年）的通知》明确提出，要“建设区域生态廊道体系”。建设生态廊道是怒江州响应党中央生态文明建设号召、落实云南省滇中生态廊道建设规划、实现跨越发展的战略举措，是怒江州发挥后发优势的客观需要，是怒江州提高应对灾害能力、增强人民幸福感的现实需要。水电开发移民将减少人类活动对两岸生态环境的破坏，并在干热河谷形成有利的气候条件，从而显著改善怒江沿岸的自然环境。同时，水电开发收益将为怒江“生态廊道”建设提供充足的资金保障，实现怒江两岸山美水美，人与自然的和谐发展。

第二，怒江水电开发有利于优化能源结构，实现低碳减排目标。“十三五”规划纲要指出，要深入推进能源革命，优化能源供给结构，提高能源利用效率，建设清洁低碳、安全高效的现代能源体系。以重要的流域龙头水电站建设为重点，科学开发西南水电资源。特别强调，要以西南水电开发为重点，开工建设常规水电 6000 万千瓦。《能源发展战略行动计划（2014—2020 年）》提出，把发展清洁低碳能源作为调整能源结构的主攻方向，到 2020 年非化石能源占一次能源消费比重达到 15%，2030 年进一步提高到 20% 左右。[①] 我国目前能源消费仍处在煤炭时代，2015 年，煤炭在一次能源消费中占 63.7%，远高于世界 30%、OECD 国家 19% 水平。水力发电在一次能源消费中仅占 8.5%（挪威 66%、瑞典 31.9%、瑞

① 2014年11月，中美双方共同发表了《中美气候变化联合声明》，宣布了各自2020年后的行动目标，中国计划 2030 年左右，二氧化碳排放达到峰值且将努力早日达峰，并计划到 2030 年非化石能源占一次能源消费比重提高到 20% 左右。双方均计划继续努力并随时间而提高力度。参见：http://www.cma.gov.cn/2011xwzx/2011xmtjj/201512/t20151204_299090.html 。

士 30.4%、巴西 27.9%、加拿大 26.3%)。[78] 水电作为目前可再生和非化石能源中资源最丰富、技术最成熟、最经济的清洁能源，对低碳发展的贡献将会更加明显。水能资源的发展是国家优化能源结构、保护生态环境、促进民生改善、减少温室气体排放、实现可持续发展的重大战略。据测算，怒江一库四级电站（马吉、亚碧罗、六库和赛格水电站）建成发电，年发电量将达 340 多亿千瓦时，每年至少提供相当于 1200 多万吨标准煤的清洁能源，可大量减少二氧化碳、二氧化硫等污染环境的废气排放。[79] 大力开发云南怒江流域水电资源，对于确保 2020 年、2030 年能源结构调整和低碳减排目标实现，意义重大。

第三，怒江水电开发可以有效带动地方经济增长。近年来，我国经济下行压力增大，亟须推进实施一批重大基础设施工程建设，遏制投资过速下降的态势。水电建设具有显著的综合效益，具有投资规模大、产业链长的特点，在拉动经济增长方面能产生倍增效应，能有力带动地方经济增长、税收增加、就业增多和产业发展，改善基础设施能力，促进新型城镇化发展。同时，不会带来重复建设和产能过剩问题。怒江规划和设计的水电站总装机容量约 0.2 亿千瓦，年发电量约 1000 亿千瓦时，项目总投资约 2400 亿元，送出工程投资约 600 亿元，共需投资总计 3000 亿元。这些项目在 3 年内均可以开工建设，5~9 年建成投产，可以拉动投资 6000 亿元以上。水电产业也是地方经济的特色优势产业。通过水电开发带来的巨大资金量、信息流、物流和人流，能够极大带动怒江州相关产业发展。

第四，怒江水电开发有利于增强跨境资源调控主动权和调控能力。自古以来，一国对其境内资源拥有天然的开发和利用权，跨界河流的水资源也不例外。我国作为怒江—萨尔温江的上游国家，有权开发和利用境内所拥有的水能资源。同时，上游国家开发并非对下游国家不利，反而可以起到调峰补枯的有利作用。如2016年初澜沧江下游的湄公河流域持续干旱，导致作为越南粮仓的湄公河三角洲海水倒灌，我国上游水库加大放水有效缓解了海水倒灌的不利影响，产生了良好的国际效应。近年来，国际社会对跨境河流开发开始重视，官方和民间关于跨境河流治理的讨论日渐增多，须赶在国际跨境河流协议达成前尽快确定。怒江开发从2003年停工，如果再延误下去，受到国际舆论牵制，开发难度会更大。当前，我国与怒江下游的缅甸双边关系总体对怒江开发有利，在跨界河流相关国际法对上游国家尚无强有力约束的条件下，尽快实施怒江水电开发将使我国获得上游水资源调配的主动权，有利于更好地服务外交战略。应当抓住这一窗口期，赶在跨境河流治理谈判前完成开发。

云南怒江流域水电开发已开展了深入的前期工作

怒江水电项目前期勘探工作已十分充分，水电项目建设技术成熟，且社会各界对水电开发的环境影响业已日趋成熟理性，加之国内资金充裕，项目融资成本低，怒江水电开发时机日趋成熟。伴随着我国实现全面小康社会和建成社会主义现代化强国，未来社会用电需求将长期持续增长，结合水电建设周期和我国电力接续需要，怒江水电项目是否开发宜早做决断。

经过多年酝酿，怒江水电开发勘察充分，建设技术成熟。怒江水电勘探开发研究最早始于20世纪90年代，原能源部水电开发司1991年编制的《中国水力资源图集》关于“云南省大中型水电站位置图”中，怒江流域设计了6个电站，总装机容量为1090万千瓦。1999年，国家发展计划委员会出资，由水利水电规划总院牵头，北京和华东勘测设计研究院对怒江中下游的云南境内的水电进行了勘探和规划。2003年8月，国家发展改革委主持评审通过了由云南省完成的《怒江中下游水电规划报告》。该报告规划以松塔和马吉为龙头水库，丙中洛、鹿马登、福贡、碧江、亚碧罗、泸水、六库、石头寨、赛格、岩桑树和光坡等梯级组成“两库十三级”开发方案。2003年暂缓开发以来，怒江水电开发再次经过十多年的严格论证和反复研究。时至今日，相关开发方案经过多次论证和修正。我国水电建设居世界一流水平，水坝建设技术先进。可以说，怒江水电开发无论是在设计方案上，还是在建设技术上均不存在困难。

国内电力消费仍将保持快速增长，怒江水电消纳市场前景广阔。近年来，受国内经济由高速向中高速转变，电力消费增速有所放缓。2014年，全社会用电量55 233亿千瓦时，比2013年增长3.8%。①2015年为55 500亿千瓦时，比2014年增长0.5%。②但是，应当看到，我国年人均电力消费远低于发达经济体，美、欧、日、加、韩年人均用电量达到1683千瓦时、688千瓦时、774千瓦时、1871千瓦时、1038千瓦时，而我国仅为450千瓦时。[80]随着2020年全面建成小康社会，以及2050年达到中等发达国家水平，国内电力需求在长期内仍将保持较快增长。从全球看，我国城镇居民

① 数据来源：国家能源局网站，http://www.nea.gov.cn/2015-01/16/c_133923477.htm。

② 数据来源：国家电网公司网站，http://www.sgcc.com.cn/xwzx/nyzx/2016/01/331688.shtml。

生活用电量水平远低于世界平均水平，不足发达国家的1/4。2015年，我国城镇居民生活用电量为7276亿千瓦时①，折合人均生活用电量约559千瓦时/年。而美国、加拿大、挪威、冰岛等国家均在4000千瓦时/年以上，日本、韩国、德国、英国等也在2000千瓦时/年以上。从国内看，根据中国电力企业联合会的数据，2012年云南省人均生活用电量仅为321千瓦时/年，排在全国第26位。从人均用电量（含工商业用电）数据看，美国、北欧及澳大利亚等少数发达经济体年人均用电量在1万千瓦时以上，大部分发达国家人均用电量在5000~10 000千瓦时/年。国网预测数据显示，未来20年，我国电力需求将持续增长，新增电量将达6.2万亿千瓦时，新增负荷将达10.7亿千瓦。其中，2020年，全社会用电量将达8.3万亿千瓦时；“十三五”期间用电量年均增长5.6%。2030年，全社会用电量10.4万亿千瓦时。2020—2030年，年均增长分别为2.3%和2.7%。②

社会对环境保护的认知日趋成熟，对怒江水电开发环境风险的回答已十分明确清晰。社会对环境保护的认知已经随着时代的进步不断成熟，从以前单纯强调保护生态忽视社会发展，逐步转变为“在发展中保护、在保护中发展”的成熟理念，更加注重经济社会发展与环境保护相协调。怒江水电开发在工程建设、生态保护等方面已经有完善的方案，生态环境影响也很小，移民只有几万人。同时，一些环保组织对怒江水电开发可能引发的环境问题的担忧，业已得到了明确和清晰的回答。如，合理的水电施工对当地生物多样性影响很小，水电项目均在海拔2000米以下，对

① 数据来源：国家能源局网站。

② 数据来源：新华网。

“三江并流”世界自然遗产基本没有影响，合理的项目规划对当地自然和人文景观也基本上没有破坏等。特别是对当前怒江州贫困的现状，加快发展与环境保护已经成为社会共识，水电开发的生态效益也日益获得广泛认可。可以说，怒江水电开发有关环境保护问题已经不是问题。

国内资金充裕，可有效降低水电开发融资成本。水电开发投资体量大，周期长，资金成本高。有效降低资金成本可确保水电后期收益，降低项目风险。我国银行中长期贷款利率处于低位，1～5 年期贷款基准利率为 4.75%，5 年以上贷款基准利率仅为 4.9%。而 2015 年国家开发银行和农业发展银行发行的 20 年期 3000 亿元专项建设债，中央财政按照专项建设债券的 90% 贴息，最后实际年利率仅为 1.2%。较低的中长期资金成本，对怒江水电开发十分有利。

云南怒江流域开发带动区域发展的目标和思路

河流是孕育人类文明的摇篮。从农业社会开始，流域开发一直是各国发展重点。在持续开发进程中，对于流域开发带动区域发展的规律认识逐渐深化，形成了系列理论。创新应用流域开发带动区域发展理论，结合怒江州条件与要求，科学制定开发目标、形成系统的发展思路，不仅关系到怒江州扶贫脱困，而且关系到全国全面建成小康社会宏伟目标的实现，意义重大。

以流域开发带动区域发展的规律

自古以来，河流与人类发展密切相关，人类四大文明即起源于尼罗河、底格里斯–幼发拉底河、黄河和印度河四大流域。河流为农业社会提供了灌溉和饮用的淡水资源，提供了便捷廉价的运输通道，促成人口在沿河两岸的相对集中，推动了城市化进程。流域地区丰富的矿产资源以及依托河流开发的水电，为工业生产提供了充足原料和源源不断的清洁动力，支撑了流域地区的工业化发展。

世界各国都把江河的开发建设放在优先位置考虑，发达的经济走廊和经济重心区几乎都布局在主要江河流域。德国 60% 以上的工业集中在莱茵–美因、莱茵–内卡等流域经济区上，罗纳河流域成为法国重要的经济增长带，五大湖及圣劳伦斯河流域为美国与加拿大经济最发达的重心区，我国长江经济带 11 省市 GDP 总量占到全国的 40% 以上，等等。

区域经济发展理论认为，流域开发是对流域的自然、经济和社会资源进行综合利用，以促进流域区经济社会可持续发展为目的的区域开发，是极点增长、轴线延伸、扇面扩散和点轴面相结合的立体网络开发过程。在开发过程中，经济增长首先由少数区位条件优越的点发展成为经济增长极，然后通过不同渠道向外扩散，并对经济社会发展全局产生不同程度的影响。

纵观国内外流域开发带动区域发展的实践，存在着普遍经验规律：一是水资源开发利用始终处于核心位置；二是综合性、系统性的开发模式日益取代单一目标开发模式；三是把流域作为开放的巨型系统，协调治理、科学管理；四是流域开发须推进流域产业集聚和优化产业布局；五是平衡好流域发展与生态环境保护关系；六是始终贯彻以人为本的开发理念，切实做到“开发为民、开发惠民”。

尽管理论已经揭示出流域开发带动区域发展的路径，各国在实践中也已探索出一些规律性的经验，但从实践看，流域开发带动区域发展大多沿袭自发进行、自然推进的过程（即使被视为“美国的骄傲”的田纳西河流域开发，也基本被限定在防洪、航运、水电、流域土地开发、生态造林等流域系统之内），缺少以流域开发带动区域发展的主动作为、系统规划、全面推进，造成了流域资源利用不充分、延滞区域发展进程、相关民众福祉缺失等问题和不足。

实际上，主动作为，以流域开发带动区域发展既有理论基础也有成功实践。“地域生产综合体”理论是区域地理学和区域经济学的重要理论之一。该理论认为，地域生产综合体能使各部门相互协作开发一个地区的资源，可以消除长期以来用单一部门开发单一资源和用部门管理方法管理地区经济所产生的弊端，使部门和地区的利益、部门管理和地区管理有机结合起来，从而保证新区的开发速度和经济效益。[81]在实施过程中，地域生产综合体并不是自发产生的，而是需要国民经济管理部门主动规划实施。苏联正是运用这一理论指导，通过主动开发促成其第二次世界大战后经济恢复重建和20世纪60—80年代国土开发与经济布局的巨大成功。

怒江流域开发带动区域发展阶段性目标

实施以怒江水电为核心的流域开发带动区域发展是区域经济学理论的创新应用，也是落实中央确定的“全面建成小康社会，一个都不能少”重大任务的最佳路径。因此，结合实际条件与需要，怒江州可以统筹制定发展目标：适时启动怒江水电项目，到2020年全面建成小康社会，2030年建成“人民富”“生态美”有机统一的更高水平小康社会。同时，围绕主要目标，协调安排基础设施建设、产业项目、新型城镇化建设、移民工程和生态建设等。

近期目标：启动“一库四级”水电开发项目。2008 年，国家发展改革委发布《国家发展改革委办公厅关于怒江水电开发有关问题的通知》，同意规划建设六库电站，并进一步深入研究论证怒江水电开发问题，以“一库四级”（马吉、亚碧罗、赛格和六库）为重点，完善怒江水电开发方案。2013 年，国务院印发《能源发展“十二五”规划》，要求深入论证、有序启动在怒江中下游规划建设赛格、六库、亚碧罗和马吉水电站的“一库四级”开发方案。经过系统论证，该方案已基本成熟，具备开工条件，应予以尽快启动。

“一库四级”电站规划基本情况：马吉电站装机容量 420 万千瓦，水库正常蓄水位 1570 米，电站保证发电 154.75 万千瓦，多年平均发电量 189.7 亿千瓦时。大坝高 300 米，坝顶长度 940.78 米。亚碧罗电站装机容量 180 万千瓦，电站保证发电 67.96 万千瓦，多年平均发电量 90.6 亿千瓦时，坝顶轴线长度 401 米，最大坝高 133 米。六库电站装机容量 18 万千瓦，水库正常蓄水位 818 米，电站保证发电 7.57 万千瓦，多年平均发电量 7.58 亿千瓦时，最大坝高 35.5 米，坝顶轴线长度 344.5 米。赛格电站装机容量 100 万千瓦，梯级联合运行保证发电 41 万千瓦，年发电量 53.6 亿千瓦时，坝顶全长 438 米，最大坝高 79 米。

据测算，“一库四级”按静态总投资 290.4 亿元（2009 年评估结果，下同）、总工期 10 年计算，年均投资可达到 29 亿元，将大幅拉动当地经济并创造大量就业。电站建成后，每年可实现发电产值 85.4 亿元，实现增值税 3.93 亿元，地方财政每年可直接增加

1 亿元以上的财政收入。在当地推广“以电代柴”，每年可节约 50 万立方米生活用柴，年减少林木资源直接损失 4 亿多元。

中期目标：如期建设全面小康社会。水电站建设期间的人力、物力需求和工程配套产业可以带动解决大量搬迁移民和当地居民的就业问题，提高居民收入。抓紧推动怒江州公路、航空设施建设投运，依托水库淹没整体设计的旅游规划项目建设开工，水库搬迁、扶贫搬迁、生态搬迁尽快完成。形成完善的产业技能培训机制，为旅游业、文化创意产业、高端农林牧渔业的后续发展培育人才，可以带动怒江州 4 个县、21 个贫困乡镇、181 个贫困村、14.93 万建档立卡贫困人口实现摘帽、出列、脱贫。保证到 2020 年稳定实现怒江州人口不愁吃、不愁穿，义务教育、基本医疗、住房安全有保障，人均纯收入达到 1 万元以上，与云南省同步建成全面小康社会。

远景目标：实现“人民富”和“生态美”有机统一。水电开发产生直接经济效益，通过水电收益再分配机制实现水电收益全州共享，人民收入步入更高水平的小康阶段。到 2030 年，形成稳定和持续的水电收益，以及分配共享机制，怒江水资源得到充分开发利用，流域生态环境全面恢复，建成完整的特色生态产业链，旅游、文化创意、特色农林牧渔等产业形成内生动力，经济社会发展和生态文明有机统一，怒江州达到更高水平的小康社会目标。

怒江流域开发带动区域发展总体思路

为实现上述目标，怒江流域开发带动区域发展的总体思路是：以水电开发为核心，统筹考虑水电建设与怒江州经济、社会、生态发展的流域开发带动区域发展整体思路。协同推进开发清洁能源、大力移民、保护生态、创新投融资机制、提升民生福祉，以强力打破怒江州世代封闭贫穷的恶性循环，彻底扭转西南边疆落后的格局。

为此，一是着眼于宏观全局、超前谋划，科学开发怒江水电资源，打造西南清洁能源基地。二是实施生态移民和工程移民，以水电开发及后续产业布局、推进城镇化为抓手，确保“移得出、稳得住、能致富”，大力落实精准扶贫战略。三是明确在发展中保护环境、提升生态品质的思路，实施构建怒江生态廊道战略。四是创新投融资模式，理顺水电项目开发和怒江州全面发展的投融资关系，探索以特别目的机构（Special-Purpose-Vehicle，SPV）等形式，实施区域综合开发。五是以实现全面小康社会为首要目标，创新扶贫模式，大力发展旅游业、农林业等特色产业，推进新型城镇化建设，增加政府财政收入，提高居民就业和收入水平。

云南怒江流域开发带动区域发展的主要任务

落实怒江以水电为核心的流域开发带动区域发展总体思路，确保如期高质量完成三期阶段目标，需要在流域开发中抓住关键，重点做好移民安置、投融资模式创新、解决电力消纳、构建生态廊道和提升民生福祉五大任务。

第一，将移民安置作为重点。坚持政府主导、企业参与，统筹协调、突出重点，因地制宜、科学规划，量力而行、稳步推进的基本原则，分阶段制定渐进性的移民安置目标。围绕改善搬迁对象生产生活条件和发展环境，建设住房和必要的附属设施，以及水、电、路、气、网等基本生产生活设施，配套建设教育、卫生、文化、社会保障等社会公共服务设施，培育发展生态型农林产业、特色畜禽养殖业、民族旅游业、生态旅游业等地方特色优势产业；加强劳动力培训，加大教育及学前教育扶贫力度，大力发展中等职业教育，扩大移民就业渠道，提升就业质量；完善移民公共服务保障体系，提高新型农村合作医疗保障和医疗救助水平，提高农村最低生活保障水平，加快农村养老机构和服务设施建设，逐步解决移民老年人养老问题等。要特别注意移民的后期扶持工作，科学制定后期扶持规划，加强前期生产补偿资金管理，确保后期扶持资金良性循环等。

第二，创新区域投融资模式。以怒江水电综合开发为突破口，以组建 SPV 为核心，授予其怒江流域区域综合开发权，统筹考虑水电水利基础设施、优势产业发展、生态环境保护和扶贫脱贫工程建设需要。同时，赋予其多样化融资功能，统筹考虑区域整体开发融资需要，让开发收益更多惠及当地。

一是组建 SPV。该机构将参照政府与社会资本合作的约定规则，设立为一个具有独立法人资格、可以进行独立经营核算的经济实体。新设的 SPV 可由云南省政府、怒江州政府、水电开发企业以及投资者共同出资成立，直接从事全流域各种项目开发建设及运营。新设立的 SPV 具有筹资、投资、融资等多重作用。

二是授予 SPV 流域综合开发权。准许 SPV 通过与地方政府合作行使部分水资源管理权，使其能高效地将水资源综合开发与地方基础设施建设等捆绑起来开发。SPV 可以联合其他开发商进行流域两岸土地岸线等资源全面整理开发，建设旅游设施和园林景观，开展养殖渔业生产和休闲农业，推进生态功能区养林护林等。在 SPV 主导的综合开发中，公益性项目可以财政投资为主，建设期后可实施财政资金有偿使用，用经营性收益所得返还财政融资的本金；而包括水电产业在内的经营性项目以社会投资为主，在确保投资者获得合理收益的基础上，将部分收益反哺其中的公益性部分。

三是发挥SPV多样化融资功能。赋予SPV更多融资功能，使其能拓展流域开发综合项目的融资渠道，缓解地方融资难、融资贵和举债搞建设的压力。充分发挥SPV的融资能动性，使其统筹兼顾公益性项目和经营性项目的整体融资渠道和方式。对公益性项目，优先申请由中央政府负担融资，尤其是建设前期优先争取中央财政拨付资金支持，也可由地方政府通过发行专项建设债券面向社会集资，并争取中央政府给予担保支持并对债券购买者所得回报给予税费减免。对经营性项目，SPV可在信贷融资的基础上，拓展直接融资的渠道，提高企业债券、股票融资等直接融资的比例。如，SPV可充分利用商业银行与股权投资机构试点的投贷联动业务，支持商业银行先以股权介入，一定期限后用债权置换，还可以通过保险公司、证券公司、社保基金、产业投资基金、风险投资基金或私募股权基金等机构搭桥获取商业银行资金，如商业银行以理财资金通过信托公司等通道作为有限合伙人认购优先级股权锁定收益，也可以通过“债券+选择权”的方式向各类金融机构进行融资。

第三，着力解决电力消纳问题。怒江水电开发应坚持优先发展、远近结合（消纳）、市场定价、利益共享、政策扶持的基本原则，重点解决电量消纳问题，即“送多少”“往哪送”“怎么送”。一是推动优先、全额收购怒江水电。贯彻《可再生能源法》，协调中央和地方有关利益主体，从国家层面推动怒江水电在全国范围内得以优先、全额收购。二是破解水电并网瓶颈。通过就近消纳与跨区域输电相结合的方式，促进怒江水电顺利消纳。一方面，不断提高云南省内电力负荷，增加水电就近消纳空间。另一方面，可考虑以供应广东为主。同时，供电广西和华中4省份，以及在更大范围内进行消纳。三是优化电力外送通道。采取高压、超高压、特高压直流输电相结合的方式，兼顾就近省内消纳与外送。一方面，加强330千伏高压和750千伏超高压电网线路建设，优化区域电网架构，实现省内东西贯通，将怒江水电送到云南东部负荷较高地区。另一方面，采取±800千伏特高压直流方式，将怒江水电外送到广东、广西和华中4省份消纳。

第四，大力构建怒江“生态廊道”。生态隐忧是延滞怒江开发的首要因素。以经济发展促生态保护，进而提升生态质量和水平的方针，必须贯穿怒江区域开发整个过程。“十三五”规划期间和今后很长一段时间，实施以下重点工程，全面推进怒江流域“生态廊道”建设。一是绿色水电开发工程。坚持“有所为，有所不为”的方针，做好全流域水资源开发的环境规划和环境影响评价，确立适度的开发目标。二是全民生态创建工程。开展生态州、县和城镇创建工作，开展生态乡村创建活动，实施生态文明“细胞”工程建设。三是生物多样性保护工程。确定对生物多样性有重要意义的野生物种，制定专项保护规划。四是绿色消费倡导工程。倡导绿色生活、环保选购、重复使用、分类回收、循环再生等环保意识和做法，使绿色消费逐渐渗透到日常生活的各个领域和全过程中。五是生态文化培育工程。培育、建设企业生产文化，增强企业家的社会责任感，促进企业生态方式转变。培育绿色机关、绿色学校、绿色社区、绿色医院、绿色饭店等各种绿色实体。六是绿色产品开发及市场开拓工程。大力发展优质高效的绿色食品、有机食品、无公害产品和绿色环境标志产品，扩大产品总量规模，提高市场供给能力的同时，重点开展绿色无公害基地建设、绿色农产品加工企业培育。

第五，创新扶贫模式，提升民生福祉，实现全面小康目标。一是统筹流域开发。将水电开发、库区开发、岸线开发全面整合，明确开发主体的岸线使用权和使用期限，制定流域中长期发展规划，实行资本化、产权化运作，打造怒江沿江经济带。二是做强旅游、文化等特色产业。水电开发后，怒江峡谷地理面貌和旅游资源将发生新变化。险急峡江被“水坝平湖”所取代，将形成特有的库区资源。怒江干流拓宽，两岸景点与江岸距离缩短，为腹地旅游资源的纵深开发创造了条件。同时，移民将形成新的少数民族聚居区，有利于提炼文化精粹，发展文化旅游业。水电资源开发也为怒江及周边地区发展清洁载能产业创造了条件。中央提出要“开展贫困地区水电矿产资源开发资产收益扶贫改革试点”[①]，怒江州应抓住机会，落实中央精神，适度发展铅锌矿采掘加工、电解铝等清洁高载能产业。三是大力推进特色城镇化。创建若干文明县城、园林城市。完善城镇市政基础设施，促进城市道路交通畅通；加强城市公共服务体系建设，改善市民生活便利化条件；继续推进污水生活垃圾处理设施建设。新建一批文化名镇名村。结合移民安

① 中共中央总书记、国家主席、中央军委主席、中央全面深化改革领导小组组长习近平 2016 年 7 月 22 日下午主持召开中央全面深化改革领导小组第二十六次会议，审议通过《贫困地区水电矿产资源开发资产收益扶贫改革试点方案》。会议指出，开展贫困地区水电矿产资源开发资产收益扶贫改革试点，是扶贫开发工作的重大制度创新。要以增加贫困人口资产性收益为目标，创新贫困地区水电矿产资源开发占用农村集体土地补偿方式，围绕界定入股资产范围、明确入股受益主体、合理设置股权、完善收益分配、加强股权管理和风险防控等重点任务，探索建立集体股权参与项目分红的资产收益扶贫长效机制，走出一条资源开发和脱贫攻坚有机结合的新路子。

置工程，新建一批少数民族群众聚集、民族文化鲜明、基础设施良好、服务功能完善的文化名镇名村。可参照“希望小镇”模式。遵义（土城）希望小镇按照“依托古镇旅游、找准分区定位、完善配套功能、建设美丽乡村”的思路，充分发挥希望小镇区域优势、文化资源和地方特色，从有机农业、智慧农业、创意农业、休闲农业入手，鼓励农户实施抱团发展、开展土地流转，集中打造乡村旅社、特色餐馆，创建集旅游、农业开发、农产品销售、乡村体验型度假为一体的现代化高科技生态观光农业产业。四是建立地方政府、企业、居民共享发展成果的新机制。具体而言，应将水电开发与居民利益、地方发展、环境保护和生态建设结合起来，通过再分配的形式分享开发收益。收益再分配的主要途径包括：收入共享，将部分水电开发收入通过对水力发电或用水的特许使用权收费的形式，再分配给当地居民和地方政府；建立发展基金，从电力交易收益中提供资金建立发展基金，扶持当地特色产业；股权共享或全部拥有，将部分工程所有权由受工程影响的群众持有；税收，按发电量收取水资源税；优惠电价，对当地居民和工商业执行优惠电价和其他水资源相关服务的优惠费用政策等；非资金形式的帮扶，如为当地居民提供就业机会、技能培训等。

云南怒江流域水电开发带动区域发展的措施

云南怒江流域开发影响深远、建设周期长、参与主体多，单独的政策支持难以发挥作用，需要构建完整的政策框架，在投资、财政、金融、移民、扶贫、土地、生态、体制机制等领域构建政策体系。同时，需要中央、地方、企业的共同努力，用好既有政策，争取更多支持，拓宽发展思路、创新发展模式，统筹经济社会环境关系。

第一，拓宽投资领域。一是加快批准怒江水电梯级开发。确保在“十三五”规划期间陆续开工建设，纳入重大工程包，分别列入生态环保、清洁能源、水利、交通等重大项目库。二是全面推进怒江流域综合开发。将怒江州纳入云南省交通运输网络规划，加强路网基础设施建设。大力发展怒江流域特色农业、旅游业、现代清洁载能产业，承接东部地区相对落后但在当地具有比较优势的产能。三是大力发展电能替代。怒江水电开发留成部分可以免费或以低价电量供应当地企业、居民使用，提高当地电气化水平，保护生态环境的同时促进水电消纳。如，在县市农村大力发展以电代柴，使用多种电采暖、电烹饪设施替代薪柴，减少对森林资源的消耗；在工农业生产中推广电锅炉、电窑炉、电灌溉等，培育现代清洁载能产业；在交通运输领域使用电能替代燃油，发展各类电动车辆、电动运载设备；在电力供应中发展电蓄能调峰。四是继续加强电网建设。将怒江直流特高压输电线路建设项目纳入国家整体电网规划和发展战略，作为重点项目实施。将怒江水电纳入直接交易试点，通过直供电方式，以大用户直供电方式解决怒江水电消纳问题。可考虑架设一条从怒江水电到广东深圳容量 800 万千瓦的特高压直流输电线路，将水电直接送到深圳。

第二，争取财政政策扶持。一是财政转移支付。争取各项扶贫资金支持，如扶贫发展资金、以工代赈资金、少数民族发展资金等政策性资金。增加用于保护生态环境的经费，对国家级自然保护区按非天保区的重点公益林补偿政策进行补偿，每公顷每年可补助 150 元；省级保护区按省级重点公益林给予补偿，每公顷每年补助 75 元。增加怒江州退耕还林补贴，扩大良种补贴范围至优质林木品种。将怒江水电开发纳入国家重大水利工程建设基金、可再生能源发展专项资金、节能减排专项资金等多种基金支持范围。二是中央税收优惠。给予怒江流域水电分段分级开发按照小水电 6% 的增值税率征收。同时，在保持现有对西南地区税收优惠政策基础上，实施西部大开发所得税“三免三减半”，按照 15% 的所得税率征收。将怒江州纳入沿边重点地区名录，享受创业、旅游、文化等边区特殊税收政策。将水资源税全部留给地方，带动怒江州经济社会快速发展。三是多渠道筹集移民安置资金。中央、地方和企业通力合作，多途径筹集移民安置资金。中央设立怒江流域移民安置扶持基金，云南省可以根据财力相应配套，用于安置移民就业培训和帮扶。

第三，加大金融支持力度。一是争取政策性低息融资。积极争取政策性银行、开发性银行给予怒江流域开发项目低息融资支持，并在建设期前 10 年给予 3% 的财政贴息。积极争取政策性银行扶贫开发贷款。积极争取农户小额贷、边民创业担保贷款。二是鼓励政府和企业发行专项债券。支持怒江州地方政府依法发行债券，支持项目企业采取发行企业债、中期票据、公开发行股票、定向增资扩股等多种融资措施。由国家发展改革委、人民银行、银监会、证监会等部门发布绿色债券有关指引，允许和鼓励银行、企业发行绿色债券，为怒江流域建设“生态廊道”等绿色贷款和绿色投资提供较长期限、较低成本的资金来源。三是通过 SPV 吸收各类资本参与怒江建设。借助 SPV 平台，吸引商业银行、保险公司、社保基金、养老基金、私募基金及其他机构投资者以银行贷款、企业债、项目收益债券、资产证券化等市场化方式参与怒江流域综合开发投资建设。

第四，保证移民居民利益。一是移民搬迁以就近、临江搬迁为主。由于怒江地区特殊的民族生活方式，异地搬迁回迁率高，库区移民、生态移民、扶贫移民应优先考虑就近、临江安置。今后，随着怒江流域综合开发的推进，可以沿产业集聚带扩大搬迁范围。二是移民安置以非农业安置为主。怒江州土地资源严重稀缺，采用常规的农业安置方式无法保证库区移民经济收入的恢复和提高。可以采用非农业安置为主的移民安置方式，在水电站建设期间用工程配套产业带动解决移民就业和增收问题，在流域综合开发时期引导移民就业向二、三产业转移。三是建立居民生产生活改善机制。增加贫困人口资产性收益，允许移民以土地入股水电开发，建立集体股权参与项目分红的资产收益扶贫长效机制。根据怒江水电开发及当地相关产业发展的劳动力需要，有针对性地培训移民的生产和就业技能。建立健全合理有效的移民最低生活保障制度，确保移民全面享有基本公共服务和社会保障制度。

第五，体制机制创新。一是组建 SPV 开展流域综合开发试点。赋予 SPV 一定的行政管理职能，制定怒江流域综合开发的中长期规划，配套制定中长期财政滚动规划。二是全面落实节能低碳发电调度。按照节能、经济的原则，优先调度水电等清洁发电资源。三是理顺水电定价机制。建立电力供需双方直接参与的交易市场平台，实现火电碳排放成本内部化，按照同网、同质、同价原则，保持水电相对火电的价格竞争力，提高水电经济性。四是通过立法推动制度设计。建立怒江流域特别法，借鉴前海法律经验，先行先试，以立法带动体制机制创新，积极处理开发与立法的关系，预留创新发展空间。

第六，地方政府积极参与。一是建立岸线资源有偿获得机制。重视流域资源管理规划，制定怒江州岸线和沿岸管理办法，明确岸线有偿使用的原则，使用权通过公开竞价获得，要有使用期限的限制，到期后重新公开招标，岸线开发要符合整体流域规划。二是充分行使SPV股东权利。与SPV参与各方共享收益、共担风险，适时掌握项目运行信息，发挥地方政府在各环节的协调作用，增强公共管理能力，提高项目运行效率。三是承担怒江州实现全面小康重任。以税收、土地、行政审批等政策大力支持怒江水电开发，充分利用水电资源为怒江流域带来的资金、技术、环境、管理、人才等方面的发展机遇，依托怒江水电开发契机实现全州经济、社会、生态跨越式发展。

第七，发挥开发企业的作用。一是利益共享原则。企业通过股权共享，建立发展基金，缴纳税费，电量、电价留成等措施积极支持当地经济社会发展。二是承担部分社会责任。以当地居民为主要劳动力来源，根据生产经营需要，与地方政府合作开展技能培训。三是承担生态保护责任。在整个生产过程中要充分考虑有利于生态环境保护的要求，减少对原有生态系统的破坏，消除开发建设对自然环境的负面影响。

以水电带动长江上游流域开发

长江上游流域幅员广阔，涵盖成渝，辐射黔滇，处于大开发的前夜。长江重庆至宜宾段的沿江地市，地貌、气候、土壤、水文、生物资源十分接近，人文传统及生活习惯相似。能够直接或间接利用长江航运发展经济，具有流域的一致性。产业发展、城乡结构相似，经济联系紧密，交通、通信等基础设施互联互通形成网络。这一区域地处川、滇、黔、渝 4 省（市）交界部位，与周边经济区相比是一个发展洼地，适宜进行集中成片开发。该连片地区发展潜力巨大，区位优势突出，具有丰富的资源禀赋。该地区的发展，在国家经济社会发展全局中具有重要的战略地位，无论是带动西南地区快速发展，还是对深入实施西部大开发战略，引领西部内陆地区的进一步对外开放，带动长江经济带的繁荣发展，乃至对国家区域发展整体布局的完善，促进我国区域协调发展，均具有重大的现实意义和战略意义。

从世界经济发展的历程看，大河两岸往往是区域经济的主要增长点，不少国家的发展史就是一部流域文明史。流域经济尤其是大河流域经济往往又成为国家的经济命脉，如密西西比河、伏尔加河、莱茵河、田纳西河等大河流域以水资源综合开发为中心，以流域经济发展带动整个流域生产力的合理布局，密集城市网络，取得了令人瞩目的成绩。

长江上游连片区开发也需要流域开发带动，可以采取“536”建设方案。“5”就是以5级水电开发为切入点，在宜宾至重庆段，分别建设江安、石棚、新路口、朱杨溪、小南海五级低坝，通过梯级渠化、岸线整理，形成空间布局合理、产业结构优化、资源集约节约利用、生态环境持续改善的经济社会发展总体格局。“3”就是分3个阶段推进以长江上游流域开发带动经济区发展。研究谋划阶段以获取水电项目路条为先导，做好长江上游流域开发的规划调整和准备工作。核准布局阶段（2~3年）以取得水电项目核准为前提，带动相关地方开展招商、征地和基建等相应新布局。全面建设阶段（4~6年）以水电基地建成为轴心，形成均衡、协调、可持续发展的新经济增长极。“6”是6项政策建议。建立综合协调机制，加快项目核准进度，加强土地整治利用，鼓励优势产业发展，推进电力就地利用，加速城镇化建设进程。

长江上游连片开发区正处于大发展的前夜

长江上游连片开发区主要指长江上游宜宾至重庆河段及其腹地区域内地域联系最为紧密的核心地区，包括宜宾、泸州、自贡、乐山、重庆、内江、六盘水、毕节和昭通，区域面积共19.82万平方千米，人口约7033万人。

长江上游连片开发区发展潜力巨大。

一是区位优势突出。宜宾至重庆河段两岸属低山丘陵地区，地处川、滇、黔、渝4省市交汇处，具有承东启西的区位优势。

二是具有丰富的资源禀赋。水能资源可开发量达1.7亿千瓦，占全国的46%；动植物资源种类丰富，能源矿产资源富集，且开发潜力大；农村劳动力丰富，人口以中青年为主，人口红利优势明显；拥有近80多所高等学校，科研机构和专业技术人员众多，科技文化水平在西部处于前列。

三是处于西部大开发前沿地区。乌蒙山片区区域发展与扶贫受到国家高度重视，《成渝经济区区域规划》被列入国家区域发展总体战略，有条件打造成中西部重要的清洁能源基地、高端制造业基地、劳动密集型产业基地、我国最大的内陆消费市场。

四是与周边经济区联系紧密。长江上游连片开发区位于成渝经济区南部，毗邻南贵昆经济区，承接攀西–六盘水资源开发区，虽均处在国家经济区划的边缘地带，但以宜宾至重庆河段为联系纽带，与各经济区融合程度较高，集聚辐射带动力强，具有成片发展的潜质。

长江上游连片开发具有重要战略意义。

一是有利于我国创新流域与区域经济结合开发的新模式。大河两岸往往是区域经济的主要生长点，不少国家的发展史就是一部流域文明史。把沿江沿河流域的经济开发作为经济发展战略重点，依托水源，在沿江沿河两岸发展农业及重化工、冶金等大吞吐量、大用水量的基础产业，并以两岸产业基地为轴，借水路与陆路等交通之便向腹地进行辐射，进而形成具有一定规模的产业密集带，从而带动整个流域两岸经济发展，是区域经济开发的典型模式。以流域开发带动长江上游连片开发区发展，统筹港口开发、产业布局和城镇的规划建设，兼顾防洪减灾、城乡供水、水力发电、农业灌溉、内河航运、生态环境、旅游休闲等多重目标，将成为区域经济科学发展的新壮举。

二是有利于经济平稳增长。在20世纪30年代的经济危机中，美国罗斯福政府就将开发田纳西河流域作为刺激经济的重要战略举措。事实证明，这一工程不但有力地稳定了美国经济增长，也极大促进了田纳西河流域的综合发展，使该地区成为流域开发的世界样板。将以流域开发带动长江上游经济发展上升到国家战略，通过万亿元规模的投资，建设新的经济增长极，充分发掘上游的社会、环境和经济效益，加快上游地区经济一体化融合发展，有利于推动我国经济社会进一步发展。

三是能够促进长江上游地区可持续发展。流域经济尤其是大河流域经济往往是国家的经济命脉。长江上游地区尚未进行综合开发规划和建设，是我国能源、资源、人力资源富集的重点地区。这些将成为该区域探索可持续绿色发展道路最重要、最宝贵的独特禀赋和后发优势。通过水运、水电等绿色低碳方式支撑上游地区经济社会发展，在保障经济发展的同时，可以使经济发展与环境保护高度融合，避免资源、能源的高消耗，环境的高污染，能源利用的低效率，实现长江沿岸的城市绿色发展、低碳发展和循环发展。

四是有利于西部地区经济社会综合发展。在新形势下加快长江上游连片开发区发展，有助于增强国家综合实力、推进西部大开发、促进区域协调发展以及完成“稳增长、调结构、转方式、惠民生”的需要。在经济区内，通过促进沿江现代产业集聚和城镇化发展，能进一步释放长江上游水资源、人口、航运等发展潜力，有利于形成支撑我国经济高速增长的新增长极。通过发展清洁能源、低碳航运、循环产业等新型发展模式，有利于探索走出一条绿色发展的新道路，为转变经济发展方式注入新的内容。通过加快扶贫开发和承接新型产业转移，有利于进一步深入实施西部大开发战略。充分发挥长江上游腹地通江达海的区位优势，有利于推动西南地区对内对外开放。通过水资源综合利用和生态移民，有利于构筑长江上游地区生态安全屏障。

长江上游地区发展面临重大机遇与挑战

尽管与东部沿海相比，长江上游地处内陆高山峡谷之间，依江开发难度较大，面临着自然条件、经济实力、环境保护等多方面挑战，但当前是加快发展的难得良机。目前，我国正处在加快转变经济发展方式的关键时期，水资源综合开发利用日益受到政府重视，向绿色转型的时机也渐趋成熟，长江上游发展面临重大机遇。

第一，水资源综合开发利用受到空前重视。当前，国家高度重视水资源的综合利用。2011 年中共中央、国务院发布的《关于加快水利改革发展的决定》提出，要在 10 年内根本扭转水利建设明显滞后局面，基本建成防洪抗旱减灾体系、水资源合理配置和高效利用体系、水资源保护和河湖健康保障体系。长江上游水利建设相对滞后，其流域综合治理、开发和保护，关乎长江流域 4 亿多人民的福祉，关系全国经济社会发展大局，已受到中央的高度重视。

第二，具备良好的经济后发优势。国家实施西部大开发战略以来，以成渝经济区为主体的长江上游地区成为我国中西部综合实力最强和经济发展速度最快的区域之一。2010 年，成渝经济区地区生产总值达到 2.25 万亿元，常住人口达到 9140.2 万人，其中城镇人口 4046 万人，城镇化率 43.8%，城市密度达到每万平方千米 1.76 个，轨道线路延伸至各中小城市，正形成交通 1 小时通达的大都市区。以重庆和成都为龙头的城市群具有产业发展各方面优势，国家已投入大量资金发展能源产业、制造业、高技术产业等项目。同时，吸引了来自东部沿海及外资的规模投入，充满经济发展的活力。在成渝经济区建设发力的基础上，长江上游地区已具备良好的后发优势。

第三，绿色低碳要求提供了新的路径选择。国际金融危机爆发以来，世界各国纷纷把发展绿色产业作为应对危机的重要手段。我国“十二五”规划明确提出要“绿色发展，建设资源节约型、环境友好型社会”。[82]随着绿色产业和环保技术的成熟应用，发展长江上游连片地区与优先选择绿色可持续的发展道路，彻底改变对过去“先污染再治理”的路径依赖，符合我国转变经济发展方式的需要。

第四，区域一体化趋势促使跨省市合作成为主流。在经济全球化深入发展的背景下，区域一体化渐成发展潮流。我国与世界潮流相适应，也在布局区域经济战略，推进区域一体化进程。长江上游地区以流域开发为纽带,具有天然一体化的基础条件。目前，长江上游地区区域一体化形势明朗，长江上游连片开发区的提出符合时代要求。在长江上游地区区域一体化的基础上，通过以流域开发带动区域开发，能有效破除地方贸易壁垒和市场严重分割局面，解决城市间无序竞争、产业同构低效、城际交通滞后等问题，保障区域内外要素的自由流动，有助于增强区域经济活力，形成一体化的区域自由市场和产品供应基地。

第五，国家对西部发展高度重视。长江上游连片开发区的发展在西部大开发战略中具有重要战略地位和作用。实施西部大开发战略，是党和国家的一项重大战略，是确保现代化建设第三步战略目标胜利实现的重大部署。当前，经济全球化和区域经济一体化深入发展，国际产业分工不断深化，南亚、东南亚与我国经济联系日益紧密，东部地区产业向中西部地区转移的趋势不断加强，国家正在深入实施西部大开发战略，积极研究出台一系列政策措施。随着西部大开发战略的进一步深入和完善，长江上游地区必然要承担带动西部经济整体发展的重任。

当然，长江上游地区的开发面临一些问题。长江上游处于我国自然条件各异的东、西过渡地区，又是我国自然灾害南与北、东与西地域差异的交叉部位，自然条件相对恶劣。长江上游地区经济实力仍然较为薄弱，基础设施滞后于经济发展，生态屏障功能重要，也非常脆弱。长江上游经济发展必须以保障生态功能不受负面影响，甚至长期以恢复生态功能为前提。这与东部地区传统发展方式相比难度更大。长江上游珍稀、特有鱼类资源丰富，如何在保护珍稀、特有鱼类的前提下进行黄金水道开发，将水资源综合开发对鱼类的影响降低到最小，也是长江上游连片开发区建设面临的重大挑战。

以流域开发带动区域开发的思路

以流域开发带动区域经济发展是一个重要的发展方式。流域经济圈内，经济发达，人口稠密，往往是一个国家重要的经济增长带，也孕育着现代化的流域工业文明。从国际经验看，密西西比河、伏尔加河、莱茵河、田纳西河等大河流域以水资源综合开发为中心，以流域经济发展带动整个流域生产力的合理布局，以及人口向城市的集聚。长江上游连片开发区也要遵循这样的开发思路，通过水资源的综合利用，发展沿江沿岸城市和产业，造就区域经济的繁荣。

长江上游地区需要通过流域开发带动区域经济、社会、人口、资源、环境的可持续发展。总体思路是：通过流域开发带动区域开发，兼顾水力发电、内河航运、旅游休闲、生态环境等综合目标，以水电项目市场化开发为先导，开展水资源综合利用，完善能源和交通基础设施，逐步形成辐射力强、关联度高的流域经济区，带动周边贫困地区和生态脆弱地区的现代化发展，有步骤、有重点地深入推进资源枯竭型城市转型和西部大开发战略实施。

长江上游连片开发区以流域开发带动区域开发的总体思路，具体可概括为“夯实一个支点、协调三大关系、实现四化联动目标”。

第一，夯实以流域开发集聚和配置各种资源的支撑能力。

通过江河流域开发，以水资源综合利用为先导，形成集聚和配置各种资源的价值洼地。有效开发江河水能资源，在宜宾至重庆河段建设多级水电站，靠近负荷中心供应发电，形成长江上游地区重要的清洁能源基地，解决沿江资源枯竭型城市的能源供应保障问题。

深度挖掘长江上游黄金水道的航运潜力，增强区域物流运输能力和保证率，大幅度降低该区域物流成本和能源消耗，使西南内陆物资大进大出成为可能。

综合调节宜宾至重庆河段水位变化，改善沿江两岸的水环境和自然景观，使密布在沿江两岸的宜宾、李庄、南溪、江安、泸州、合江、江津、重庆等大中小城市美丽宜居。

有序承接沿海地区产业转移，统筹城乡且不与粮食争地，重点建设产业新城，创造大量的就业机会，吸引人口从周边生态脆弱的乌蒙、秦巴和六盘山等山区向沿江两岸聚集，使长江上游生态植被得以休养生息、环境恢复改善，实现人与自然和谐相处。

特别注重长江上游珍稀、特有鱼类保护，加快库区鱼类生态调度，增加枯水期流量，修建鱼道、增殖放流站和建设产卵场等设施，保障鱼类正常繁殖洄游，使更多的资源投入珍稀、特有鱼类保护中。

第二，协调好流域开发与区域开发、经济社会与环境、政府与市场三方面关系。

协调好流域开发与区域开发关系。流域开发不同于区域开发，但流域开发能形成对区域开发的有效带动作用。流域开发属于自然形成的跨区域综合体，首要解决的是流域开发的跨行政区界限问题。通过投资、市场化运作，一条河流开发可以带动周边欠发达地区经济发展和社会进步。实践证明，通过对宜宾至重庆河段水资源的综合开发利用，形成了良好的能源交通基础设施，创造了巨大的经济效益和社会效益，有效解决了制约“四川盆地”发展的交通瓶颈问题，缓解了长江上游地区经济落后和生态补偿问题。

协调好经济、社会与环境三者的关系。可持续发展和环境保护已经纳入国家战略。水资源的综合开发利用，要统筹协调经济、社会发展与环境保护之间的关系。最合理的发展方式是秉持永续原则，以水资源的可持续利用支持长江上游地区经济社会和生态环境的可持续发展。具体而言，长江上游水资源的开发利用必须保持在一个合理的限度之内，确保水利工程能够永续利用，其利在民，致力于水资源科技创新的研究，制定科学的水资源永续发展和监测指标，以维持水资源的生态系统；在考虑长江上游水资源开发经济收益时，要尽可能使移民搬迁和土地淹没成本最小化，尽可能降低对生态平衡的破坏和对水文循环的影响，尤其是对长江上游珍稀、特有鱼类实施严格高标准保护约束。同时，建立长效机制，用水电、航运、旅游等收益反哺水资源和生态环境的保护，帮助改善珍稀鱼类繁殖栖息地。

协调好市场与政府两方面关系。在水资源综合开发利用中，要充分发挥市场机制在水资源配置中的决定性作用，创新市场与政府联合开发水资源的模式，将水电开发置于流域管理体制之中，综合利用，滚动开发，特别是企业安排水电项目开发进度时，企业要与政府协调好相应配套基础设施和其他产业项目同步实施。在长江上游地区连片开发中，以企业投资为主，利用市场化运作手段，集聚和使用资源要素。与此同时，完善法律法规，减少地方政府对市场行为的人为干扰和限制，政府做好水资源开发、区域开发和环境保护等政策和总体规划。对水资源事业单位和设施进行监管并负责其运营、维护和管理，为水资源管理提供财政支持。运用监管手段维护市场秩序，营造公平的市场竞争环境，提供足够多的公共产品及服务，促进区域产业结构优化，为区域发展提供政策支持和机制保障。

第三，加快实现新型工业化、城镇化、农业现代化和信息化同步发展。

以水电项目开发为先导推动新型工业化科学发展。加快新型工业化是长江上游地区连片开发的核心战略。通过长江上游水电开发，挖掘利用现有的发展资源和空间，率先推动水电能源、内河航运产业的发展，发展重点产业，打造支柱产业，重点促进白酒、煤气能源和精细化工等产业升级改造，积极培育新能源产业、战略性新兴产业，承接东部沿海中高端产业转移，依托重大项目，发挥重大工程对产业发展的带动作用，积极培育产业园区，配套和延长产业链，发展循环经济，壮大特色产业集群，以支持科技创新推动新型工业化发展。

以新型产业带集聚带动长江上游地区城镇化协调发展。依托清洁能源、白酒产业、高端制造等产业新城建设，通过环境促动、产业带动、政策驱动等途径，吸引长江上游地区农村人口向沿江两岸城市加速集聚，加速农村城镇化和农民市民化进程。依托水资源综合整治改善沿江两岸水环境，加快沿江两岸土地整理，发展城市集群，强化城市带功能，优先发展大中城市，集约发展中小城镇，推进现代交通网络建设和沿江宜居城镇开发建设，增强城市综合承载能力，推进城乡环境综合治理，突出区域城市文化特色。

以加快农村人口市民化带动农业现代化同步发展。在新型工业化、城镇化向纵深发展中同步推进农业现代化，积极统筹城乡均衡协调发展，改革城乡分割的户籍制度，鼓励和支持农村剩余劳动力到城市落户就业，建立农民养老制度，实现城乡公共服务均等化。通过改革土地制度，建立健全土地承包经营权流转市场，培养职业农场主和职业农民，优先在有条件的地区以专业大户、家庭农场、农民专业合作社等为主体开展多种形式的适度规模经营。通过科技下乡、资金帮扶、市场对接，推进加大农村耕地的集约化经营，建立优质高效的农业生产体系，促进农业发展的可持续化。

以流域水利信息化为切入点带动信息化融合发展。以流域水环境综合治理为重点，加快建成现代化管理调度体系，完善协调机制，完善流域水利信息采集体系，扩大水利信息网络的覆盖范围，实现流域重要水利工程远程监控。加快流域水利数据中心建设，加强水利信息资源的整合与开发，服务流域经济社会的又好又快发展。推进三网融合，构建下一代国家信息基础设施，推动信息产业和制造业、服务业融合发展，提升支撑四化融合水平。深化信息技术的集成应用，加快传统制造业转型升级。围绕改造提升传统制造业，推动信息技术的综合集成，构建工业生产新型的创新体系、生产体系、管理体系和营销体系。创新信息化推进机制，创新工作手段，加强协调合作。

实施方案

以五级水电开发带动长江上游地区连片开发

流域开发的关键点是对水资源的综合开发利用，兼顾发电、航运、旅游、生态环保、区域发展等综合目标。以创新水资源综合开发模式为先导，加快能源交通基础设施建设，促进沿江两岸工业化、城镇化、农业现代化联动发展，形成防灾治灾抵御自然灾害能力，支撑长江上游生态安全屏障的维护。

实际上，早在1990年国务院批复的《长江流域水资源综合规划》中，长江上游宜宾至重庆河段就规划有小南海、朱杨溪、石棚3座水电站。由于上述项目规划移民搬迁和土地淹没数量都很大，还涉及“长江上游珍稀、特有鱼类国家级自然保护区”，开发难度较大，高坝方案不得不最终搁浅。从根本上解决移民、淹没和生态等瓶颈问题，需要放弃高坝大库开发模式，创新地采用低坝多级开发方式。

经初步研究，宜宾至重庆河段规划拟采用五级低坝开发，即在长江上游宜宾至重庆段，分别建设江安、石棚、新路口、朱杨溪、小南海五级低坝，总装机容量约748万千瓦，发电量约374亿千瓦时。每级都是径流式水电站，最大水头只有 10~20 米，正常蓄水位不高于多年平均洪水位。每座枢纽布置有河床式电站厂房、泄洪闸、船闸、鱼道等水工建筑物。

与高坝水库相比，五级低坝开发方案具有移民少、淹没小、改善水环境、保护鱼类等诸多优势。通过低坝多级开发方式，以不淹没两岸城镇为标准，基本没有改变天然河道及水流状态，可以大大减少人口迁移规模、降低农田淹没损失；以河道梯级渠化为抓手，能够有效控制洪枯水位变幅，提高航道等级和通过能力，改善沿江两岸的水环境；以保护鱼类栖息地为原则，各梯级枢纽修建鱼道、渔业增殖站等设施，满足鱼类洄游及繁殖需求，有效保护长江上游珍稀、特有鱼类洄游。

方案实施后，能充分发挥清洁电力、内河航运、江水景观等综合优势，带动周边区域的工业、农业、城市等全面发展。为实现最佳的协同发展效果，区域开发步骤要与水资源综合开发的步骤相协调，确保联动规划，同步实施，相得益彰。

长江上游地区连片开发的实施步骤

长江上游 4 省（市）交界地区已具有一定的发展基础，统筹发展需要完善协调机制，加大政策倾斜力度，扩大投入规模，综合运用我国改革开放以来形成的区域发展经验，使这一地区的发展水平尽快接近长江中下游的水平。

第一，将长江上游连片开发纳入国家中长期发展规划。由国家发展改革委牵头，相关地方和部门参加，进一步专题研究长江上游部分地区连片开发的发展思路和政策措施。

第二，建立相关省市的区域协调机制。长江上游 4 省（市）

交界地区处于各省级行政区的边缘地带，在各地的发展格局中往往不易得到足够重视。可以考虑由国家发展改革委、环保部、农业部、水利部及川、滇、黔、渝4省（市）地方政府建立“长江上游部分地区连片开发综合协调机制”，定期召开联席会议，协商这一地区发展中重大项目安排，解决水资源综合利用的重大问题。

第三，实施有利于长江上游部分地区连片开发的政策措施。（1）水利部、环保部、国土资源部、农业部等有关部门，加快完成水电项目前置论证审批、环境影响评价、项目阶段验收等工作。国家发展改革委等有关部门加大对水电项目批复和核准力度。（2）水电电力就地使用消纳，减少远距离输电损失。新建五级水电站的电力、电量和电价，按照市场化改革的方向，率先实行发电方与用电方的直接交易。此举将使用电企业每年减少购电支出80亿元以上，可以大幅度提高当地工业经济的竞争力。（3）由大型综合型企业为龙头，开展水资源综合开发。同时，引进优势产业，发展循环经济产业园区。加快长江沿岸城镇建设用地整理，制定合理的移民安置补偿措施，保障移民的安置补偿权益。

促进风电产业健康发展的思考

近年来，我国风电已经走上规模化发展的道路，但各方面对风电发展的思路、规模、布局等问题仍有争议，风电接入电网存在困难。尽管如此，许多发电企业、制造商和地方政府建设风电的热情依旧很高，生怕错过风电大开发这班车。在这里，试就这些问题进行一些具体分析，为各方面理性地看待风电未来，促进风电产业长期健康发展提出一些建议。

风电发展情况和影响因素

我国风电装机已居世界第一位。在这样的大好形势下，既需要看到其蓬勃向上的一面，也应对其制约因素有清醒的认识。

风电作为清洁能源有良好的发展前景，但其电能特性也会对大规模应用产生负面影响。风电是无碳能源。这是世界很多国家鼓励发展的重要原因。但是，风电具有随机性和间歇性的特点。目前，还没有办法像其他常规电源那样对其进行安排和控制。风电大规模集中开发，对当地电网乃至更大区域电网的安全运行和电源结构配置会产生一定的负面影响。我国电源结构以煤电为主，系统调峰手段本来有限，随着风电大规模集中开发，电网调节更为困难。近年来，一些地区风电建设规模增加很快，配套电网建设不足的问题已开始显现。目前，国内还有一批大型风电场在规划和建设当中。如此大规模集中开发超远距离、高电压接入系统的风电基地建设，在世界上尚属首例，会在接入系统方面造成较大的困难。

风机国产化水平明显提高，但风电开发需政府补贴的情况短时间难以改变。与其他常规发电方式相比，风电造价仍然偏高。我国风能资源又大多处于西部、北部欠发达地区，远离用电中心，当地的负荷和销售电价水平较低，难以全部就地消纳。如果建设昂贵的高电压等级输电线路，远距离、大规模输送发电量较少的风电，会较大幅度提高受端地区销售电价。因此，目前风电在各种发电方式中尚缺乏足够的经济性和竞争力。

国家对风电的政策支持力度加大，国企成为开发主力，低水平设备制造能力快速扩张。2002 年以来，国家发展改革委开始组织风电特许权招标，每个项目都不低于 10 万千瓦，通过竞争机制有力推动了风电设备规模化发展。2005 年开始，招标要求风电设备国产化达到 70% 以上，制造商与开发商“打捆”提供市场保障。此举极大提高了风电设备本地化水平。国家还从销售电量中每千瓦时加收 8 厘钱，作为可再生电力补贴，主要用于风电。此外，国家按高于常规燃煤发电的价格收购风电，对风电增值税实行减半征收，风电投资企业享受所得税减免。这些政策都为风电的快速发展创造了良好条件。目前，国内风力发电项目业主大多是国有企业。其中一个深层次原因是，国有发电企业都在竞相扩大装机规模，而近几年国家严格控制新上火电项目，又很少批准大型水电项目，大规模新上风电已成为提高企业装机容量的重要途径。目前，一些国有发电集团与地方政府合作，普遍将大型风电项目拆分成稍小于5万千瓦的小项目，避开国家招投标与核准程序，直接由地方审批开工。风机制造企业也正是看准了这一点，极力扩大产能。但是，大部分风电机组制造企业尚未掌握核心设计技术，对引进技术的消化吸收力度不够，自主创新能力不强，低水平生产能力严重供大于求。

国外在风电接入和管理方式上已取得很多成功经验，相比之下，我国还有较大差距。发达国家风电发展的主要经验是：加强风电配套电网的规划和建设，尽可能在区域电网内解决风电的波动性；建立风电预测体系，减少风电间歇性的影响；优化电力调度，最大限度消纳新能源电力；适当增加电网的备用容量，扩大区域电网的互联互供，从而增强各层级电网对风电的接纳能力；建立风电设备并网技术标准，提高风电机组适应电网运行要求的性能。国外普遍在电力管理体制上实行市场化，电力系统的调度机构是独立于电网和发电企业的中立机构，由政府监管；输电环节的电网企业只负责输送电力，不经营购电、售电；对可再生能源发电必须按规定收购，收购风电超出电力市场价格部分，由政府财政给予补贴。

我国的差距表现在，与风电相关的电网规划和建设滞后，尚未建立风电预测体系和风电设备接入的技术标准体系。特别是电力体制改革滞后，至今仍在沿袭数十年一贯的计划经济体制。按照国务院已经批准的电力体制改革和电价改革方案，在实施厂网分开后，应尽快实施电网主辅分离、输配分开。由于后续改革措施一直没有出台，国资委还在考核电网企业利润，而风电配套电网建设量大面广，任务繁重，需要大量资金投入，特别是运行调度的难度较大，同过去相比，要在电网运行安全方面付出更多努力，承担更大的责任。因此，电网企业接入风电和全额收购风电的积极性自然受到影响。

如何看待风电发展的争议

面对风电的快速发展形势和制约因素，主要存在以下几方面争议。

第一，关于指导思想问题。普遍的看法是，我国风力资源良好，应当走“大规模、高度集中开发，远距离、高电压输送”的发展道路。也有专家认为，欧美“小规模、分布式，低电压、就地分散接入系统”的模式更符合风电特性和目前技术水平。

值得注意的是，我国所谓“大规模”指的是千万千瓦级风场，而欧美的“大规模”指的是几十万千瓦级的风场；我国所说的“远距离”指的是几百千米和上千千米的输送，欧美的“远距离”基本上在100千米左右。以美国得克萨斯州为例，该州地域较大，风电资源丰富，电力负荷低，与我国的情况有些相近。得州已投产风电装机836万千瓦，在建110万千瓦，在美国算是大型风电场。但是，最大风电场仅为73万千瓦，超过50万千瓦的风电场只有4个，风电集中输送也仅有上百千米。国外所说的“大规模”在中国只能算是“小规模”；国外所说的“小规模”，也就是星罗棋布、遍地开花的几千千瓦、几万千瓦的风电场，在我国尚属少数。

风能的合理利用在一个电网里并不是越大越好。风电具有随机性、间歇性的特点，为电网调度增加困难。根据国外经验，以分散方式、较低电压等级接入系统的风电，在电力调度上可以当作一种“逆负荷”管理，对电网主频率和电压等重要参数的影响甚小。而上千万千瓦级超大型电源建设，涉及电力系统规划的问题十分复杂，如，仅三峡工程电力输出规划就论证了十多年。因此，千万千瓦级的风电项目，需要有充分的时间进行接入系统论证。

从能源利用的一般规律看，分散稀薄的能源应当分散利用，如果集中利用代价会比较大，风电就属于这种情况。我国现在规划的风电资源地远离电力消费地，有必要认真论证“大规模、高集中度开发，远距离、高电压输送”的思路及其技术可行性和经济合理性。对于分散式、小规模、低电压，以及更便于电网接入的风电场，应加强规划和开发。

第二，关于发展总量问题。有观点认为，目前风电发展速度太快，已有的风电场大部分经营困难，经济效益不高，但不少企业还在跑马圈“风”。

应当看到，我国能源结构以煤为主，为了减少污染和温室气体排放，客观上需要加快风电开发步伐。考虑到目前离开国家的补贴和优惠政策，风电不可能发展，因此，确定我国风电发展的合理总量，既不应和过去比增长速度，也不应和国外比装机容量，而是要和国家的补贴能力对比。现有的补贴财力能够满足的开发规模，应当就是理想的装机规模。只要国家明确公布每年的补贴数额，以及中央补贴各地发展风电的资金量，投资者就能估计出风电的市场容量。未经国家批准，盲目新上的风电场拿不到国家补贴就意味着亏损。这将有助于投资者做出理性预期。地方政府也会从一味鼓励新上风电，转变为主动控制风电规模。这将有助于抑制风电规模的盲目扩大。

第三，关于电源布局问题。很多地方制定了雄心勃勃的规划，酝酿建设大规模风电场。《可再生能源法》规定，可再生能源发电电网必须全额收购；地方政府拥有 5 万千瓦以下风电场项目的审批权，希望通过发展风电带动地方经济；大型国有发电集团借新上风电扩大装机容量。在这些因素作用下，鼓励了各地大上风电项目。又由于国家定死了风电上网电价，风电电价超出当地常规电力价格的部分均由国家补贴。因此，地方和企业把风电经济性的责任全都推给了国家，出现了“地方和企业请客、中央埋单”的情况。

为使国家有限的补贴资金发挥最大的效用，应当由国家结合补贴能力，统筹考虑资源条件、接入规划、与常规电源配套等因素，充分研究其技术可行性与经济合理性，确定各地在各时期的开发规模，不应将风电布局的决定权放给地方，从而避免风电一拥而上。

第四，关于风电接入问题。很多发电企业认为，电网建设滞后，风电送出受到制约，电网接收风电时人为制造障碍，影响了发电企业的经济效益。电网企业则表示，已经尽了最大的努力保证风电及时上网；今后大规模接入风电必须制定准入标准，并且需要设高电压、远距离输电线路。

客观看，在风电发展起步阶段、规模较小、对系统安全稳定影响不大的情况下，电网应该按政策要求全额收购。风电快速地大规模发展，保证风电电量全额收购会付出很大代价，确实存在不够经济，也不够安全的问题，需要实事求是地对待。

第五，关于设备制造能力问题。对风电设备低水平产能过剩问题，一种意见是采用行政办法加以限制。从以往其他行业限制过剩产能的经验看，这种做法效果十分有限。市场经济条件下，淘汰落后主要应当依靠鼓励竞争实现。从风电特许权招标结果看，风电上网价格呈下降趋势，竞争有利于优势企业提高技术、改进管理、扩大规模，通过市场形成门槛，淘汰落后。我国应继续推进特许权招标，使风电电价尽快接近常规电力的价格，将技术实力较差的企业淘汰出局，从而解决风电低水平生产能力过剩问题。

进一步完善风电政策体系

风电的健康发展离不开国家政策支持。加强风电调控关键是抓住补贴、招标两个抓手，再辅以必要的体制改革措施。这样完全可以使风电实现有序开发，最终使风电招标的上网价格尽快达到常规电力的水平，具备与普通商业电力相同的竞争力。可以考虑从以下 5 个方面进一步完善风电政策体系。

第一，调整风电发展的指导思想。大力发展小规模、低电压、近消纳、直接接入配电网系统的分散式风电，积极开展大规模集中开发风电的研究，待时机成熟时再全面推开。

第二，加强风电发展规划工作。重点应解决 3 个问题，一是合理确定各地区风电规模。明确国家在支持风电上的补贴力度和资金来源，从而确定一段时间内各地风电发展的装机容量。二是统筹考虑风电电源布局。将风电规划纳入电力工业中长期发展规划，在综合平衡资源条件、接入能力以及水、火、气等电源配套条件的情况下，分区域有计划、有步骤地开发一些风电场。三是改革风电项目审批或核准方式。地方政府每年向国家上报拟开发的风电规模，经国家能源主管部门平衡后，将风电补贴规模分到地方，由地方政府组织招投标。

第三，通过竞争降低风电开发成本。继续开展风电开发特许权招标，通过竞争确定风电项目开发业主和上网电价。取消行政办法对风电上网的定价。

第四，提高风电接入能力。电网对国家特许权招标建设的风电项目，及时签订购售电合同，全额收购风电上网电量，足额结算电费。加强风电配套电网建设，建立风电预测体系，适当增加电网的备用或可调节容量，建立风电并网技术标准。

第五，进一步深化电力体制改革。在实施特许权招标的风电场所在省区，推广实施已经国务院批准的节能发电调度办法，确保优先调度已建成运行的风电；开展电力调度机构独立研究和试点的前期工作；改革国有资产考核办法和指标，对国有发电企业考核单位资产利润率，对电网企业考核单位有效资产的过网电量。

重振光伏产业须靠国内市场

我国光伏产业面临严峻形势，既有国际市场需求减弱的影响，也与国内政策不配套导致的需求不足直接相关。当前，应通过扩大国内市场需求，消化现有光伏产能。适时调整政策，鼓励小规模、分布式光伏发电；在补贴总量有限的情况下，优化光伏发电的补贴政策；发展灵活、开放、安全的智能微电网，为光伏发电提供高效便捷的接入和结算服务；完善各部门协调机制，促进光伏产业摆脱困境。

光伏产业面临的严峻形势

近年来，在国际市场带动下，我国太阳能光伏产业快速成长。截至 2011 年底，光伏组件年产量达 2100 万千瓦，约占全世界当年安装量的 70%，连续 4 年位居世界第一。但是，作为一个高度外向型产业，光伏产业受国际金融危机影响，面临着前所未有的挑战。

2011 年下半年以来，我国光伏行业整体盈利能力急剧下降。2012 年第一季度，在国外上市的 10 家主要企业亏损 6 亿多美元。2010 年上半年，A 股光伏企业超过 80% 业绩下降。资本市场看空光伏行业，债务负担沉重。截至 2012 年上半年，我国最大的 10

家光伏企业债务累积超过1100亿元人民币。无锡尚德、江西赛维等骨干企业在纳斯达克的股价已跌至1美元以下，面临着退市、破产风险。贷款逾期现象普遍，仅国家开发银行2009年以来给光伏企业的信贷规模就超过了2600亿元，由此带来的金融风险也不可小觑。

我国光伏行业陷入生存困境，原因是多方面的。一是严重依赖国际市场。2011年我国光伏产业实现销售收入280亿美元左右。其中，出口额约258亿美元，对外依存度维持在90%左右，主要出口地为欧盟、美国、澳大利亚、日本等。随着美国“双反”惩罚性关税出台以及欧盟对华“双反”调查启动，我国光伏组件在国际市场的份额已大幅萎缩。二是国内光伏产能增长过快。2009年下半年以来，国内光伏组件生产商开始扩产，到2011年底全国总产能约4000万千瓦，而当年全球光伏市场安装总量仅2800万千瓦左右。全国光伏产能一半以上闲置。尽管如此，仍有100多个城市提出打造光伏产业基地，10多个城市提出打造双千亿光伏产业基地。三是国内市场尚未有效启动。2011年，国内光伏市场安装量220万千瓦，仅是全部光伏电池产量的10%左右。

国内光伏市场的突出问题

欧盟对华光伏的反倾销裁决的出台会让大多数企业处于生死存亡的边缘。有关部门和地方政府出台了财政、金融、税收等措施进行救市，虽然会有一定效果，但对于规模巨大的光伏产业仍嫌不足。在此形势下，唯有大幅度扩大国内市场需求，才是缓解全行业困境的根本出路。

我国大规模开展光伏应用的优势明显。我国太阳能丰富地区占陆地面积的 2/3，资源潜力远优于欧洲。光伏发电的经济性不断改善。“十一五”规划以来，光伏组件价格平均每年下降 25%，从 2006 年的 30~35 元 / 瓦，降至 2012 年的 5~6 元 / 瓦。在资源条件较好的地区，光伏电站的发电盈利点已普遍低于 1 元 / 千瓦时，将业界的预期提前了 10 年左右。国家高度重视光伏产业。建立可再生能源基金，实施“金太阳示范工程”等补贴光伏发电。截至 2011 年底，我国太阳能发电装机约 300 万千瓦，规划到 2020 年达 5000 万千瓦。尽管如此，大面积推广光伏发电仍面临着多方面的制约因素。

第一，指导思想上的问题。

光伏发电仍然延续了风电“大规模、高集中度开发，远距离、高电压输送”的思路，把开发的重点放在西北荒漠地区。西北 5 省区光伏发电装机 185 万千瓦，占全国的 60% 以上，主要都是大型光伏电站。西北虽然风光资源丰富，但本地市场消纳空间有限，要用特高压远距离输送到一两千千米外的华东、华中使用。由于太阳能发电具有随机性、间歇性的物理特性，年发电等效利用小时数只有火电正常情况下的 1/4 左右，大规模集中开发给电网调度运行增加了困难。加上输电线损和变损，电网购买这些新能源是很不经济的。从能源利用的一般规律看，分散稀薄的能源应当分散利用，如果集中利用代价会比较大。风电、太阳能发电就属于这种情况。欧美实行“小规模、分布式、低电压、就地分散接入系统”的模式，满足了大部分新增电力的需求。这种模式对电网主频率和电压等重要参数的影响甚小，更符合风电、光伏发电的特性和目前的技术水平。

第二，补贴效果不够理想。

一是“金太阳示范工程”。这一工程从2009年开始启动，对并网光伏发电项目按光伏发电系统及其配套输配电工程总投资的50%给予补助，偏远无电地区按总投资的70%给予补助，3年累计使用补贴资金约100亿元，有力支持了身处困境的光伏企业。但是，由于补贴办法是按申报事先拨付资金，很难控制设备质量、工程建设质量、实际并网规模、电站质量，特别是最为关键的发电量难以达到申报水平。补贴并未有效拉动光伏产品需求。

二是可再生能源电价附加。2011年，国家发展改革委发布了首个全国统一的太阳能光伏发电上网电价补贴政策，每千瓦时补贴至1.15元或1元。即超出常规火电上网标杆电价的部分，由销售电价中加收的可再生电价附加基金支付。可再生能源电价附加的标准，从最初的2厘/千瓦时，提高到2009年11月的4厘/千瓦时，2011年12月提高到8厘/千瓦时。按现行标准，理论上每年应收可再生能源基金约300亿元，由于各种减免政策政出多门，征收过程管理不规范，实际年收入不到200亿元。这些资金将主要用于风电补贴，约180亿元，其他用于电网接入系统工程、生物质能发电、垃圾发电、光伏发电等，总量严重不足。目前，基金补贴大量拖欠，风电只补贴到2010年第四季度。光伏发电能够使用基金的数量较少。

第三，缺少智能电网技术的有效支撑。

在发达国家，智能电网是为了适应多种电源形式、分布式能源（风、光等新能源和页岩气）发展，在用户侧兴起的电网建设和运行模式，被国际科技界谓为“第三次工业革命”。它以现代互联网为代表的信息和控制技术为基础，以最大限度利用不稳定供能的新能源为目标，具有高度的灵活性、可接入性和安全性，能够满足用户兼具发电和用电的特性。如，美日欧大规模实施屋顶光伏计划，很多家庭白天用屋顶光伏发电，除满足自己使用外，多余电力可以卖给电网；不足则从电网买电，形成了千家万户、星罗棋布使用光伏的格局。国外这些分布式电源点也正是我国光伏产品的主要客户。德国、意大利于 2011 年分别建成 750 万、900 万千瓦的（主要是屋顶）光伏项目。我国按照 1995 年通过的《电力法》，“一个供电营业区内只设立一个供电营业机构”。除了电力公司外，其他机构不得出售电力。这一规定显然落后于现代电力发展的趋势。近年来，国家有关部门和电网企业着力开发智能电网，主要目标是满足电力大规模、集中、远距离输送的需要，对如何向微网、分布式能源开放尚未提上日程。这在很大程度上制约了光伏产品在我国的使用。

开拓国内光伏需求的思路

我国光照资源丰富，光伏产品成本较低，国家政策大力支持。在外需不足的情况下，适时启动内需，时机已经成熟，条件基本具备，以下 3 项措施较有利于启动国内光伏市场。

第一，调整光伏发电发展思路。大力发展小规模、低电压、近消纳、直接接入配电网系统的分布式光伏发电。从投入产出效益和经济性、电网安全性出发，今后不宜在西部大规模开发光伏发电项目；而应在各地实施屋顶光伏工程，鼓励从事光伏发电的企业、工业园区、商业单位和家庭“自发自用、多余上网”。

第二，优化补贴资金使用。光伏发电与常规能源相比经济性较差，不具备竞争力，补贴规模决定了发展规模。要通过优化资金使用，以有限的补贴带动尽可能多的光伏发电。通过合理的制度安排和竞争机制，促进光伏发电成本不断下降，最终达到与常规发电可以竞争的水平。

一是建立光伏发电补贴的稳定来源。充分发掘现有政策潜力，取消各地自行出台的可再生能源电价附加减免政策，加强征收和使用各环节的管理，做到应收尽收。仅此一项每年可以增加可再生能源基金近 200 亿元，可专项用于支持光伏发电。原来基金中用于风电、生物质能补贴的金额可以基本不动。

二是改变补贴方式，放大带动效应。将光伏发电补贴方式，从补贴装机改为补贴发电量；从补贴发电端改为补贴用户端。补贴发电量可以避免虚报装机、以次充好。补贴用户端相当于直接替代销售电价水平，可以比补贴发电端提高效率数倍。如，目前光伏发电上网电价为每千瓦时 1 元，西部省份火电上网标杆电价普遍不超过 0.3 元，光伏发 1 度电国家要补贴 0.7 元左右。如果要维持这么大的补贴幅度，需要连续大幅提涨销售电价。这是我国目前经济社会难以承担的。我国东部和中部地区工业、商业用电实际价格水平在每千瓦时 0.8～1 元，如果每千瓦时补助 0.2～0.3 元，用户就有积极性采用分布式光伏发电。在西部发电端花 0.7 元只能补贴 1 千瓦时，到东、中部用户端同样的价钱可以补贴 3～4 千瓦时。

三是统筹集中使用光伏补贴资金。统一使用可再生能源电价附加基金中的光伏补贴、财政资金中用于“金太阳示范工程”等资金，每年可以达到近 300 亿元。这些资金如完全用于售电端补贴，按每千瓦时补贴 0.2～0.3 元计算，每年可补贴光伏发电量 1200 亿千瓦时（2009 年全国光伏发电量为 20 亿千瓦时）。相应装机 1.2

亿千瓦，是现有光伏装机的 40 倍，可以有效释放现有光伏产能。

四是通过招标竞争降低光伏补贴成本。光伏补贴是财政性资金，为达到补贴效益最大化，可以考虑在全国范围内对光伏发电的业主进行补贴招标，选择最低补贴的企业中标。这一措施有利于通过竞争淘汰光伏产业中的落后产能。同时，西部地区由于单位电量补贴较高将难以中标，可以限制在远离电力负荷的地区发展光伏发电。

第三，建设灵活、开放、安全的智能电网。电网要利用现代信息技术，为分布式光伏发电提供高效便捷的接入、结算服务。在完成电力市场化改革前，要按照国务院要求，全面实施节能发电调度办法，优先、全额调度光伏发电上网。适时修订《电力法》，取消“一个供电营业区内只设立一个供电营业机构”的规定，为分布式光伏发电上网扫清法律障碍。[①]

① 本文完成于 2012 年 10 月。

发展可再生能源应与补贴能力相适应

我国可再生能源（不含水能）迅速发展与国家补贴密不可分。今后，鼓励风能、太阳能、生物质能发电仍应适度补贴，但需防止补贴超出可支付能力。我国现有补贴机制不够完善，如不及时调整，可能会带来电价上涨压力，也可能会使财政包袱加重。建议进一步完善补贴政策，提高补贴绩效，在有限的补贴额度内，带动尽可能多的可再生能源发电。

国外可再生能源补贴的趋势

对可再生能源发电提供电价补贴是国际通行做法。截至 2012 年初，全球 65 个国家对可再生能源发电实施了上网电价补贴政策，德国、丹麦、西班牙、意大利、法国、葡萄牙等国的电价政策对本国可再生能源发电规模迅速扩大起到了重大作用。美国联邦范围内实施的生产税返还（2.2 美分 / 千瓦时），实际上也是一种电价补贴政策。

近年来，随着金融危机和欧债危机的深化，发达国家的补贴能力受到制约。加上可再生能源发电成本尤其是光伏发电成本下降显著，许多发达国家开始统筹考虑光伏发电补贴水平与发展规模问题。这导致国际光伏市场增速明显下降。

德国2009年开始实施发展总量与上网电价下降速度相关联的制度。2012年修订的《可再生能源法》规定，如果年新增光伏容量达到250万~350万千瓦，电价下降的速度为9%。超出这一规模，根据超出量的多少相应增加电价下降速度，最高达24%；反之，如果低于250万千瓦，根据低出的量多少相应减少电价下降速度，最低为3%。这一法律规定实际上表明，德国希望将光伏发电的发展速度控制在每年新增300万千瓦左右。

意大利采用补贴资金封顶的制度。具体规定：如果2012年光伏发电的电价补贴需求达到67亿欧元，就不再对2012年的后续项目提供电价补贴。这一补贴上限在2012年8月就已经达到，该国的光伏装机也随后趋缓。

西班牙受债务危机影响逐步降低并最终取消了补贴。西班牙2008年装机容量260万千瓦，位居世界第一。2009年，由于出现了金融危机，西班牙不堪补贴重负，大幅降低了电价补贴水平。随着债务危机进一步深化，2012年停止了对新建可再生能源发电项目的补贴。从发展规模上，西班牙2009—2011年仅新建110万千瓦，2012年以来光伏建设基本处于停滞。

我国可再生能源补贴面临的问题

我国通过建立可再生能源基金，以全网分摊的方式进行补贴，有力地促进了可再生能源的发展，但面临的问题也不容忽视。

第一，可再生能源电价附加无法足额征收。按规定，可再生能源电价附加除西藏地区免收外，其他各类用电全部销售电量（包括自备电厂用户和向发电厂直接购电的大用户）均应被收取。可再生能源电价附加标准最初为1厘/千瓦时。2007年调整至2厘/千瓦时;2009年调整至4厘/千瓦时;2011年12月1日调整至8厘/千瓦时(居民生活用电维持1厘/千瓦时水平)。2011年,全社会用电量4.7万亿千瓦时。如能全额征收,2011年当年应征收总额约200亿元,实际征收约100亿元。

第二,已征收资金和实际需求之间存在较大缺口。据估算,2011年应支付补贴资金208亿元,实际需求与征收资金量之间缺口达100多亿元。2012年应征收额度为400亿元,实际征收可能在200亿元左右。值得注意的是,2010年后可再生能源电价补贴延迟发放的时间越来越长,已经造成严重拖欠,企业之间形成大量“三角债”。

第三,实现“十二五”规划目标资金保障能力严重不足。按照已公布的规划,到2015年,风电将产生电量2000亿千瓦时,约需补贴400亿元;光伏发电装机3500万千瓦,当年产生电量500亿千瓦时,按每千瓦时0.5元计算,需补贴250亿元;生物质发电装机1300万千瓦,电量700亿千瓦时,需补贴280亿元;电网接入还需补贴100亿元。以上合计,2015年补贴资金不少于1000亿元。按目前每千瓦时8厘钱的补贴水平测算,即使做到应收尽收,2015年当年可用于可再生能源电价补贴的资金为480亿元左右,仍有500多亿元的资金缺口。

第四,国家面临涨电价与欠补贴双重压力。如果完全满足2015年规划要求的可再生能源补贴需要,加上弥补拖欠的补贴资金,预计需要在每度电中征收3分钱左右。由于目前可再生能源标杆电价补贴是依据企业所报的成本人为测算的结果,企业上报的成本越高,越是可以获得高电价。已定的标杆电价给可再生能源发电企业留出的利润超过了其他发电方式。可再生能源是一种随着规模扩大边际成本下降较快的产业，而标杆电价调整往往具有滞后性和被动性。可以预见，未来会有很多资金投向可再生能源，国家规划的规模可能大幅度突破。到那时，国家将面临两难选择，要么拖欠补贴，要么就涨电价。当前，我国经济增长的下行压力很大，电价上涨几分钱，将极大地影响企业的竞争力，也会冲抵国家结构性减税等措施给企业的优惠。特别是在能源需求增长放缓、能源供给保持增长的情况下，电价不降反升，也不符合市场规律。

第五，现有补贴机制可能使财政补贴负担加重。可再生能源项目大部分是地方核准，补贴却是由全网分摊，等于“地方请客中央埋单”。目前，国务院有关部门在正在研究的光伏产业发展政策中提出，国家“根据光伏发电发展的需要，及时调整可再生能源电价附加征收标准”“中央财政按季度向电网企业预先拨付补贴资金”。制定这一补贴机制的初衷是，通过增加补贴启动国内光伏市场；利用财政预拨的办法，解决电网不能及时向光伏企业拨付补贴的问题。这些政策总体上看是积极的，但对于可能产生的负面影响也不容忽视。这种补贴机制会给企业一个预期，即只要上光伏项目，国家就要给补贴；补贴不够就涨电价；补贴资金即便不到位，财政也会用预拨的方式兜底。考虑到电价上涨往往会受各种因素的影响出现滞后，如通胀压力、企业竞争压力等，一旦电价上涨不到位，财政预拨后很可能出现收支不能相抵的情况。在未来几年财政增支减收因素增多的情况下，这会是一个不小的新负担。

完善可再生能源补贴的建议

启动国内市场、发展可再生能源是必要的，但应当根据需要与可能，保持合理的规模，防止出现敞开口子补贴的现象。

第一，采用以补贴定规模的办法。改革现有可再生能源的补贴办法。今后新上风电、太阳能发电、生物质能发电项目，应在补贴资金已经明确落实的情况下进行核准，没有落实补贴的项目不能接入电网。这将有利于防止出现补贴不到位和过度补贴产生的负面影响。同时，可再生能源规模也将不再作为对地方和企业的考核标准。

第二，补贴规模应与经济发展形势相适应。为避免削弱企业竞争力，今后几年电价不宜大幅上调。为了落实“十二五”规划确定的各项可再生能源发展目标，有关部门和电网企业应通过可再生能源基金应收尽收、挖掘潜力解决。不宜用财政资金替电网预拨可再生能源补贴。

第三，建立单位补贴额度逐年降低的机制。为了提高有限补贴资金的绩效，应当对风能、太阳能发电普遍推行招标定价的方式，不再搞“高成本高补贴”的成本定价，而是通过竞争确定项目开发业主和发现价格，从而形成每千瓦时补贴额度逐年、逐批次降低的机制，使现有的补贴资金补贴尽可能多的电量，促进可再生能源上网价格尽快达到常规电力的水平。

第四，加强财政资金对科研环节的支持。鼓励企业研发先进技术，进一步降低可再生能源发电成本。①

---

① 本文完成于 2012 年 2 月。

第七章

核电：拿得出手的国家名片

核电是安全可靠、技术成熟的清洁能源。中国核电应该选择什么样的技术路线？核电发展的瓶颈在哪里？福岛核事故后我们还能再搞核电吗？怎样才能消除核电的安全隐患？

坚持发展三代核电技术

在落实国家关于核电发展的战略部署中，出现了“三代”与“二代加”项目的容量安排、空间布局上的矛盾，需要进一步统一认识，统筹协调，完善政策，促进核电产业健康发展。

发展三代核电技术的战略意义

第一，发展第三代核电技术是世界核电发展的大趋势。20世纪50年代核能和平利用以来，全世界核电发展经历了三代技术。目前，第一代技术已被淘汰。第二代技术在20世纪70~80年代大量发展，现在全球运行中的核电均为第二代机组，存在的问题是没有把防止和缓解严重事故作为设计基准，核电堆芯密度较高，单台机组运行一年期内出现堆芯烧毁这种严重事故的频率为 1×10^{-4} / 堆·年（万分之一），出现大量放射性物质释放到环境这种严重事故的频率为 1×10^{-5} 堆·年（十万分之一）。苏联切尔诺贝利和美国三哩岛第二代核电站发生重大事故后，核电发展几乎停滞了20年，世界发达国家已不再建设新的第二代核电站。安全、环保、可靠是当今世界核电发展的方向。第三代核电站按照IAEA推荐的新安全法规设计，把预防和缓解严重事故作为设计基准，安全指标优于第二代核电站两个数量级（即100倍以上），可以满足人们对核电安全的需要。目前，比较有代表性的第三代核电技术是美国西屋公司的AP1000和法国的EPR，均具备规模化推广的条件，安全、环保和可靠性能得到世界各国的广泛认可。目前，美国、法国、日本、韩国拟新建核电站共48台，均采用第三代核电技术。其中，美国新建24台，12台采用西屋公司AP1000技术，4台采用法国EPR技术。

第二，AP1000第三代核电技术符合我国核电发展的要求。AP1000除了安全、环保性能完全能够满足我国要求外，与“二代加”和其他第三代核电技术相比，还具有更优的技术先进性和经济合理性，更符合我国国情。一是技术先进并基本成熟。AP1000采用了先进的非能动安全设计理念以及模块化制造和安装技术，核岛主系统的反应堆、电机主泵、稳压器、蒸汽发生器等主设备，均为先进的成熟设备。需要试验验证的屏蔽电机主泵，在核动力航空母舰、核潜艇等系统中已有使用经验。二是规模化发展后具有良好的经济性。AP1000采用的非能动安全设计理念，使核电站冗余设备减少、工艺布置简化、建设周期缩短、运行和维修简便。规模化发展后，AP1000与第二代核电相比，建设周期缩短1/3，寿命延长20年，反应堆燃料元件换料周期延长1/3，经济优势十分明显。批量建造后单位造价有望控制在1500美元／千瓦以内，与第二代机型大致相当。

第三，引进AP1000第三代核电技术有助于我国走自主化核电发展道路。核电自主化发展事关国家安全，也是我国发展核电的重要目标。在世界核电技术交流合作日益密切的今天，我国的核电自主化发展，应当站在世界最先进的技术起点上，走引进消化吸收再创新、集成创新并逐步实现原始创新的自主化发展道路。

AP1000 是美国西屋公司历时 20 年倾力研制的最新核电机型，是设计理念先进、安全性强、经济性优越的第三代机型，获得了较高的公认度。引进 AP1000 第三代核电技术，在消化吸收的基础上实行再创新，可以确保我国未来核电安全性和技术先进性，创造自主品牌的核电机型，加快我国核电技术跨越式发展，实现自主设计、自主建设、自主制造和自主运营的核电自主化目标，达到优质、高速、经济、安全发展核电的目的。

第四，发展 AP1000 第三代核电技术是党中央、国务院的战略决策。党中央、国务院对核电发展高度重视。时任国务院总理温家宝曾明确指示，核电发展不能走错一步，必须安全可靠，要做到万无一失。在充分论证、认真权衡、反复斟酌基础上，经中央决策，国家做出了引进、消化、吸收美国西屋公司 AP1000 第三代核电技术的决定，拟在此基础上全面掌握第三代核电技术并实现再创新，形成较大规模批量化建设中国品牌第三代核电站的能力。同时，成立国家核电技术公司（简称国核技），作为第三代核电技术引进、工程建设、自主发展的主要载体和研发平台，牵头组织实施大型先进压水堆核电站（CAP1400）国家重大专项。此外，以“买容量”方式进口两套 EPR 型核电机组。国家明确了发展第三代核电技术的“三步走”战略：第一步是以外方为主，我方全面参与，建设浙江三门和山东海阳两个第三代核电技术自主化依托工程，2013 年左右建成投产 4 台 AP1000 核电机组。第二步是以我为主，在消化吸收、引进技术基础上，完成国产化 AP1000 的标准化设计，用于 4 台以上 AP1000 后续项目。第三步是全面完成自主设计创新，形成我国具有自主知识产权的 CAP1400 第三代核电技术，逐步实现批量化建设 CAP1400 核电站。

目前，AP1000技术转让和依托项目建设进展顺利。三门和海阳两大核电依托工程项目进入实施阶段，技术转让合同已签订并正在按计划执行，关键设备国产化工作有序推进，后续AP1000核电站建设项目的前期准备工作全面展开，CAP1400总体设计方案通过了西屋公司的初步评估。

第二代、“二代加”核电技术的地位和作用

目前，我国在役核电站包括秦山一期、二期、三期，田湾一期，大亚湾核电，岭澳一期，共11台机组，装机容量900万千瓦，均属第二代机型。总体上看，这些机组经济效益较好，很多运行指标已达到或接近国际先进水平。通过第二代机组的建设，有力地促进了核电技术的引进消化吸收，缩短了与世界先进水平的差距。目前，我国已具备30万千瓦和60万千瓦核电站主要设备的制造能力，实现了核电燃料组件制造国产化、系列化，核燃料生产基本配套，形成了一支门类齐全、专业水平较高的核电科研、建设和管理队伍，建设了核电科研与核电工程建设所需的各种试验设施,初步建立起比较完善的核安全管理和核事故应急体系。可以说，第二代技术在我国核电发展中发挥了重要作用，为我国核电下一步规模化发展打下了基础。

2007年，国家决定在引进消化吸收美国AP1000技术的同时，为使核电建设“不断档”，在大规模建设第三代核电站之前的过渡期，利用“二代改进”型（即“二代加”）核电技术，在沿海现有场址的基础上，填平补齐建设一些100万千瓦核电机组。这一举措有利于培养核电人才、积累制造和建设经验，及时增强电力供

给能力，调整能源结构，并为发展第三代核电创造条件。同时，应当指出，“二代加”技术从根本上看仍然属于第二代技术，还不能满足未来核电大规模发展，在安全上万无一失的高标准要求。目前，在建和要求建的“二代加”机组已超过30台，任其发展下去，就会对发展第三代核电技术在容量、设备制造、人才等方面形成挤压。因此，“二代加”核电发展规模不能过大，发展速度不宜过快。

加快AP1000第三代技术国产化

目前，我国一些地方新上核电项目的积极性较高。由于“二代加”起步较早，技术相对成熟，建设成本不高，不少地方热衷选择这一机型。同时，有关方面对引进消化吸收AP1000第三代核电技术和成立国核技的决策认识还不够统一，对其能否发展成为核电主力机型尚存疑问。对此，从国家核电发展长远利益出发，应当坚持以第三代技术为主的核电发展方针不动摇，加大AP1000第三代技术国产化的工作力度。

第一，加强核电安全准入监管。从确保核安全大计出发，进一步加强核电安全监管，充实监管力量，强化监管职责，按照国家核动力厂设计安全规定等核电安全法规要求，严格核电项目建设安全准入管理，防止违规建设核电项目。当前，在核电加快发展过程中，应把握好建设的步伐和节奏，防止一哄而上酿成安全隐患。

第二，搞好核电发展宏观管理。继续贯彻党中央、国务院关于积极发展核电和发展第三代先进核电技术的战略决策，加快引进消化吸收 AP1000 技术，积极推进第三代核电技术自主化依托工程建设，落实 AP1000 机组后续项目以及 CAP1400 机组厂址，为第三代机型的规模化建设创造条件。内陆地区人口稠密，从安全考虑不宜上“二代加”机组。研究提出 AP1000 机组开始大批量建设的时间点，达到此时间点时，所有新开工核电项目均应统一技术路线，采用 AP1000 和 CAP1400 机组。

第三，集中力量加快 AP1000 核电技术国产化进程。AP1000 的技术引进、消化吸收和再创新工作时间紧、任务重。应当充分发挥国核技的平台作用，充分调动中核总、中广核、中电投和清华大学等单位的积极性，发挥好核动力研究院、核工业研究设计院等科研机构的核电研发优势，各机构和单位之间应当互相开放、加强协作、形成合力，确保中央关于第三代核电自主化发展的决策部署顺利实现。

第四，加大对第三代核电技术引进和项目建设的政策支持力度。在充分考虑第三代核电技术发展的阶段性和技术经济特点基础上，对第三代核电机组实行首堆首套补助、国产化鼓励、环保补贴等优惠政策。对新建核电项目采用与用户直接交易的办法。同时，合理增加国核技的资本金，为第三代核电技术自主化发展提供资金保障。①

① 本文完成于 2009 年 1 月。

合理把握核电发展规模和节奏

2003年以来，我国核电进入了新一轮快速发展期。核电对安全性的要求远远高于其他能源产业，一旦出现核事故，不但当前核电发展的好势头将不复存在，而且会危及社会稳定乃至政局稳定，全球核电发展也将受到影响。因此，核电发展不仅要看到有利因素，而且应当高度重视各种约束条件，量力而行，稳步推进。在调整核电中长期规划时，积极稳妥地制定建设规模，合理把握开工节奏，防止一些地方和企业不顾客观条件，过多、过快开工核电项目；坚决落实中央决策，明确核电发展的技术路线；切实采取有效措施，缓解人才、装备制造、核燃料等制约因素；加强核安全监管，消除安全隐患；加快现代企业制度建设，调整企业组织结构，为核电安全稳步发展创造条件。

核电进入快速发展期，新上项目过多过快

我国核电从20世纪70年代起步，经过近40年探索，在技术研发、工程设计、设备制造、工程建设、运营管理等方面，积累了丰富经验，培养了一大批具有较高业务水准和实践经验的技术与管理人才，为核电发展创造了有利条件。

2003年，全国核电建设工作会议提出，核电要统一组织领导，

统一技术路线，引进国外先进技术，加快自主化建设。“十一五”规划提出“积极发展核电”的方针。为加强对核电建设的统一领导，我国成立国家核电自主化工作领导小组，并设立办公室。通过开展第三代核电技术国际招标，我国决定从美国西屋公司引进AP1000核电技术，建设4台核电机组；成立国家核电技术公司，作为引进、消化、吸收和再创新的平台，开发具有自主知识产权、中国品牌的先进核电站。

近年来，我国核电呈现加快发展势头。第三代核电技术引进消化吸收再创新进展顺利，大批核电项目开工建设，核电设备国产化率不断提高。截至2010年8月底，我国运营商用核电机组11台，装机容量907.8万千瓦。国家已核准核电机组32台，装机容量3486万千瓦。其中，已开工25台，装机容量2773万千瓦。已运营和核准的核电机组达4393万千瓦，超过国务院批准的2020年核电4000万千瓦的装机规模。

为了适应新的核电发展形势，能源主管部门提出对核电中长期发展规划进行较大幅度调整。新规划拟将2020年核电装机规模确定为7800万千瓦，是原规划的2倍；在建规模5000万千瓦，是原规划的2.8倍。比刚刚执行4年的规划目标翻了一番多。尽管如此，仍不能满足地方和企业加快发展核电的要求。目前，全国已完成核电厂址初步可行性研究，准备新上的核电项目总规模为2.26亿千瓦。东中西部地区都提出要上核电，不少省份由省委、省政府主要领导挂帅抓核电，不断向有关领导同志和能源主管部门提出希望将本省项目纳入规划；已经纳入规划的省份都要求提前开工。新上核电项目带来的巨额投资可以拉动GDP，但由于缺少足够的实施条件，项目开工和运行后会带来很多新问题，特别是难以保证核电长期安全。对此，应当予以高度重视。

核电安全发展存在的隐患

核电项目的建设和运营对安全要求极高。目前，在建和拟建项目的规模已经不小，人才、装备制造、核燃料、运营维护、资金投入等方面的配套能力绷得很紧。如果按照现在的发展势头，近期过多过快上马核电项目，将难以满足核安全的要求，有可能危及核电的长期健康发展。

第一，过多上马第二代机型带来长期风险。20 世纪 50 年代以来，全世界核电发展经历了第三代技术。第一代技术证明核能发电技术上可行，第二代技术证明核电在经济上可行。但是，苏联切尔诺贝利和美国三哩岛核电站两次重大核事故说明，第二代核电站的设计低估了发生严重事故的可能性。20 世纪 90 年代，美国和欧洲明确要求新建核电站必须在预防和缓解严重事故上满足一定条件，国际上把这类核电站看作是第三代核电站，其严重事故概率比第二代低 100 倍以上。

经过招标，我国选择了 AP1000 作为核电发展的技术路线。但是，由于 AP1000 首台机组开工建设 2 年后，即 2011 年才能批量化发展，国内很多地方和企业为了快上核电项目，纷纷选择了第二代改进型。这种机型缺乏预防类似切尔诺贝利和三哩岛核电站严重事故的安全措施。目前，国际上特别是发达国家新建核电厂大多采用第三代技术，已运行的 400 余座第二代或第二代改进型核电机组将在未来的 20 年左右陆续退役。只有我国还在大量批准新上第二代机组。如果在现有 9 个第二代机组厂址上继续扩建同样机型，第二代机组将达到57台5314万千瓦，运行寿期40～60年。这意味着20年后，世界上只有我国仍有大量设计安全水平较低的第二代核电机组在运行，安全风险远远高于其他国家。因此，批量建设第二代机组应十分谨慎，规模不宜过大，否则将长期承受核安全风险。

第二，人才资源稀释严重。核电建设需要大量高素质、有经验、专业化的工程技术和管理人员。电站投入运营后，两台百万千瓦级核电机组需要800～1000人的队伍，其中核相关专业需要约400人。近几年，随着大批新建核电项目开工，高端人才不断稀释，新人成长缺乏足够的培训和经验积累。虽然全国已有一批高校开设核学科和核专业，但一个学生从大学毕业到成为合格的核工程技术人员，需要4～8年，而要培养起安全至上的价值观，则需要更长的时间。与此同时，一批有经验的技术和管理人才陆续退休，核电行业普遍出现人才资源短缺。今后几年新上核电规模若超出人才供给能力，将为核电安全运行带来隐患。

第三，核电装备制造水平不高。经过多年努力，我国已拥有每年制造8～12套百万千瓦核电机组装备的能力，但产品质量不稳定、技术标准不统一的问题比较突出。我国核电装备企业以往主要制造常规电力设备，制造核级装备时安全意识不强、质量保证体系不健全，因为赶工期，导致重大质量问题屡有发生。一旦不合格产品装入电站，不排除今后会影响电站的安全运行。

第四，核安全监管能力薄弱。常规能源的安全责任主要在地方和企业，核安全责任是在中央。我国已向国际社会承诺，承担核安全的国家责任。但是，我国核安全监管工作在机构设置、人才、经费、技术基础等方面仍面临不少困难。国外核电大国的经验表明，平均每台核电机组需要的监管人力约在 30～40 人。即使经过调整，我国核安全监管的总人数仍然不到 1000 人，需要监管多国引进、多种堆型、多类标准的反应堆生产、建设和运营，人力资源严重不足。加上监管人员收入远低于核电站工作人员，直接影响了队伍稳定和优秀人才的汇集。核安全监管部门独立性不够，仅仅是环保部下属的一个司（对外称为国家核安全局），难以实施有效的独立监管。在核设施监管方面与国防科工局存在监管职能交叉重叠。作为世界上少数几个核大国之一，我国至今没有一部涉及核安全的基本法，更谈不上核安全法律法规体系。相对于迅猛发展的核电形势，监管能力不足会降低对核电建设和运营的外部约束。安全让位于发展，安全隐患必将增多，风险也会加大。

第五，核燃料供应与后处理能力不足。核燃料循环工业包括前端（核燃料获取、铀浓缩、燃料元件加工制造）和后端（乏燃料的后处理、放射性废物的处理与处置、铀和钚的回收）。我国核电站建设偏快，前端、后端能力较弱，而且在短时间内不可能大幅度提高生产能力。后处理技术是国际上为了防止核扩散而严格限制转让的敏感技术，从国外引进的代价很高。目前，国内仅有一座乏燃料后处理能力 50 吨的中试厂，新的后处理厂何时建设还不确定。这意味着今后二三十年,在役核电站将堆放过多的乏燃料。长此以往，对环境安全是不可忽视的隐患。

第六，行业投资风险加大。核电融资规模大、投资回收期长。按照目前的发展速度，到 2020 年核电需要新增投资规模在 1 万亿元左右。这还不包括在建的未投产机组。核电项目对资本金要求不高，主要核电企业在自有资金不足而又无法上市融资的情况下，将主要依靠高负债扩大投资规模。加上受制造能力的限制，可能出现项目拖期，将大幅增加企业的财务成本。目前，我国核电建设还未进入高峰期，核电业主的资金链就已经绷得很紧，未来投资风险不可小视。

第七，企业组织结构不够合理。我国有限的核电技术资源分散在中核、国核技和中广核，多种技术路线并存，难以集中力量消化吸收 AP1000 第三代核电技术。核燃料产业与核电业主合一，没有形成公平的市场竞争机制。从事第三代自主化的国核技缺少稳定的利润中心，影响队伍稳定和持续投入。由于复杂的历史原因，中广核与中核之间存在股权问题，成为两家企业持续发展的重要障碍。这种企业格局,影响了国家确定的统一技术路线的实施，核电企业超出自身能力和配套条件，争厂址、争资源现象十分突出，影响了核电的安全稳定发展。

在确保安全的前提下促进核电持续发展

为确保核电在安全的前提下稳步发展，我国核电规划调整应统筹考虑核电发展规模与人才、燃料、制造等方面的关系，处理好速度与安全的关系，适当控制核电发展规模，合理把握开工节奏，促进核电装机与相关产业的协调发展。具体有以下思考。

第一，在调整核电中长期规划时，核电发展目标不宜定得过高。经过近几年发展，核电在建和核准项目规模已突破 2006 年制定的规划。各方面对 2020 年核电装机规模的预期普遍超过 7800 万千瓦，大多数核电业主和配套企业是按照装机 1 亿千瓦以上制定自身发展规划。国外燃料企业已做好了大幅度提高燃料价格的准备。为了防止一些地方和企业不顾客观条件，过多、过快开工核电项目，建议通过规划调整国内外各方面对未来的预期，将2020年的运行装机容量控制在7000万千瓦以下，加上在建机组，总规模控制在1亿千瓦左右。在规划期内，国家根据需要与可能，实事求是安排建设规模和开工节奏，尤其要控制近期核电建设规模。

第二，在调整中长期规划时，坚持AP1000的技术路线。继续坚定不移地贯彻党中央、国务院的决策部署，集中力量进行AP1000核电站自主建设，加快国家重大专项CAP1400的研发与示范工程建设进程。今后，除已核准的第二代改进型机组外，新上核电项目原则上以第三代AP1000系列机组为主。

第三，加强核电人才培养。进一步搞好人才规划与核电发展规划的衔接。加强对高校有关核专业办学的统筹规划，建立完整的核工程专业教育体系。鼓励高校与核电企业合作培养核电人才，提高高校教育的针对性，缩短新人实际经验积累的时间。

第四，打破装备制造瓶颈制约。制定发布第三代AP1000和第二代改进型机组的设备设计与制造技术标准。提升制造企业的设计和制造水平，稳定产品质量。在目前设计能力短时间内无法与制造企业相结合的情况下，应提倡联合攻关，提高关键设备制造能力。

第五，提高核安全监管水平。把环保部管理的国家核安全局进一步做成实体局，使其成为具有权威性的独立监管机构。完善核安全监管立法、强化安全管理职能、保持技术先进性。

第六，提高核燃料供应和后处理能力。深化核燃料体系改革，建立独立的核燃料企业集团。加快实施燃料走出去战略，力争未来5~10年，在铀资源开发、铀浓缩、燃料元件制造和乏燃料后处理等关键环节取得重大突破。

第七，推进核电企业现代企业制度建设。重点整合技术资源，打造集核电研发设计、工程管理、核电业主、电站运营、寿期服务为一体的大型核电企业集团。理顺中核、中广核之间的产权关系，完善现代企业制度和公司治理结构，加快核电企业的集团化、专业化发展，有效提高国际竞争能力。[①]

① 本文完成于2010年9月。

中国如何避免福岛悲剧

2011年3月11日，日本近海发生里氏9.0级地震，引发强烈海啸，福岛核电站接连发生堆芯熔化和放射性物质泄漏的严重事故。3月16日，国务院总理温家宝主持召开国务院常务会议，听取相关汇报并做出4项决定。为贯彻会议精神，我们邀请有关部门、核电企业、院士学者召开会议，并组织力量收集信息、开展研究。研究表明，能动型安全系统失灵是造成福岛核事故的主因，非能动安全系统将成为核电发展的重要方向。近年来，我国采用能动安全系统的第二代核电机组上马得过多。对照最先进的安全标准，目前，所有在役核电机组和大部分在建、拟建的核电机组不同程度地存在差距。国家应当对所有核电项目进行一次清理，未开工的核电项目，条件允许的要坚决改用非能动安全机型AP1000。为了防止过多过快上马核电机组带来长期安全风险，到2020年核电运行装机容量应考虑控制在6000万千瓦左右。

确保核安全必须采用先进技术

从表面上看，此次日本核事故的起因是特大地震引发的海啸，是不可抗力造成的。但是，国际原子能机构认为，任何事故都是可以避免的，关键是要采用先进技术与进行科学的管理。因此，对核事故原因分析，不应停留在自然灾害层面，而应当从核电站安全系统技术特点等方面进行深刻反思。

造成此次福岛核事故，有企业应急措施迟缓、政府监管和反应不力等原因，但从根本上看，能动型安全系统失灵是主因。按照核电站的运行规则，出现事故后首先要实现停堆，然后将堆芯余热导出。这是确保核电站安全最关键的一步。如不能及时导出余热，就会发生堆芯熔化，严重的会引发爆炸、泄漏。在解决余热导出问题上，有两种技术路线：一是能动型安全系统，二是非能动型安全系统。能动型安全系统主要依靠外部电网或备用电源驱动，一旦全厂失电，冷却系统即告失效；非能动型安全系统不依赖电源，而是依靠重力、对流、蒸发、凝结等物质固有的自然规律带出余热。福岛核电站使用的是能动型余热导出系统，地震后反应堆实现了自动停堆，并利用柴油机驱动冷却系统工作。然而，一小时后，海啸摧毁了柴油发电系统，导致其后一系列严重事故。

20世纪六七十年代开发的核电站，包括压水堆、沸水堆、重水堆、石墨堆等，使用的都是能动型安全系统。这些电站占世界在役核电站的绝大部分。核电界早已认识到，能动型安全系统在失去电源时存在“不能动”的隐患，虽然出现的概率很低，但必须予以解决。苏联切尔诺贝利和美国三哩岛核事故后，美国和欧洲分别制定了核电用户要求文件（URD和EUR），明确要求新建核电站堆芯熔化概率和大量放射性物质向环境释放的概率，要比原有核电机组降低两个数量级，以预防和缓解严重事故。符合这一标准的核电技术被称为第三代核电技术。

经过长期探索，科学家对能动型安全系统作了很大改进，有的新建机型达到了第三代标准，如法国的EPR。同时，科学家开发出了不依赖电力的“非能动”核电技术，极大地提高了核电站的固有安全性，成为第三代核电技术的重要发展趋势。目前，具有代表性的机型有美国西屋公司开发的非能动先进压水堆 AP1000，以及通用电气公司（GE）与日立联合开发的经济简化型沸水堆 ESBWR，俄罗斯开发的半非能动型压水堆等。中国在第三代核电招标中，经过多方比选，引进了 AP1000 机型。一旦发生事故，可以在 72 小时内无须电源和人工干预而自动冷却，遇到类似日本这次自然灾害能够避免发生重大核事故。同时，在抵御恐怖主义、人为破坏核电站方面也有相当优势。此次事故表明，以非能动技术代替能动技术将是核电发展的主要方向，我国应当统一技术路线，坚持引进消化吸收 AP1000 技术，并自主开发新的机型。

一些人担心，AP1000 最早在 2013 年可以建成发电，在首堆没有建成、其他国家没有运行经验的情况下，我国批量建设 AP1000 是否可行。经专家研究认为，这是完全可行的。因为 AP1000 的核蒸汽供应系统（除主泵外）都是基于第二代的成熟技术，AP1000 与第二代的差别主要是安全系统。AP1000 的非能动型安全系统已在美国经过严格的台架实验验证，第二代技术能动型安全系统也是采用同样的方法进行验证，获得了美国核管会的审查批准。所有的核电安全系统，无论是传统的能动型还是新的非能动型，都无法进行事故实况下的破坏性试验。即便 AP1000 运行若干年，对验证非能动型安全系统也没有实质意义。国际上以往推出的新机型，都是在首堆建设的同时梯次推进、批量化建设。如法国的 EPR，在芬兰首堆建设的同时，在法国、中国、美国、印度进行批量化建设。我国 AP1000 依托项目一次建设 4 台，事实上已开始批量化。目前，美国已有 6 台 AP1000 项目签订了 EPC

总包合同,14台正在申请建造许可证。随着主泵耐久性实验的完成,AP1000进行批量化建设时机已经成熟,条件完全具备。

我国核安全面临的挑战

近年来,我国核电呈快速发展态势。与日本相比,我国在役机组数量较少,但在建、拟建机组数量较多,安全质量控制压力持续加大,核电发展配套能力、核安全监管和应急体系亟待加强,长期安全隐患不容忽视。

第一,采用能动型安全系统的第二代核电机组上马得过多。在这一轮核电发展中,2005年以来,国家已核准核电机组34台,装机容量3702万千瓦。其中,28台是第二代机型。另有16台机组已批准允许开展前期工作。其中,12台是第二代机型。其他上报国家能源局待批项目也大部分采用这类机型。这些第二代机组经过改造,与大亚湾最早使用的原型堆M310相比,安全性有所提高,但仍无法解决全厂失电后会出现的严重安全事故。这些机组开工时间晚,运营周期可长达60年。如果在2020年建成,要到2080年前后才能退役。在这期间,不仅第二代核电技术已经被淘汰,第三代核电技术也会逐渐落后,第四代具有固有安全性的核电技术将成为主流,甚至第五代可控核聚变核电技术也可能投入使用。由于世界各国现役第二代机组大多在未来20年左右退役,之后的40~50年中,我国将成为世界上核电安全风险最大的国家。

第二,核电安全状况与最先进的标准差距较大。国务院常务会议决定,要按照最先进的核电安全标准进行检查。专家一致认为,这一标准应当是国家核安全局发布的《核动力厂安全设计规定》（以下简称 HAF102）以及相关的 19 个导则。该标准与国际原子能机构和欧美现行的核电安全标准同步。对照 HAF102，除已开工建设的 4 台 AP1000 和 2 台 EPR 机组外，其他所有的核电机组均不同程度地存在差距，有的问题还比较严重。从历史运营记录看，尽管还没有发生严重的放射性泄漏事故，但大大小小的安全事件已发生多起，甚至出现过启动堆芯应急冷却系统的紧急情况。在正常条件下，大部分机组能够实现安全运行，但需要持续加强监督管理，区别不同情况进行处理。

第三，核电研发、制造、建设和监管力量跟不上。由于近年核电发展较快，极易造成安全隐患。主要是，有限的核电研发设计力量分散，影响了先进安全技术的标准化和推广应用。即使是二代加机组，也存在技术标准不统一、产品质量不稳定的问题。一些工程建设和装备制造企业安全意识不够强，质量保证体系不健全，重大质量问题时有发生。高端人才和专业人才不断稀释，有经验的技术和管理人才陆续退休，新人成长需要较长时间。乏燃料后处理能力薄弱，把过多的乏燃料储存在核电站，会面临福岛第一核电站 4 号机组乏燃料池放射性泄漏的潜在风险。尤其是核安全监管能力严重滞后，国家核安全局和国防科工局从事安全监管的人员数量不足，监管人员待遇远低于核电站工作人员，增加了吸引人才、稳定队伍的难度。

确保核电安全发展的政策措施

从核电发展历程看，每一次重大核事故都带来了核电技术的升级，日本福岛核事故也完全可以成为开发应用更安全、更先进核电的动力和契机。当前，我国核电发展总体形势良好，虽然存在一些安全隐患，但不能因噎废食，应当坚持“十二五”规划确定的“在确保安全的基础上高效发展核电”的方针，坚决贯彻落实国务院常务会议决定精神，按照安全第一、质量第一的原则，用最先进的标准对所有的核电设施进行安全评估，加强核电设计、建设、运营的全过程管理，消除一切隐患，确保万无一失。

第一，加强核电建设的统一管理。为贯彻中央关于核电发展的战略部署，防止各地不顾条件，过多、过快地上马核电项目，对已核准和批准开展前期工作的核电项目应当进行一次清理。所有未开工的核电项目，经评估后，条件允许的要坚决改用 AP1000 机组。今后，所有核电项目开展前期工作，由国家能源局提出建议，由国家发展改革委核报国务院批准。初步估计，在已核准的 34 台机组中，有 4 台尚未颁发开工许可证，其中 2 台可以考虑转为 AP1000 机型。已批准开展前期工作的 16 台机组中，有 10 台可以考虑转为 AP1000 机型。

第二，开展核设施安全对标检查。此次安全检查中应明确，安全标准是 HAF102 及相关 19 个导则。考虑到 2010 年国家已经组织过对核电的运营安全和建设安全的检查，此次检查的重点是，对核电站的设计进行对标检查，从根本上摸清核安全家底。此项工作应由国家核安全局牵头组织独立专家委员会进行审查，而不宜由企业自查。根据对标差距，分类采取处理措施。对于存在严重隐患的核设施，要立即停建或关闭。对存在一定隐患，可以改进的核设施，要限期整改。对在役、在建、拟建核电站厂址发生极端灾害事件的概率进行评估，提出应对措施。

第三，合理把握核电发展规模和节奏。为了防止过多过快上马核电机组带来长期安全风险，在调整核电中长期规划和编制核电安全规划中应当明确，到2020年，我国核电运行装机容量控制在6000万千瓦左右。今后，新开厂址和现有厂址的后续项目，均采用非能动型安全系统的AP1000系列机组。与此同时，加强大型先进压水堆重大专项研发和示范工程建设力度，尽快批准CAP1400开展前期工作。大力推进第四代核电技术研发与示范。积极参与国际热核聚变实验堆（ITER）计划合作，加快可控核聚变技术研究。

第四，强化核电配套能力建设与核安全监管。统筹考虑核电发展规划与人才、燃料、制造等方面的关系，促进核电装机与相关产业的协调发展。充实国家核安全局力量，使其成为具有权威性的监管机构。加快核电应急管理体系建设，核事故应急系统与核电日常管理工作应当在机构和人员上统一起来。定期开展应急演练，确保所有应急对策与措施始终处于有效状态。总结日本福岛核事故的经验教训，结合我国实际情况，修订完善《国家核应急预案》。

核电走出去须破解五大难题

核电是安全可靠、技术成熟的清洁能源。21 世纪以来，世界上很多国家开展了新一轮核电建设，主要核电强国都在进行国际市场开发和技术出口战略布局。我国是世界上少数几个具有完整核工业体系的国家之一。近年来，国内核电装机和在建规模迅速扩大，核电走出去取得初步成果。但是，我国毕竟是核电行业的后来者，能否在国际竞争中取胜，关键还要看“内功”是否过硬。当前，应着力解决好以下突出问题。

降低核电走出去融资成本

核电走出去的目的地国在选择建设合作伙伴时，一般对融资成本，特别是核电出口国能否提供灵活、优惠的融资条件十分看重，甚至会影响到核电项目的最终决策。

第一，我国核电企业国内融资成本偏高。韩国 2009 年中标约旦核电项目，所提供贷款利率为 2%。俄罗斯为竞标阿根廷核电项目，向阿方提出的融资方案中，愿意提供 56 亿美元贷款，利率为 1%。目前，美、日、韩等核电强国对核电项目 15 年长期出口信贷美元利率为 3.18%。我国对核电长期出口信贷美元利率没有明确规定，一般情况下企业能够获得的长期出口信贷美元利率在 5%~6%，与国际同行相比处于较大劣势。

第二，贷款来源渠道较单一。核电企业走出去主要依靠中国进出口银行“两优”贷款[①]和商业贷款。政府优惠贷款额度较低，而核电项目投资规模巨大，贷款规模难以满足核电走出去的需求。此外，一些目标国家不在“两优”贷款目录内，难以申请使用“两优”贷款。出口信用保险费率偏高，进一步提高了整体融资成本。

第三，股权融资难度较大。国家设立的股权性投资机构单个项目投资规模有限，对短期回报要求较高，而核电项目建设周期长，前期没有回报，难以满足股权投资机构的收益要求。

为满足核电走出去大额、长期、低息融资的需要，需要着力解决融资难、融资贵问题。

一是内保外贷、借船出海。即由国内母公司向国内银行担保，国内银行为该公司在境外的子公司出具保函，该银行的境外分支机构为子公司提供融资业务。目前，国家外汇管理部门对各商业银行的内保外贷业务进行额度控制。在加强风险防范的前提下，外汇管理部门应当增加一定额度专门用于支持核电项目走出去。

二是加强出口信贷支持力度。对核电出口信贷利率给予优惠，降低企业融资成本，提供与美、俄、日、韩等主要核电出口国相比有竞争力的出口信贷。

三是经有关部门批准，允许核电企业境外公开发债。

四是用活外汇储备。用好主权投资平台，增加外汇储备注资认购核电企业定向债券。向政策性银行、出口信用保险公司注资，定向用于核电项目走出去业务。对用于走出去的外汇储备资金，

① 中国援外优惠贷款和优惠出口买方信贷，是中国政府给予发展中国家政府的优惠性资金安排，中国进出口银行是中国政府制定的“两优贷款业务唯一承办行”。

在政策性银行、出口信用保险公司和国家主权投资平台中运营的资金，单独核算、封闭运行、定额定效。

五是加大财政支持力度。设立核电走出去专项国家财政补贴，用于企业银行贷款贴息、保费补助、资本金投入补助、支持“首台套”装备走出去等事项。

六是提供税收优惠。对核电技术和装备走出去执行免税或出口退税政策，修订与有关目标国家之间的税收协定，避免双重征税。

加强核安全监管合作与监管能力建设

目前很多有意向发展核电的国家，特别是一些发展中国家，无论核安全监管能力，还是体系建设，都是空白。我国拥有与国际接轨的核安全监管法规体系和监管模式，在核设备监管、现场监督、辐射环境监测等方面，已经接近核电发达国家水平。通过监管合作，帮助目标国家培养本国的核安全监管能力，建立核安全体系，对于未来在这些国家获取项目、输出核电技术有重要意义。建议核安全监管部门与核电主管部门、外交部门协调，确定一批重点合作对象国，将核电监管合作纳入双边外交工作的议题。

相对迅猛发展的核电形势，我国核安全监管也存在薄弱环节。主要是监管立法滞后、机构独立性不够、人力和经费不足、核安全研究能力有限、核安全国际交往和国际合作经费短缺等问题还十分突出，尤其是国家核安全局不是实体机构，会影响我国核安全监管的独立性和公信力。

我国监管能力建设应当同国内核电发展速度与核电走出去的要求相适应。当前，有必要加快《核安全法》立法进程，加大核安全监管能力建设的投入，恢复设立具有权威性的独立监管机构，提高核安全监管人员待遇。加快核安全研发平台建设，建立健全核安全设备检验体系，完善对重点核设施全生命周期监管。

提高核电标准国际认可度

核电涉及敏感技术，各国的核电发展政策不同，监管和认证体系也不一样，不同标准规范之间的互认性较差。福岛核事故后，国际社会对核电的安全性要求更高，在事件叠加、严重事故预防和缓解措施等方面提出了比以往更严格的要求。国际上现有的核安全法规、标准和规范在不断进行修订和完善。

我国核电标准是核电技术发展、国家监管、国内装备制造水平、工程建设领域管理和技术发展相协调的产物，尚未形成配套体系。核电安全标准存在着国际标准、国内标准、第三国标准规范混用的情况。目前，我国核安全技术法规主要依据国际原子能机构推荐的核安全标准制定，核工业标准和规范主要采用美国机械工程师协会（ASME）规范或法国核电设计建造标准（RCC）系列规范。国内核工业标准正在按照上述美、法两国规划制订中。这些标准在支撑国内核电项目时，通过参建各方及国家监管部门的协调沟通，可以满足工程建设需要。一旦用于支撑出口项目，面对外方对“中国标准”与国外标准差异的质疑，很难给出准确、有力的答复。

我国核电标准国际认可度不高，距离支撑核电走出去的需要还存在差距。国家能源局、国家核安全局、国家标准委等有关部门与核电企业在标准制定上应加强协调，全面开展我国核工业标准与美、法两国核工业标准规范的对比工作，以便在走出去过程中采用我国核工业标准。同时，参考美国、法国权威的第三国标准。

核电堆型设计标准化问题也应尽快提上日程。目前，我国尚未对同一机型制定统一的设计标准与设计规范。核设施营运单位或工程公司在设备采购时执行的标准不完全相同，给制造企业的标准化、批量化生产带来一定困难。这对安全管理也是重大挑战。如中核、中广核订购同样的机组部件，不同企业、不同机型的设计尺寸不同，企业每生产一件就必须重新设计、重新试验。现有的几大核电装备制造企业必须分别满足不同业主、不同机型的差异性需求，制约了批量化和系列化发展。

建议核电主管部门组织力量，加快标准编制。一是尽早实现“华龙一号”堆型设计、施工设计、设备制造的标准化，防止出现两大公司两条“龙”。二是在充分吸收依托项目建设经验的基础上，逐步固化 AP1000 设计，形成标准化设计方案，并在相关核电企业之间共享，为批量化发展创造条件，防止出现 3 个公司 3 个 AP1000 系列。

推进国内核电建设稳步发展

2003 年召开的全国核电建设工作会议提出，核电要统一组织领导、统一技术路线，引进国外先进技术，加快自主化建设。经过“十一五”规划和“十二五”规划期间规模化发展，我国核电产业的研发设计、建安施工、装备制造、运营管理等方面能力显著提升。AP1000 项目在国内已经批量开工。2015 年 10 月，经国家核安全局评审，多年困扰 AP1000 的主泵技术问题已经解决，为新上 AP1000 项目扫清了障碍。我国自主研发的“华龙一号”签订了两个出口合同，5 个合作框架协议。CAP1400 得到南非、土耳其等国家的高度认可，谈判取得实质性进展。核电走出去已经有了良好的开端。

我国要在国际核电市场占有一席之地，必须在本国的应用开发上达到较高水平，并保持相对稳定的建设节奏。

一是推进已批准的“华龙一号”项目建设，进一步夯实自主技术基础，为走出去创造条件。

二是坚持 AP1000 技术路线，加快后续项目审批。据初步统计，“十三五”规划具备开工条件的 AP1000 厂址有 10 个，共 32 台，总装机容量可达 4000 万千瓦。这些机组可以考虑按每年 5~8 台的速度开工。在“十三五”规划期间再批准一批 AP1000 项目开展前期工作，为“十四五”规划做准备。

三是建议尽快核准具有自主知识产权的 CAP1400 示范项目，在“十三五”规划期间批量建设，成为走出去的主力机型之一。

四是有序推动湖北咸宁、湖南桃花江、江西彭泽等内陆核电项目。“十三五”规划期间可考虑内陆核电项目零的突破。

五是为了保证核电的经济性，加大对绿色低碳能源的支持，应进一步明确核电的基荷地位，按照节能低碳电力调度原则，电网企业对核电电量全额收购上网。

建立集中高效的核电决策体制

我国核电建设取得的成绩与党中央、国务院的高度重视和集中统一领导是分不开的。1983 年，国务院成立核电领导小组，当年秦山和大亚湾核电站开工，投产后又相继建设8台机组。之后因各种因素和缺乏高层统一领导机构，核电建设停滞。2003年，国务院成立国家核电自主化工作领导小组，至2011年共开工建设31台核电机组。后来国家核电自主化工作领导小组变为重大专项领导小组，不再由国务院领导同志担任负责人，领导小组的职能逐步弱化。2011年以后，我国总结了日本福岛核事故教训。近两年重启核电项目建设，但新核准开工的核电项目偏少。这里固然与技术路线、厂址等方面的争议以及公众接受度等因素有关，但缺乏集中高效的核工业高层决策体制也是重要原因。

新形势下，我国有必要进一步提高核电工作的协调层次，在国务院层面建立核电建设和走出去领导机制，统筹协调能源、核电监管、国防科工、三大核电企业等部门和相关企业，以及项目融资、燃料、工程建设、装备制造、项目运营等环节中的重大问题，在国内核电建设和走出去中形成合力。

第八章

绿色发展：何时梦圆中国？

能源粗放利用是环境恶化的重要原因。节能减排与环境保护是什么关系？我国节能减排的主要政策是什么？节能环保手段面临什么样的挑战？哪些体制因素影响了绿色发展？

节能减排和生态环保的使命与任务

节约资源和保护环境是我国的基本国策。时任国务院总理温家宝在第十一届全国人大五次会议上所做的《政府工作报告》中强调，我们要用行动昭告世界，中国绝不靠牺牲生态环境和人民健康来换取经济增长，我们一定能走出一条生产发展、生活富裕、生态良好的文明发展道路。[82]

节能减排

“十一五”规划纲要第一次把节能减排列为约束性目标。5年中，我国以能源消费年均6.6%的增速支撑了国民经济年均11.2%的增长。这种情况不论在新兴市场国家还是发达国家都是少有的。2011年，节能减排工作取得新的进展。国务院发布实施“十二五”节能减排综合性工作方案和控制温室气体排放工作方案。清洁能源发电装机达到2.9亿千瓦，比上年增加3356万千瓦，5000多万千瓦新增燃煤发电机组全部安装脱硫设施。加大对高耗能、高排放和产能过剩行业的调控力度，淘汰落后的水泥产能1.5亿吨、炼铁产能3122万吨、焦炭产能1925万吨。

当前，节能减排的形势还相当严峻。从客观上看，我国能源消费总量已经很大，能源需求还在较快增长。产业结构不合理，高能耗、高排放行业比重偏高。节能减排的能力、手段明显不足，基础薄弱。一些投入少、见效快的节能减排措施已经实施，进一步挖掘潜力的难度加大。从主观上看，还存在思想认识不深入、责任落实不到位、政策措施不落实、监督检查不力、激励约束不强等情况。一定要从战略和全局的高度，充分认识节能减排的极端重要性和紧迫性，增强忧患意识、危机意识和责任意识，坚持不懈地推进节能减排。

2012 年是“十二五”规划承上启下的一年，做好节能减排工作必须思想不动摇，工作不松懈，力度不减弱，步伐不放缓，继续把节能减排作为调结构、扩内需、促发展的重大举措，作为减缓和适应全球气候变化、促进可持续发展的有效途径，全面落实“十二五”节能减排综合性工作方案，务求取得预期成效。

第一，坚持以科技创新和技术进步推动节能减排。科学技术是第一生产力，也是节能减排的第一推动力。节约能源不是简单的减少使用，也不能降低居民生活质量。根本上要通过采用先进技术提高能源利用效率。为此，要加快建立节能减排的技术支撑体系，选择一批关系全局的重大技术项目，攻克一批共性和关键技术，引进消化吸收一批国外先进节能减排技术和管理经验。在国家、部门和地方相关科技计划和专项中，加大对节能减排科技研发的支持力度。加大节能减排技术产业化示范和推广应用，建立相关技术的遴选、评定及推广机制。实施节能改造等四大节能重点工程，重金属污染防治等四大环境治理重点工程，资源综合利用等七大循环经济重点工程。通过科技创新和技术进步，为节能减排提供强大而持久的动力。

第二，加强节能减排能力建设。加强基础工作和能力建设是有效推进节能减排的前提。要健全标准体系，抓紧制定完善能源消耗、污染排放方面的强制性国家标准和设计规范，鼓励地方依法制定更加严格的节能环保地方标准。改进统计监测，加强能源生产、流通、消费统计，完善统计核算与监测方法，提高统计信息的准确性和时效性。根据污染排放新特点，修订完善减排统计监测和核查核算方法，统一标准和分析方法，实现监测数据共享。通过强化能力建设，为“十二五”规划节能减排目标的实现提供有力保障。

第三，推进重点领域节能减排。目前，我国年耗能1万吨标准煤以上的重点用能单位约有17000多家，占能源消费总量的60%以上。对重点用能单位加强管理的潜力大、见效快，又不需要大量物质资金投入，是节能减排的有效途径。要开展万家企业节能低碳行动，对重点用能单位的生产经营活动进行科学的管理、组织、控制，以大幅度降低能耗、减少排放。工业、建筑、交通是能源消费的主体。工业领域要严格执行高耗能、高排放行业的准入标准，全面推行清洁生产，加强重金属污染防治，从源头和全过程控制污染物的排放。建筑节能要科学合理改造已有建筑，积极发展绿色建筑、智能建筑，最大限度地节能、节地、节水、节材。交通节能减排要重视发展公共交通，统筹发展和优化运用多种运输方式，逐步提高机动车排放标准，积极推广节能与新能源汽车。随着人民生活水平的提高，生活用能成为增长最快的领域。要推广使用经济高效的节能产品，提倡绿色低碳消费，反对奢侈浪费，鼓励引导城乡居民形成节能环保的消费模式和生活方式。各类公共机构要严格遵守节能减排的各种标准和规范，发挥示范带头作用，国家机关要成为节能减排的表率。继续大规模开展植树造林，增加森林碳汇，减少温室气体排放。

第四，完善节能减排长效机制。节能减排要深入持久地开展下去，成为每个用能主体的自觉行动，必须有相应的体制机制作保障，形成强有力的激励和约束机制。为此，要完善财税金融政策。加大财政资金对高效节能产品推广、环境污染治理的支持引导作用。落实支持节能减排的税收优惠政策，积极推进资源税费和环境税费改革。调整进出口税收政策，遏制高耗能、高排放产品出口。建立银行绿色评级制度，引导金融机构加大对节能减排项目的支持。加强节能发电调度，优先安排清洁、可再生能源和高效节能火电机组等发电上网。落实电力需求侧管理，规范有序用电。推行合同能源管理，扶持壮大节能服务产业。在试点的基础上逐步建立碳排放交易市场。推进污水垃圾处理设施建设与运营市场化。

环境保护

“十一五”规划首次将主要污染物减排列为约束性指标，经过努力，化学需氧量和二氧化硫排放量 5 年分别下降 12.45% 和 14.29%，超额完成了任务，成为贯彻落实科学发展观的一个亮点。在应对国际金融危机、扩大国内需求时，国家也没有放松对环保的要求。新增 4 万亿元投资中，有 2100 亿元直接投向了节能环保和生态建设，所有新上项目都严格执行了环保标准，为转变经济发展方式做出了贡献。2011 年，环境保护工作又取得了新进展。2011 年前 3 个季度，化学需氧量、二氧化硫排放量继续下降，全年下降比例约为 2%左右，超过减排 1.5%的目标。重金属污染等严重损害群众健康的突出环境问题有所遏制，重点流域区域污染防治不断深化，农村环境整治和生态保护得到加强。

当前，我国正处于经济转型的关键时期，经济发展方式仍然比较粗放，产业结构和布局还不够合理，经济发展与资源环境的矛盾十分尖锐。目前，全国1/5的地表水为劣V类，京津冀、长三角、珠三角等城市群灰霾天气增多，农村面源污染加剧，土壤污染影响食品安全，重金属、化学品、危险废物、持久性有机污染物等环境问题凸显，危险化学品污染突发事件时有发生，严重损害了人民健康和发展环境。不少地区生态损害严重，生物多样性锐减，生态系统功能退化。随着我国温室气体排放总量位居世界前列，国际上要求我国承担更多减排责任的呼声越来越高。必须增强责任感和紧迫感，充分认识新形势下进一步加强环境保护的重大意义，把思想和行动统一到中央的决策部署上来。

“十二五”规划期间，国家将主要污染物减排的约束性指标由两项扩大到4项，减排领域从工业扩展到交通，从城镇延伸到农村。这要求在“十二五”规划的5年，既要消化污染增量，又要削减污染存量，难度非常之大。做好环境保护工作，必须贯彻落实国务院加强环境保护重点工作的意见，切实解决损害群众健康的突出环境问题，2012年要着重做好以下几方面工作。

第一，全力完成年度主要污染物减排任务。2012年污染减排任务是：与2011年相比，二氧化硫、化学需氧量排放量分别减少2%，氨氮排放量减少1.5%，氮氧化物排放量为零增长。完成这个任务十分艰巨，要抓紧分解目标任务，完善各项措施，严格控制增量，加大考核问责力度。要把结构减排放在更加突出位置，继续强化工程减排和管理减排。加快污染物治理、重点治污工程、烟气脱硫脱硝、污水处理设施建设，加强机动车减排，开展农业和农村污染减排。严格监管，保证治污设施正常运行，挖掘治污潜力，提高治污效率。

第二，优先解决损害群众健康的突出环境问题。国务院已经发布新修订的《环境空气质量标准》，新标准增加了 $PM_{2.5}$ 和臭氧（O_3）8 小时浓度限值监测指标。2012 年在京津冀、长三角、珠三角等重点区域及直辖市和省会城市进行监测，到 2015 年覆盖所有地级以上城市。2016 年 1 月 1 日起，全国各地都要按照该标准监测和评价环境空气质量状况，并向社会公布监测结果。要组织力量，对 $PM_{2.5}$ 和 O_3 形成机理进行研究。进一步加大污染治理力度，切实改善大气环境质量。重金属污染对人民群众尤其是儿童的身体健康损害很大。要对重点防控地区、行业和企业进行集中治理，对不达标企业，一律停产整顿，直至关闭取缔。要进一步提高饮用水水质达标率，坚决禁止向饮用水水源地排放污染物。土壤是食品安全的第一道防线，唯有净土，方能洁食。要开展农村环境综合整治，扩大以奖促治范围，减少农村面源污染。

第三，着力推进重点流域领域污染综合防治。坚持让江河湖泊休养生息，改善水环境质量。毫不松懈地抓好饮用水环境安全保障工作，严格饮用水水源保护区划分和管理。加快实施《地表水环境质量评价办法》，研究出台加强农村饮用水源保护的政策和措施。推进重点流域水污染防治。以联合治污为突破口，改善渤海和长江、黄河、珠江等河口海域环境质量。系统布局湖泊保护工作，实施择优保护和一湖一策，建立目标责任制和绩效评价制度，切实发挥中央财政湖泊生态环境保护专项资金的引导带动作用。加强城市恶臭、噪声和餐饮油烟污染控制管理。强化企业环保核查和后督查。

第四，加快环境科技创新。解决环境问题，出路在科技，关键在人才。要把科技创新放在突出位置，切实提高科技对环境保护的支撑能力。大力推进水体污染控制与治理、区域性大气污染综合防治、土壤污染修复与治理、重金属污染综合防控等重大环境科技专项。把自主创新与引进消化吸收结合起来，力争在共性技术、关键技术、核心技术上取得突破。要千方百计用好现有人才，创造条件吸引国内外优秀人才，培养和造就一支高水平的环境科研队伍。完善环境科技体制机制，充分发挥政府的引导作用和企业在科技创新中的主体作用，依托国家重点实验室、工程技术中心和企业技术创新平台，提升环境科研能力。加快推广环境科研成果，加大环保技术装备研发力度，努力提升国产化水平，不断降低治理成本，提高环保工作成效。

第五，全面落实环境保护责任。环境保护是政府职责的重要部分，也是加强社会管理和提供公共服务的重要方面。各级地方政府要对本辖区主要污染物总量削减、环境质量和环境安全负责。切实加强环境执法和应急管理工作。深入开展整治违法排污企业、保障群众健康环保专项行动。开展环境执法绩效评价试点，完善区域环境督查工作机制和部门联动执法机制。完善防范风险与应急管理工作机制。提高环境应急监测处置能力，妥善处置各类突发环境事件。企业是污染排放的主体，也是污染防治的责任主体，要鼓励企业加大环保投入，完善环保设施，严格遵守环境法律法规，切实承担保护环境的社会责任。

生态建设

2011年，我国生态建设与保护成效明显。实施天然林保护二期工程并提高补助标准，实行草原生态保护奖补政策，开展湖泊生态环境保护试点。植树造林9200多万亩。京津风沙源治理工程完成治理任务1140万亩。石漠化治理工程正式启动，建设范围扩大到200个县。历史和现实告诉我们，生态兴则文明兴，生态衰则文明衰。维护生态安全，贵在实践、重在落实。2012年重点要做好以下几项工作。

第一，继续深化林业改革。集体林权制度改革是将家庭承包经营制度从耕地拓展到林地，是调动亿万农民积极性、构建绿色生态屏障的重大举措。2012年，要巩固成果、全面完成发证任务。要切实减轻负担,放活经营权。积极稳妥地推进林木采伐制度改革。继续加大政策扶持力度，全面落实财政扶持政策和金融保险支持政策，以及强林、惠林、富林的各项补贴政策，逐步提高生态公益林补偿标准。推动各地因地制宜地发展林下经济，培育各具特色的林下主导产业。加强合作组织建设，使各类生产要素通过合作组织这个通道顺畅地进入林业发展的各个领域。

第二，稳步推进造林绿化。认真落实《全国造林绿化规划纲要》，全年计划安排造林任务9000万亩，森林抚育8000万亩，低产林改造2500万亩，义务植树25亿株。抓好中央财政造林补贴试点、碳汇造林试点和能源林建设项目。认真实施林业重点工程。抓好天保工程政策落实，巩固和扩大退耕还林成果。认真实施三北防护林五期工程，扩大百万亩人工林基地建设试点。启动长防、珠防和太行山绿化三期工程。突出抓好防沙治沙工作，推进京津风沙源治理工程、石漠化治理工程和全国防沙治沙综合示范区建设。

第三，切实加强资源保护管理。加强以林地为核心的森林资源保护管理，着力推进县级林地保护利用规划编制、林地落界等工作。开展森林资源管理执法检查，加大案件查办督办力度，严厉打击各类涉林违法犯罪行为。加强湿地保护与恢复，基本完成第二次全国湿地资源调查，开展国家重要湿地确认和湿地生态系统健康价值功能评价试点。加强野生动植物保护和自然保护区建设管理。继续做好第二次全国陆生野生动物、重点保护野生植物资源调查和第四次全国大熊猫调查，制定圈养大熊猫、华南虎等珍稀濒危物种繁育计划。调整发布国家重点保护野生动物、野生植物名录，出台有关野生动物驯养繁殖、猎捕、经营利用管理办法。

第四，全面增强应急能力建设。强化森林防火工作，推进防火实用技术和专业装备研发推广，提升防火工作现代化、标准化和信息化水平。强化林火监测和火险预警响应，健全宣传教育、火源管控和分级响应机制。强化应急处置和责任落实，加强应急指挥体系和专业消防队、武警森林部队、森林航空消防能力建设。加强野生动物疫源疫病监测防控。做好沙尘暴监测预警工作，完善沙尘暴灾害应急体系建设，做好沙尘天气信息报告、发布和应急处置工作。[①]

① 本文完成于2012年3月。

节能环保手段面临挑战

当今中国，节能减排和环境保护的重要性已提到前所未有的高度。2000年，国务院在《全国生态环境保护纲要》中提出了一个不算太高的要求，“遏制生态环境恶化的趋势”。十多年来，从中央到地方出台了大量政策，相关主管部门无论是经费、人员，还是在手段上都得到了强化，各种宣传、曝光、研究、建议层出不穷，人民群众的呼声一浪高过一浪。“十一五”规划以来，经过各方面努力，能源消费强度和主要污染物排放水平出现下降，部分地区环境质量有所改善。但是，资源环境约束加剧的矛盾仍然十分尖锐，“遏制生态环境恶化趋势”的目标还没有达到。这固然有经济发展较快、环境问题积累较多的原因，同时也要看到，现有环境治理的三大手段正面临严峻挑战。

第一，指标控制。“十一五”规划中首次使用了约束性指标。其中，涉及节能减排的指标有3个，分别为单位GDP能源消耗降低、化学需氧量减少、二氧化硫减少。“十二五”规划增加到7个，增加了非化石能源占一次能源消费比重、单位GDP二氧化碳排放降低、氨氮减少、氮氧化物减少等4个指标。

在传统计划经济时期，计划体系中有指令性计划、指导性计划。随着我国确立社会主义市场经济体制的改革目标，从20世纪90年代开始，国家就明确计划指标总体上是预测性、指导性的。约束性指标与指令性计划指标有类似之处，但也不完全相同。使用约束性指标控制能源和污染排放，是我国首创，也有不少问题亟待解决。

一是制定指标的理论方法有待深入研究，各种影响因素错综复杂。传统计划指标的制定方法包括系数法、定额法、动态法、因素分析法等。计划部门要与行业部门、地方政府一起，经过几上几下、综合平衡才能确定计划指标。约束性指标制定的理论和方法，目前外界还不十分清楚。但是，有一点是相同的，即国家确定指标后，国务院有关部门每年按行政区划下达给地方执行，再检查考核完成情况。由于各地产业结构、环境容量和历史累计排放不同，如果“一刀切”，按同等比例要求各地指标下降，对大部分欠发达地区而言，经济发展对能耗和排放的增长需求较高，显得不够公平。如果实行差别排放政策，谁多排、谁少排、量如何确定，又是一场艰难的博弈。于是，出现了各地竞相争取提高能耗和排放指标，而不是争取降低指标的现象。这与中央落实科学发展观的精神背道而驰。

二是总量控制不利于淘汰落后、鼓励先进。一般而言，新建重化工业项目规模较大，其生产成本、单位能耗和污染物处理能力要优于传统工业中的中小企业。只有让先进生产能力尽快形成产能，生产出质优价廉的产品，才能通过市场的力量淘汰落后生产能力。近年来，一些准备新上的重化工业项目，由于能源和排放总量指标控制的原因不能尽快上马，某种程度上保护了高能耗、高排放的落后产能。

三是统计考核权威性不高。我国对能耗、污染物排放一直没有建立起完善的统计体系。相关主管部门自己制定约束性指标、自己下达、自己统计、自己考核，没有第三方参与，客观性、公正性容易让人产生疑问。

第二，项目审批。为了确保完成约束性指标，除原有的环评报告审批外，有关部门又增加了节能评估报告（能评）的审批。对这两个环节一般“把关”较严，投入与耗时较长。环评和能评一旦审批通过，实际执行情况往往很难掌控，存在着“重前期审批、轻过程监管”的现象。对于绝大部分企业而言，为了节约成本，本身就有节能的动力，是否有必要进行能评审批，值得进一步探讨。

第三，价格补贴。为了提高企业的环境保护责任，许多国家普遍将企业经济行为的外部成本内部化，如采取“谁污染、谁治理”，或者“污染者付费”的政策。而我国使用价格补贴作为治理排放的经济手段，出现了“企业污染、消费者付费”的现象。有关部门规定，凡安装脱硫、脱硝装置的发电企业，国家上调上网电价和销售电价，补贴其增加的成本。脱硫、脱硝本来是发电企业必须承担的环保责任，现在却都转移到电费上，由工商企业和居民负担。更有甚者，发电企业不按规定运行减排设施，脱硫、脱硝电价补贴就会变成利润留在企业。据了解，这种情况并不罕见。

上述这些挑战，反映了现有治理手段尚未达到预期的绩效。在市场经济条件下，各类经济主体数量庞大、多元发展、高度竞争，企业不再是计划经济条件下政府的一个生产车间，分计划、下指标、搞审批、定价格已很难达到约束和激励企业的目的。因此，有必要重新审视既有的环境治理思路，更多引入现代公共管理理念和竞争机制，划清政府行为与企业行为的界限，减少审批和指标控制，将更多的精力放在对企业环境行为的全过程监管。同时，发挥市场在节能减排和环境保护中的作用，运用市场的力量形成对企业节能环保的激励机制和约束机制。

解读政府工作报告绿色发展

李克强总理在第十二届全国人大四次会议作的政府工作报告，部署了2016年和未来5年生态文明建设任务。他强调，治理污染、保护环境事关人民群众健康和可持续发展。报告提出，要推动形成绿色生产生活方式，深入实施大气、水、土壤污染防治行动计划，并且在发展节能环保产业、构建生态安全屏障方面取得新进展。[69]认真学习贯彻政府工作报告精神，对于实现“十三五”规划目标任务、加强生态文明建设目标具有重要意义。

树立和落实绿色发展理念

“十二五”规划时期和2015年，我国生态文明建设取得积极进展。节能环保水平明显提升，主要污染物排放持续减少。与2010年相比，2015年单位GDP能源消耗降低18.2%。化学需氧量、二氧化硫、氨氮、氮氧化物排放总量分别减少12.9%、18%、13%、18.6%，均超额完成了规划指标。森林覆盖率达到21.66%，森林蓄积量达到151亿立方米。

但是也要看到，我国经济发展与资源环境的矛盾仍很突出，环境污染严重、环境风险增高、生态损失加大的问题尚未根本解决。2015年，我国338个地级及以上城市中，265个城市$PM_{2.5}$浓度不达标，平均超标天数比例达 23.3%。一些城市黑臭水体、河流污染、湖泊富营养化问题依然严重。长期的工业化建设，使一些地方土壤污染面积扩大，重金属、持久性有机物污染加重。全国近 80% 以上草原出现不同程度的退化，水土流失面积占国土总面积 37%。草原退化、水土流失、土地沙化、湿地湖泊萎缩、地面沉降等问题十分严峻。

为了实现“十三五”规划提出的发展目标，破解发展难题，厚植发展优势，“十三五”规划提出了 5 个新的发展理念，即创新、协调、绿色、开放和共享发展。绿色发展是新发展理念的重要组成部分。在发展思路上，“十三五”规划提出，坚持节约资源和保护环境的基本国策，坚持可持续发展，坚定走生产发展、生活富裕、生态良好的文明发展道路。要达到的目标是，加快建设资源节约型、环境友好型社会，形成人与自然和谐发展现代化建设新格局。

树立和落实绿色发展理念，需要把握好以下几个重点。

第一，满足人民群众对美好生活的追求。享有优美宜居的环境是人民群众的基本权利，体现了人民群众的新期待。李克强总理在政府工作报告中指出，“治理污染、保护环境，事关人民群众健康和可持续发展”。[69] 在环保工作中应当优先解决关系民生的突出环境问题，如重金属污染防治，提高饮用水达标率，提高城市污水处理率等，努力做到不欠新账、多还旧账。应当看到，“没有环境保护的繁荣是推迟执行的灾难”。不解决环境问题，人类将生活在“幸福”的坟墓之中。越来越多的地方政府和企业已经认识到，优美的环境、清新的空气也是竞争力。未来 5 年，用牺牲环境换取经济一时发展的短视做法会越来越少。

第二，处理好发展与保护的关系。世界各国在工业化进程中，都遇到过经济发展与环境保护的矛盾。很多发达国家先污染后治理，付出了沉重代价。我国在改革开放之初就接受了国际社会公认的可持续发展理念，提出了生态文明建设、节能减排、绿色发展、低碳发展等战略思路，并在实践中采取了很多行之有效的措施。但是，也有一些组织和专家走向另一个极端，将发展与保护对立起来，片面强调保护。这同样是不正确的。必须清醒地认识到，绿色是发展的底色。不保护环境，发展不可持续。发展慢下来，没有一定的经济实力，也不可能保护好生态环境。处理好发展与保护的关系，就是要在发展中保护，在保护中发展，做到李克强总理在政府工作报告中要求的，“走出一条经济发展与环境改善双赢之路”。[69]

第三，形成覆盖全社会的绿色生产生活方式。随着社会生产力的提高，国民经济越来越成为一个高度复杂、高度一体化的巨型系统，社会生产、建设、流通、消费的各领域，都不同程度地利用资源、影响环境。社会组织体系日益趋向多元化、多层次、扁平化。单独在某一个或几个环节推行绿色发展，都难以从根本上缓解资源环境与经济社会发展的矛盾。因此，应当从更高层面、更宏观视角考虑，在国民经济的各个领域，都要加强资源综合利用，强化生态环境保护，建设可持续发展的国民经济体系。在社会组织的各个子系统，都要推行有利于节约资源、保护环境的生产方式、生活方式和消费模式，形成节约环保型社会组织体系。只有真正落实李克强总理在政府工作报告中提出的“形成绿色生产生活方式”，[69]才能实现绿色发展，建成生态文明的美丽中国。

重拳治理大气污染

在2015年工作基础上，政府工作报告提出了2016年大气雾霾治理的总体目标，即化学需氧量、氨氮排放量要分别下降2%，二氧化硫、氮氧化物排放量分别下降3%，重点地区$PM_{2.5}$浓度继续下降，“十三五”规划期间地级及以上城市重污染天数减少25%。[69]为完成上述目标，报告提出了相应措施。

第一，加强煤炭清洁高效利用。重点提高煤炭产品质量和利用标准，大力发展清洁高效燃煤发电，提高燃煤工业炉窑技术水平。到2020年，我国燃煤发电技术和单位供电煤耗要达到世界先进水平，电煤占煤炭消费比重提高到60%以上；燃煤工业锅炉平均运行效率在2013年基础上提高7个百分点，煤炭转化能源效率在2013年基础上提高2个百分点以上等。

第二，减少散煤使用，推进以电代煤、以气代煤。“十三五”规划期间，以京津冀及周边地区、长三角、珠三角、东北地区为重点，控制区域煤炭消费总量，推进重点城市“煤改气”工程，新增用气450亿立方米，替代燃煤锅炉18.9万蒸吨。

第三，全面实施燃煤电厂超低排放和节能改造。有关部门制定的时间表是：东部地区要在2017年前，总体完成现役燃煤发电机组超低排放改造；中部地区力争2018年前基本完成；西部地区2020年前完成。其中，具备条件的燃煤机组要实施超低排放改造，不具备改造条件的机组要实施达标排放治理。燃煤机组必须安装高效脱硫脱硝除尘设施，推动实施烟气脱硝全工况运行。落后产能和不符合相关强制性标准要求的机组要实施淘汰。

第四，加快淘汰不符合强制性标准的燃煤锅炉。2016年，全国要淘汰燃煤锅炉 10 万蒸吨，重点加大京津冀及周边地区民用散煤清洁化替代力度，替代劣质散煤 1000 万吨以上。对中小型燃煤设施、城中村和城乡结合区域等时尚清洁能源替代工程。“十三五”规划期间，全国地级及以上城市建成区基本淘汰 10 蒸吨以下燃煤锅炉，完成 35 蒸吨及以上燃煤锅炉脱硫脱硝除尘改造、钢铁行业烧结机脱硫改造、水泥行业脱硝改造。

第五，提高清洁能源比重。重点是增加天然气供应，完善风能、太阳能、生物质能等发展扶持政策。2016 年，非化石能源消费占一次能源消费比重要达到 13.2%，煤炭消费比重降低到 62.6% 以下，天然气消费比重提高到 6.2%。“十三五”规划期间，大力发展非化石能源，积极发展水电，2020 年装机达到 3.3 亿千瓦，风电和光伏发电装机分别达到 2.5 亿千瓦和 1.5 亿千瓦以上，地热能、生物质能、太阳能供热和供气等利用规模超过 1.8 亿吨规模。核电 2020 年规划装机容量达到 5800 万千瓦，在建 3000 万千瓦。

第六，鼓励秸秆资源化综合利用。开展秸秆机械还田、青黄贮饲料化利用，实施秸秆气化集中供气、供电和秸秆固化成型燃料供热、材料化致密成型等项目。力争到 2020 年，全国秸秆综合利用率达到 85% 以上，秸秆焚烧火点数或过火面积较 2016 年下降 5%，在人口集中区域、机场周边和交通干线沿线以及地方政府划定的区域内，基本消除露天焚烧秸秆现象。

第七，减少汽车排放污染。开展石化及化工企业、加油站挥发有机物综合整治，实施国Ⅳ排放标准和相应油品标准。淘汰黄标车和老旧车 380 万辆。强化移动源污染监管，加快淘汰黄标车和老旧车辆。

第八，治理工业大气污染源排放。2016 年，全面推进石化行业挥发性有机物（VOCs）综合整治，启动化工、工业涂装、包装印刷业 VOCs 治理。启动冬季重污染天气“削峰”工作，实施水泥钢铁工业冬季错峰生产、重污染行业冬季执行特别排放限值、减少建筑施工等综合性措施。“十三五”规划期间，在重点区域、重点行业推进挥发性有机物排放总量控制，全国排放总量下降 10% 以上。

加大水污染治理力度

李克强总理在 2016 年的政府工作报告中要求，进一步加大水污染治理力度。“十三五”规划提出，要深入实施水污染防治行动计划，目标是到 2020 年全国水环境质量得到阶段性改善，污染严重水体较大幅度减少，饮用水安全保障水平持续提升。采取的主要措施包括以下方面。

第一，全面推进城镇污水处理设施建设与改造。2016 年，继续开展城市集中式饮用水水源环境状况调查评估，推进饮用水水源规范化建设。“十三五”规划期间，加快城镇污水处理设施和管网建设改造，城市、县城污水集中处理率分别达到 95% 和 85%。加大黑臭水体整治力度，地级以上城市建成区黑臭水体控制在 10% 以内。开展京津冀等地区地下水修复试点。全面覆盖的实时在线环境监测监控系统，推进环境保护大数据建设。

第二，加强农业面源污染综合治理。力争到 2020 年农业面源污染加剧的趋势得到有效遏制，实现“一控、两减、三基本”。“一控”，即严格控制农业用水总量，大力发展节水农业，确保农业灌溉用水量保持在 3720 亿立方米；“两减”，即减少化肥和农药使用量，全国主要农作物化肥、农药使用量实现零增长；“三基本”，即畜禽粪便、农作物秸秆、农膜基本资源化利用。此外，实施耕地重金属污染普查和治理工作。

第三，加强流域水环境综合治理。2016年，开展流域综合管理试点工作，筛选七大流域优控污染物清单，推动长江绿色生态廊道建设。“十三五”规划期间，对江河源头及378个水质达到或优于Ⅲ类的江河湖库实施严格保护。实施重要江河湖库入河排污口整治工程，完成重要饮用水源地达标建设。实施太湖、洞庭湖、滇池、巢湖、鄱阳湖、白洋淀、乌梁素海、呼伦湖、艾比湖等重点湖泊水污染综合治理和长江中下游、珠三角等七大重点流域综合治理，基本消除劣Ⅴ类水体。推进水功能区分管理，主要江河湖泊水功能区水质达标率达到80%以上。

第四，加大工业污染源治理力度。目前，工业废水排放量占整个废水排放量近1/3，达200多亿吨。“十三五”规划期间，将做好四方面工作：一是加强重点行业的污染防治，促进工业行业的转型升级；二是加强工业园区污染防治，推动企业入园，集中治理园区的污染；三是全面推行排污许可，依法核发许可证；四是推动自动在线监测、无人机巡视监测，建设环保大数据平台，研究利用新的技术开展流域的水环境监测预警。

大力发展节能环保产业

李克强总理在政府工作报告中提出，要大力发展节能环保产业。[69]近年来，我国节能环保产业方兴未艾，完全可以成为推动经济发展的支柱产业。为了促进这一产业健康发展，国家将采取一系列有力措施。

第一，扩大绿色环保标准覆盖面。2016年起，要健全绿色产品和服务的标准体系，扩大标准覆盖范围，加快制定修订产品生产过程的能耗、水耗、物耗以及终端产品的能效、水效等标准，动态调整并不断提高产品的资源环境准入门槛，做好计量检测、应用评价、对标提升等工作。加快实施能效“领跑者”制度、环保“领跑者”制度，研究建立水效领跑者制度。“十三五”规划期间，我国将统筹推行绿色标识、认证和政府绿色采购制度。

第二，支持推广节能环保先进技术装备。2016年，有关部门将组织实施一批先进环保装备应用示范工程，发布一批落后技术装备负面清单。编制发布能效之星、节能机电产品推荐目录，提升终端用能工业产品能效，推进工业电机系统节能技术创新和优化升级。实施高端再制造、智能再制造、在役再制造工程，推进再制造产品认定。大力发展节能环保产业。

第三，广泛开展合同能源管理。“十二五”规划期间，合同能源管理投资从2010年的287.51亿元增长到1039.56亿元，年均增长率为29.31%,形成年节能能力1.24亿吨标准煤,减排二氧化碳3.1亿吨。“十三五”规划期间，国家将继续加大节能工作力度，预计将节能8.8亿吨标准煤以上。

第四，广泛开展环境污染第三方治理。“十三五”规划期间，国家将不断完善第三方治理的价格和收费政策，加大财税支持力度，创新金融服务模式，总结推广相关经验。力争到2020年，环境公用设施、工业园区等重点领域第三方治理取得显著进展。

第五，加大建筑节能改造力度。重点是提高建筑节能标准，推广绿色建筑和建材；支持和鼓励各地结合自然气候特点，推广应用地源热泵、水源热泵、太阳能发电等新能源技术，发展被动式房屋等绿色节能建筑；完善绿色节能建筑和建材评价体系，制定分布式能源建筑应用标准；分类制定建筑全生命周期能源消耗标准定额等方面，推广建筑节能技术。2016年，国家组织实施建筑能效提升和绿色建筑全产业链发展计划。住建部将在全国全面推广装配式建筑，推动装配式建筑跨越发展。

第六，开展全民节能、节水行动。在节能方面，"十三五"规划期间将全面推进工业、建筑、交通运输、公共机构等领域节能，实施锅炉（窑炉）、照明、电机系统升级改造及余热暖民等重点工程。推动节能低碳电力调度。推进能源综合梯级利用。在节水方面，"十三五"规划期间将落实最严格的水资源管理制度，坚持以水定产、以水定城，对水资源短缺地区实行更严格的产业准入、取用水定额控制。加强重点用水单位监管，鼓励一水多用、优水优用、分质利用。加快非常规水资源利用，实施雨洪资源利用、再生水利用等工程。

第七，推进垃圾分类处理，健全再生资源回收利用网络。"十三五"规划期间，国家将实施循环发展引领计划，推进生产生活系统循环衔接，加快废弃物资源化利用。计划推动75%的国家级园区和50%的省级园区开展循环化改造。建设50个工业废弃物综合利用产业基地。在100个地级及以上城市布局资源循环利用示范基地。建设城市废弃物在线回收、园区资源管理、废弃物交易等平台。

建立生态安全屏障

“十三五”规划期间，国家将进一步推进青藏高原、黄土高原、云贵高原、秦巴山脉、祁连山脉、大小兴安岭和长白山、南岭山地地区、京津冀水源涵养区、内蒙古高原、河西走廊、塔里木河流域、滇桂黔喀斯特地区等关系国家生态安全核心地区生态修复治理。

第一，健全生态保护补偿机制。加大对生态保护地区的财政转移支付力度。有关地方人民政府要落实生态保护补偿资金，确保其用于生态保护补偿。指导受益地区和生态保护地区人民政府通过协商或者按照市场规则进行生态保护补偿。2016 年，国家落实天然林保护全覆盖政策，适当提高天然林保护工程补助和森林生态效益补偿标准。

第二，建立长江经济带生态保护补偿机制。2016 年，国家加大对重点生态功能区转移支付力度，逐步提高转移支付系数和生态保护支出标准。建立以干流跨界断面水质为主、向中上游地区倾斜的补偿资金分配标准，形成长江干流补偿制度。支持重要支流上下游采取资金补助、产业扶持、人才培训、共建园区等方式开展横向生态保护补偿试点。

第三，停止天然林商业性采伐。截至 2016 年底，分三步全面停止天然林商业性采伐。第一步，扩大东北、内蒙古重点国有林区停止天然林商业性采伐试点，2015 年全面停止内蒙古、吉林等重点国有林区 256 万立方米木材采伐。同时，选择非天保工程区部分国有林场、集体和个人的天然林开展停止商业性采伐试点。第二步，2015 年底，全面停止非天保工程区国有林场天然林商业性采伐，继续开展非天保工程区集体和个人的天然林商业性采伐试点。目前，前两步已经完成，第三步是在2016年底全面停止全国天然林商业性采伐。

第四，实行新一轮草原生态保护补助奖励政策。中央财政将在“十三五”规划期间进一步加大草原补奖资金投入力度，有针对性地调整完善相关政策措施。一是提高禁牧补助和草畜平衡奖励标准。取消原牧民生产资料综合补贴和牧草良种补贴，调整出来的资金加上中央财政安排的增量资金，共同用于提高禁牧补助和草畜平衡奖励标准。二是加大绩效评价奖励资金投入。继续对工作突出、成效显著的地区给予奖励，奖励资金主要由地方政府统筹用于草原生态保护和牧区生产方式转型升级等方面。三是调整完善半农半牧区政策实施方式。半农半牧区补奖资金以切块方式下达，由地方自主统筹用于草原保护建设。

第五，推进地下水超采区综合治理试点。在地面沉降、地裂缝、岩溶塌陷等地质灾害易发区开发利用地下水，要进行地质灾害危险性评估。严格控制开采深层承压水，地热水、矿泉水开发应严格实行取水许可和采矿许可。依法规范机井建设管理，排查登记已建机井。未经批准的和公共供水管网覆盖范围内的自备水井，一律予以关闭。开展华北地下水超采区综合治理，超采区内禁止工农业生产及服务业新增取用地下水。

第六，实施湿地保护与恢复工程。加强长江中上游、黄河沿线及贵州草海等自然湿地保护，对功能降低、生物多样性减少的湿地进行综合治理，开展湿地可持续利用示范。到2020年，形成比较完善的湿地保护网络；一批重要的湿地资源得到恢复，生态功能明显提高；建立推广一批适合国情的若干湿地保护和合理利用模式，建立起较为完善的湿地监测体系；湿地保护与国家以及区域经济协调发展，有效地发挥综合效益；初步形成湿地保护与合理利用的良好管理秩序。

第七，开展新一轮退耕退牧还林还草。对具备条件的25°以上坡耕地、严重沙化耕地和重要水源地15°～25°坡耕地实行退耕还林还草。稳定扩大退牧还草范围，合理布局草原围栏和退化草原补播改良，恢复天然草原生态和生物多样性。

改革之风吹绿中国

当前，我国经济社会发展与资源环境的矛盾十分突出。虽然经过长期的努力，但水污染、大气污染、土壤污染、温室气体排放增加、生物多样性下降等问题仍未得到根本缓解。重化工业的粗放发展、部分行业产能过剩、能源结构调整滞后、一些地方环境监管不到位等问题仍很严重，进一步加剧了环境恶化。造成这些问题的原因有很多。其中，制度安排上的缺失不可忽视。具体表现在以下几方面。

第一，财税制度对发展重化工业形成激励。我国是以间接税为主的国家。其中，增值税由中央和地方分成，是地方的主要财源。为了增加财政收入，很多地方政府把重化工业作为主要的产业发展方向，制定多种鼓励措施和优惠政策，对一些未能达到排放标准的企业采取了默许的态度。

第二，投资项目审批制度造成逆向调节。我国建设项目大多是按规模分级审批，规模小的项目由省里、市里批，规模大的项目由有关部门审批。为了控制产能过剩，有关部门严格控制大项目审批，地方为了发展只能上中小项目，导致各地出现了许多小规模的高排放企业，进一步加剧了污染排放和产能过剩。

第三，能源体制改革滞后制约了能源代际更替。人类对能源的利用大致经过了薪柴时代、煤炭时代、油气时代。其中，油气时代又可以分为油时代和气时代。煤炭占我国一次能源比例为66%。从这一指标判断，我国还处在煤炭时代。能源领域中传统计划经济的色彩还比较重，电力行业每台机组的发电利用小时、电价都是由政府部门确定。油气从勘探开发和进口开始，经过管网、流通各环节，直到每个家庭的油箱、厨房，大部分环节存在产业集中度高、特许经营多、价格机制调节失灵等问题。能源行业的计划管理，很大程度上造成了能源的粗放利用，限制了油气的供应。大量弃风、弃光、弃水等问题，与电力体制改革不到位有关。

第四，环境监管成效有待提高。目前，政府部门的环境监管手段主要有指标控制、项目审批、价格补贴、许可证管理等。这些手段在实际工作中都发挥过积极作用，但其成效也在递减，需要不断改进。如有关部门把大量的精力放在定指标、分指标上。这些指标又都是部门自己制定、自己下达、自己检查完成情况，在没有第三方参与的情况下，公信力令人质疑。此外，新建项目都要经过严格的环境影响评价、节能评估，但项目实施后与当初评估的情况是否一致还缺少有效的监管。再如，世界各国为了提高企业的环境保护责任，普遍将企业经济行为的外部成本内部化，如采取“谁污染、谁治理”，或者“污染者付费”的政策。而我国使用价格补贴作为治理排放的经济手段，出现了“企业污染、消费者付费”的现象。

完善环境政策体系关键要靠改革。在财税体制改革中，可以考虑将间接税为主逐步转为直接税为主的可能性。同时，培育地方主体税种，探索财政横向转移支付的可行方式。大幅度减少投资项目审批事项，实行负面清单、责任清单和权力清单管理。落实电力体制改革方案，在油气领域实行全产业链市场化改革。

环境监管体制改革也应列入改革研究日程。环境监管究竟是政监合一还是政监分开、集中监管还是分段监管、垂直监管还是分级监管、事前审批为主还是事中事后监管为主，尚未有统一的认识。应当指出，环境领域采用政监相对分开、分级分段监管、减少事前审批、事中事后监管为主的监管体制是较为科学、合理的。

完善环境政策体系还需要加强环境规划。全世界公认的可持续发展框架，是由经济、社会、环境 3 个方面组成。但是，在我国经济社会发展政策体系中，环境政策是社会发展政策的一部分，在政策框架中还没有与经济发展、社会发展政策并列。“十二五”规划中，经济社会发展政策框架包括经济增长、结构调整、社会进步、重大项目建设、体制改革、对外开放等内容。环境政策框架包括环境保护、节能减排、应对气候变化、循环经济、资源节约、生态保护等内容。两者比较可以发现，环境政策还是就环境论环境，是一个行业政策。

未来环境政策体系应当有更大的格局。在经济发展领域，各类经济活动、产业发展应当体现绿色发展的要求。在社会治理领域，积极推动公众参与，各项教育、科技、文化、体育活动都应体现绿色环保的理念。系统规划一批重大绿色发展项目。加强环保体制改革，提升环境执法能力。在对外开放中，实行对外贸易、走出去战略、“一带一路”倡议的绿色化。

在规划编制方面，各地可以尝试将经济社会发展规划的名称调整为“经济社会发展与环境保护规划”。通过名称的调整，体现加强环境保护工作的政策导向。规划的指标应该以指导性、预期性为主。环境中长期规划的规划期可以考虑更长一些，如 10 年、15 年，也可以滚动编制。如不能规划合一，可考虑进一步加强环境规划与发展、土地、产业、城市、财政等其他规划衔接，从而提高规划的有效性。

附录

就能源市场化改革答《中国能源报》记者问

改革开放以来，能源行业在市场化方面迈出了步伐，但计划与市场并存的问题仍很突出。2013 年 12 月，《中国能源报》记者就如何贯彻党的十八届三中全会精神、深化能源体制改革等问题，专访了长期从事能源和公共政策研究的资深专家、中国国际经济交流中心特邀研究院范必。

解决对能源市场属性的模糊认识

中国能源报：党的十八届三中全会通过了《中共中央关于全面深化改革若干重大问题的决定》（以下简称《决定》），为能源领域改革带来了怎样的机遇？

范必：《决定》提出，要发挥市场在资源配置中的决定性作用。从过去发挥“基础性”作用，到现在发挥“决定性”作用，这一表述上的变化，体现了中央对市场化改革的坚定决心。

能源是不是商品？是一般商品还是特殊商品？能源的配置是政府发挥主导作用还是市场发挥主导作用？这些问题在业界一直有不同看法。

事实上，能源同其他商品一样，可以由资源的稀缺性和供求关系决定价格，绝大多数能源品种不存在市场失灵的问题。在世界上，无论是能源富集国还是资源贫乏的国家，只要实行市场经济体制,就把能源当作商品。过去一些对能源行业干预较多的国家，现在也在进行市场化改革。

大幅度减少能源审批事项

中国能源报：《决定》提出进一步简政放权。市场机制能有效调节的经济活动，一律取消审批。这些思想在能源领域引起了广泛的讨论。

范必：如果承认市场可以在能源配置中起决定性作用，就应当重新审视现在的能源审批权力和政府职能定位，大幅度减少政府对能源领域的干预。相关政府部门应当将过去的以批代管向事中、事后监管转变，向自然垄断环节监管转变。

中国能源报：目前，能源领域制定了很多细分领域短期和中长期的相关规划，这成为管理能源行业的重要依据。

范必：经济社会发展的重要领域需要制定规划，但现在出现了规划数量越来越多、约束性越来越强的趋势，需引起注意。

三十多年来，我国对计划体制改革的一个重要成果是，认识到规划和计划总体上是指导性、预期性的，而不是指令性的。规划的制定过程是各方面凝聚共识、完善政策的过程，而不是下达任务、衔接任务的过程。因此，行业发展不需要规划过多过细的指标，更不应将完成这些指标作为干预能源企业自主权的理由。

电力、油气应“网运分开，放开竞争性业务”

中国能源报：《决定》表述中没有直接提到“能源”或“能源改革”，那么，能源领域怎样进行改革呢？

范必：《决定》的语言是高度概括的。文件中提出，对自然垄断行业要根据不同行业特点实行网运分开、放开竞争性业务的改革。能源领域中的电力、油气行业中都有网络型业务，如电网、石油天然气管网，对它们应当实行网运分开的改革。《决定》还要求放开石油、天然气、电力等竞争性环节价格。

中国能源报：电网系统怎样网运分开、放开竞争性业务？

范必：2002 年启动的电力体制改革中，对原有国家电力公司进行了拆分，组建了两大电网公司，五大发电集团，四个辅业公司，组建国家电监会，打破原国家电力公司垂直运营、高度集中的体制。可以说，电力体制改革在所有网络状垄断行业改革中起到了先行先试的作用。

但是，改革并未完成。发电环节，国家计划管理的程度仍很高，电厂的发电量、电价仍由国家制定。电网集购售电主体于一身，输、配、售电仍上下游一体化经营，电网覆盖了电网资产运营、工程施工建设、电力系统调度、电量财务结算等业务。近年来，又收购了一些上下游企业，从事非主营业务。

深化电力体制改革应进一步完成厂网分开和主辅分离的任务，实施交易或调度独立，取消不合理的发电量计划。让发电方与购电方直接进行交易，形成多买多卖的电力市场。同时，政府对电网企业应当单独定价、单独监管。最终建立起上网电价和销售电价由市场决定、输配电价由政府严格监管的电价体系。

中国能源报：油气领域改革和油气管网的网运分开，似乎此前没有被特别关注过？

范必：目前，油气体制改革还未破题，甚至连一个完整方案都没有。《决定》提出了油气改革的方向。我国的油气行业由若干国有大企业上下游一体化经营，管网是其保持垄断地位的重要环节。以管网为突破口，进行油气体制改革完全可行。

相比电力体制改革，油气体制改革在研究深度上还有一定差距。油气领域目前只做到了部分业务政企分开，有些政府职能还在企业手中。没有政府机构对油气管网监管。

从放开竞争性业务角度，2010 年出台的“新 36 条”提出，允许非公经济参与油气开发，参股国有企业，但实际运营主体还是三大油企，并未允许其他主体以独立法人资格进入行业。按照《决定》的要求，油气领域改革还有很大空间。

价改与能源体制改革协调推进

中国能源报：推进水、石油、天然气、电力、交通、电信等领域价改，放开竞争性环节价格。哪些是政府定价的环节，哪些是竞争性环节？

范必：政府定价范围主要在重要公用事业、公益性服务、网络型自然垄断环节，也就是我们说的电网、油气管网。单独的价改很难实行，须与行业改革协调推进。当前的市场环境不同于改革开放之初，并非只要放开价格就可以释放生产力。

如仅把价格放开，由垄断企业定价，会使它们更方便利用市场支配地位获取更高垄断利润。这甚至不如现在的政府定价。《决定》关于价改的阐述与垄断行业改革同时提出。即未来国家不应一步放开所有政府定价，而是在厘清自然垄断业务和竞争性业务基础上，放开竞争性环节价格，政府对网络型自然垄断环节定价。同时，要监管网络的成本、收益及是否向第三方安全开放。

《东方早报》记者对能源体制改革的访谈

2014年3月初，中石化宣布启动油品销售业务重组。中石油董事长透露拟将油气开采环节对外开放。不久，中电投也称2014年将开放民资参股旗下的所有业务。能源领域“拥抱”民企的表态，似乎让人们看到了“铁板”被撬动的希望。事实上，民营企业跻身油气、电力等行业已不是新鲜话题。但新撕开的这道口子后究竟藏着什么，民企是否能分到更大的蛋糕还是令人充满想象。

一边是能源行业在推进混合所有制上的“争先恐后”，另一边是长久以来摆在民企面前的“弹簧门”。此外，能源领域被寄予厚望的电改之路始终步履蹒跚。如何看待能源大国企的这些姿态？《东方早报》记者日前专访了长期从事能源和公共政策研究的资深专家、中国国际经济交流中心特邀研究员范必。

混合所有制改革须与行业改革统筹并进

东方早报：现在有分析说新一轮电改或从售电侧入手，可行性如何？

范必：只开放售电侧等于电网还是独家的电力买卖方。市场化是电力体制改革的方向，多买多卖才能形成充分竞争市场。当只有一个卖家时，购电侧没有议价能力，售电侧仍能获得垄断利润。电改应实现发电方和用户直接交易。

东方早报：电改的思路是否还会按国务院5号文件（即2002年国务院印发的《电力体制改革方案》）继续推进？

范必：国务院5号文件确定的方向至今仍是正确的。党的十八届三中全会确定了垄断行业“网运分开、放开竞争性业务”的改革思路。我们仔细盘点一下，这些行业多与能源有关，如电网、油气管网等。全国两会期间，在政协一次联组会上，有政协委员向国务院领导反映，他去美国投资，不仅天然气价格只有我国的1/4，电价也只有我们的70%，仅电费差价就可以覆盖人工成本的差额。有人说上网电价和销售电价的差距大，有的又说不大，公说公有理，婆说婆有理。只有把垄断环节在剥离竞争性业务后独立出来，进行单独监管、单独核算才可以了解实际输电成本。从公共政策的理论讲，判断一个事情——政府和企业各管什么，垄断行业怎么办，有一套公认的流程。比如，一个国企处于垄断状态，改革前先要分析，它是否是自然垄断行业。如果是，再分析现在该企业中哪些是竞争性业务，哪些是自然垄断业务。如果是竞争性业务，就要完全放给市场，允许各类所有制企业公平进入；是自然垄断业务就要独立出来。为了防止自然垄断环节获得过高垄断利润，政府应出面监管，防止外部经济发生。

东方早报：能源大国企都鼓励民企投资。您怎么看现在的混合所有制改革？

范必：我认为混合所有制的改革应与行业改革统筹考虑。在能源领域，如果将混合所有制仅理解为国企放开让民企进来参股，可能还不够。从“十一五”开始，我国一直鼓励非公有制企业参与国有企业改革。党的十八届三中全会进一步强调，鼓励发展非公有资本控股的混合所有制企业。油气领域原本非公有制企业参股就比较少，现在油气、电力领域也可以参股了，是一个进步，但也仅仅是刚赶上其他领域国企改革的步伐。能不能像党的十八届三中全会明确的，允许一些非公有制企业控股，还要拭目以待。

除参股外，是否允许非公经济以独立法人的资格进入油气上下游各环节，不是现在的国企能决定的，涉及整个行业改革问题。“三桶油”现在仍是上下游一体化经营。如何打破对非公经济的“玻璃门、弹簧门”，在这些方面企业可以探索，更重要的应由负责改革的部门设计，完全靠企业是不行的。

改革方法论：全产业链市场化改革

东方早报：像电厂这块，其实民资和外资已进入很多年了。目前，能源领域试水混合所有制，向民资放开的主要集中在常规油气行业和电力行业。未来油田是否可能放开让民企控股甚至独资？

范必：油气产业链大致分为区块获得、勘探、开采、运输、配售等环节。现在油田已有一些民企从事辅助性业务。但是民营企业作为独立的投资主体、法人，进入上游行业还是困难重重。我认为能源资源领域应当从全产业链出发进行市场化改革，而不仅仅是个别环节的市场化改革。比如解决煤电矛盾，电煤、铁路运力、电力一起进行市场化改革才能解决问题。如果只改一个环节，上下游环节不改，还存在计划体制或双轨制，煤电矛盾就解决不了。电煤并轨后，很难建立起全国性的煤炭市场。因为铁路运力没有市场化，车皮不纳入交易，手里有煤也运不出来。所以，一定要把整个产业链捋一遍，从区块的获得一直到最后的零售，凡存在传统计划经济的地方都要进行市场化改革。在油气产业链中，上游首个环节就是区块获得。全世界大部分国家的油气区块都是招标出让，可是我国还是登记出让。有些企业登记获得区块后，既不投入也不开采，而民营企业没有权力登记获得区块。

东方早报：除了区块获得外，其他环节可否也举一下例子？

范必：拿天然气产业链来说，大致分为气源、网输、城市燃气公司（或企业用户）、居民消费几个环节。这是一个典型的不完全市场产业链。上游气源中，国内开采的区块为登记获得，国外采购只有个别企业有经营权，勘探开发为个别企业所掌握。中游运输中，管网由个别国企垄断。下游销售中，城市燃气公司掌握城市管网，属垄断经营，最后由它们把气卖给消费者。这个产业链的每个环节都几乎处在垄断状态，垄断企业最易获得垄断利润，这就难免在下游出现供求矛盾和气价上涨。石油行业也大致如此。因此，油气行业应当进行全产业链市场化改革，结合混合所有制改革，使油气从不完全市场产业链转向市场化产业链。

就绿色发展答凤凰卫视记者问

按：2015年3月7日晚7:05，接受凤凰卫视吴小莉在“华闻大直播”的采访，回答了关于财政货币政策、环境保护、节能减排、雾霾治理、能源生产与消费革命等方面的问题。

吴小莉：我们在政府工作报告[83]中多次看到了“宏观调控的两只手”，也就是财政政策和货币政策，我们到底怎样用“两只手”调控2015年的经济？

范必：中央政府在宏观调控上主要是两个手段，即财政政策和货币政策。2015年政府工作报告提出积极的财政政策和稳健的货币政策，强调积极的财政政策要加力增效，稳健的货币政策要松紧适度。[83]财政政策的扩张性主要表现在3个方面，一是扩大赤字和增发国债。当然，增加赤字和债务要保持在安全线之内。二是扩大支出，保持一定的政府投资规模，用于国家重大工程，跨地区、跨流域的投资项目。三是减税降费，主要是结构性减税和普遍性降费，减少实体经济的负担。2015年春节一过，第一次国务院常务会就决定扩大小微企业税收优惠的范围，降低失业保险费费率。货币政策松紧适度，主要体现在灵活运用多种货币政策工具，保证货币供应总量与经济增长的需要相适应，降低社会融资成本，解决融资难、融资贵的问题，李克强总理在政府工作报告中称为

“让更多的金融活水流向实体经济”。

吴小莉：在中国工业化、城镇化的过程中环境是受到影响和破坏的，目前我们的环保问题有多严峻？

范必：用李克强总理在政府工作报告中的话判断，环境破坏已经是“民生之患、民生之痛”。我们经常自豪地说中国用30多年的时间走完了发达国家200多年工业化、城镇化的道路。与此同时，发达国家200多年分阶段出现的资源环境问题，在中国也集中显现出来了。环境问题是随着人们生活水平的提高逐步意识到的。我们小时候在北京生活，家家烧煤炉，空气中有一股煤烟的味道，那时大家都不感觉这是污染，都在忙着解决温饱奔小康。当我们达到小康社会，要奔向全面小康的时候，人民群众对生活质量的要求越来越高，对环境的要求越来越高，乌烟瘴气的空气绝不允许再出现了。

吴小莉：环保问题有多方面，但是大家对雾霾问题特别的关注。

范必：在各种环境问题中，包括了水、大气、土壤污染，保护生态、保护生物多样性、温室气体减排等很多内容，但公众对雾霾的体验最直接。我们知道人生下来就有生存权、发展权，在生存权里最基本的是呼吸权。人不吃饭能活十几天甚至几十天，不喝水也能坚持两三天，不呼吸几分钟就不行了。所以，我们讲同呼吸、共命运。呼吸权是人人应当享有的基本权利。2014年政府工作报告[84]中提出向污染宣战。这是攻坚战，也是持久战。

吴小莉：雾霾的这种情况要如何治理呢？

范必：对雾霾成因现在已经有过很多研究，主要是各种气体污染物的排放和土地扬尘这些大的方面。在世界各国，治理大气污染是政府公共政策中分量很重的一项任务。

首先，环保部门要起到中流砥柱的作用。李克强总理在政府报告中强调铁腕治污，这个要求是比较高的。对于违规排放的行为，必须出重拳、零容忍。新上一个项目前的环评、备案是必要的，但还不是最重要的，最重要的是企业存续过程中的全过程排放监管。

其次，雾霾治理和整个环境治理都要加大投入。2015 年财政收支矛盾比较尖锐，在一般公共预算当中，大部分是零增长，节能环保同教育、社保、农业一样，是少数几个保持支出增长的民生领域。大气污染防治资金增长近 10%，节能减排补助资金增长了 40%。

吴小莉：雾霾的成因有很多，能源的使用也是其中之一，它的更有效使用十分重要。有人说环境的治理与能源的体制也有关系。此次政府工作报告中将能源与环保并提是作何考虑？

范必：很多环境问题与能源资源和开发利用关系十分密切。比如刚才讲到雾霾，离不开烧煤、烧油、烧秸秆。这些凡是与烧有关的活动，就要从能源利用方式上找办法。政府工作报告中就明确要求，提高燃煤电厂的排放标准，提高油品标准，在重点区域内的城市全面供应国Ⅴ标准车用柴油，淘汰黄标车。这些都是从能源利用方式上想办法。

从根本上解决能源利用方式粗放，就要进行能源生产和消费革命。主要体现在，一是能源结构上，减少煤炭的使用，发展新能源、可再生能源，如风能发电、太阳能发电、水力发电、核电等。在化石能源当中，也要使用更为清洁的能源，比如天然气就很有发展前途。二是在能源体制上，能源的粗放利用和制度安排不合理很有关系。所以，要深化市场化改革，加大电力体制改革、油气体制改革的力度。

吴小莉：在环保的过程中，很多人会有不同的想法，环保是否跟经济增长相冲突呢？在经济下行压力加大的情况下，环保如何与经济一并前行？

范必：对于这种担心，我认为恰恰相反，环保和节能将成为经济增长的动力。2014年的经济数据中，有些传统的发展引擎增速在下降，节能环保产业却增长很大，此次政府工作报告中强调要将节能环保打造成为支柱产业。[83]严格执行节能环保标准有利于经济结构调整。中国处于重化工业阶段，一般来说，重化工业规模越大、技术越先进，污染处理的能力也越强。要想提高小钢铁、小化工、小炼油企业的环保达标标准，没有别的办法，只能采取旧的换新的、小的换大的、落后的换先进的。这种更新换代，既有利于产业升级，也有利环境保护，是双赢的结局。以中国目前的经济规模，节能环保产业完全有条件可以成为新兴的支柱产业，成为世界上规模最大的节能环保产业。

吴小莉：现在中国史上最为严格的环保法出炉了，但是执行非常重要，如何落到执行处？环保部门如何执法？

范必：从世界各国实践看，监管部门和监管对象的博弈是长期存在的，我们要在执法的理念上不断进步。比如以前往往注重事前监管，生产项目“进门”时的立项、环评要求严格。如今，随着行政体制改革，对于事中、事后的监管将会越来越严格。今后，应当对全部污染源将进行全过程的监管，这对环保部门提出了更高的要求。

注　释

［1］中国共产党第十八届中央委员会第三次全体会议 . 中共中央关于全面深化改革若干重大问题的决定［EB/OL］.［2013-11-12］. http：//www.gov.cn/jrzg/2013-11/15/content_2528179.htm.

［2］中华人民共和国国民经济和社会发展第十二个五年规划纲要［EB/OL］.（2011-3-16）. http://www.gov.cn/2011lh/content_1825838.htm.

［3］中共中央、国务院 . 关于深化石油天然气体制改革的若干意见 . 2017-4-18.

［4］国家发展改革委 . 今年电价降价可降成本 1000 亿元［N/OL］.（2017-7-26）. https：//finance.sina.cn/2017-07-26/detail-ifyinwmp0043707.d.html.

［5］能源局 . 2015 年度全国电力价格情况监管通报［EB/OL］.（2016-9-13）. http：//zfxxgk.nea.gov.cn/auto92/201611/t20161101_2312.htm.

［6］数据来源 EIA.

［7］财政部 . 关于南水北调工程基金有关问题的通知：财综〔2014〕68 号［EB/OL］.（2014-9-6）. http：//www.mof.gov.cn/gp/xxgkml/zhs/201409/t20140918_2510204.html.

［8］国际能源网能源资讯频道 . 各省电力直接交易分别要满足哪些条件？［EB/OL］.（2016-12-01）.http：//www.in-en.com/article/html/energy-2258052.shtml.

［9］国务院办公厅．国务院办公厅关于做好电力迎峰度夏工作的通知：国办发〔2004〕47号［EB/OL］．（2004-6-7）［2014-3-25］．http：//www.gov.cn/xxgk/pub/govpublic/mrlm/200803/t20080328_32384.html.

［10］国家发展改革委．印发关于建立煤电价格联动机制的意见的通知：发改价格〔2004〕2909号［EB/OL］．（2004-12-15）［2014-3-25］．http：//bgt.ndrc.gov.cn/zcfb/200807/t20080710_499686.html.

［11］林伯强．为什么煤电需要联动［J］．中国电力企业管理，2008（1）：19-20.

［12］李长生，张航天．透过煤电价格联动探析煤、电行业市场化改革［J］．价格理论与实践，2006（5）：29-30.

［13］王晓晔，林寿富，吴强．煤电价格联动的博弈论分析［J］．西安电子科技大学学报（社会科学版），2007（9）：106-110.

［14］陈宗法．透析煤电联动的紧迫性．中国电力企业管理［J］．2008（6）：20-23.

［15］国家发展改革委价格司．实行煤电联动是缓解当前煤电价格矛盾的有效途径［J］．价格理论与实践，2005（2）：13.

［16］吕芸．关于煤电价格联动机制的几点思考［J］．中国城市经济，2005（7）：58-61.

［17］刘树杰．基于可持续发展的电价政策体系研究［J］．经济纵横，2009（6）：29-34.

［18］于立宏．中国煤电产业链纵向安排与经济规制研究［M］．上海：复旦大学出版社，2007.

［19］陈聪，彭武元．中国煤电价格联动政策回顾与评析［J］．中国地质大学学报（社会科学版），2009（1）：45-49.

［20］石桂峰，欧阳令南，侯守礼．煤电价格联动机制的思考［J］．价格理论与实践，2005（2）：35-36.

［21］武承厚．煤炭热销中的冷思考［J］．中国煤炭，2004（7）：13-14.

［22］王小芳．我国煤电价格联动机制实施困境分析及其前景构想——美国电力自动调节条款的经验与启示［J］．当代经济管理，2009（10）：20-24.

［23］钟哲．由煤电价格联动机制看中国煤电之争［J］．中国煤炭，2005（4）：17-18.

［24］陈广娟，谭忠富，郭联谊，关勇．煤电联动下火力发电企业的风险分析模型［J］．现代电力，2007（4）：74-78.

［25］刘满平．对煤电价格联动措施的看法和建议［J］．中国能源，2005（3）：42-45.

［26］刘振秋，唐瑱．对当前煤电价格矛盾的再认识——兼论电价改革与电力体制改革的关系［J］．价格理论与实践，2009（1）:12-14.

［27］姜海洋．促进发电环节节能减排的煤电产业链合作优化模型［D］．保定：华北电力大学，2010（6）.

［28］庞建新．电煤价格的“困兽之路”［J］．经济，2004（9）：58-61.

［29］于立，刘劲松．中国煤电关系的产业组织分析［J］．中国工业经济，2008（10）：50-56.

［30］张平主编．中国改革开放：1978—2008［M］．第1版．北京：人民出版社，2009.

［31］新华社．温家宝主持召开国务院常务会议，研究部署推

进煤矿企业兼并重组和长江等内河水运发展工作［N/OL］.（2010-8-25）［2014-2-1］.http ://politics.people.com.cn/GB/1024/12544141.html.

［32］发展改革委 . 国务院办公厅转发发展改革委关于加快推进煤矿企业兼并重组若干意见的通知：国办发〔2010〕46 号［EB/OL］.（2010-10-16）［2014-2-1］.http ：//www.gov.cn/zwgk/2010-10/21/content_1727160.htm.

［33］武承厚 . 对煤炭市场与煤电联营的几点看法［J］. 中国煤炭，2006，32（4）：16-19.

［34］胡涛 . 关于“电煤”、“市场煤”价格双轨制的社会福利分析［J］. 经济科学，2008（06）：58-65.

［35］陶长琪，刘劲松 . 企业纵向联结的效应分析——基于煤电产业的实证［J］. 数量经济技术经济研究，2006（2）：97-107.

［36］濮洪九 . 市场化煤电联营初露端倪［J］. 中国电力企业管理，2004（11）：14-16.

［37］张慧明，周德群，朱佩枫 . 煤、电价格联动与纵向一体化的比较分析［J］. 统计与决策，2006（14）：74-75.

［38］孔明明 . 联营是化解煤电矛盾有效方法——国务院发展研究中心产业经济部研究员钱平凡谈“煤电经营一体化”［J］. 新财经，2006（4）：95-97.

［39］中电联 . 煤电一体化问题研究［R］.2010，12.

［40］陆剑南，吴道蓉，王越 . 发挥煤电两个积极性协调发展煤电联营［J］. 中国煤炭，2000（26）：35-36.

［41］于立宏，郁义鸿 . 买方垄断下的后向一体化及其规制——新古典视角研究述评［J］. 学术论坛，2006（4）：93-99.

［42］解居臣．中国电力工业对煤炭需求的分析［J］．煤炭加工与综合利用，2004（4）：4-6.

［43］姚中华．煤炭企业纵向一体化战略初探［J］．中国煤炭，2005（12）：26-28.

［44］贾晶莹，马占新．关于煤电联营状况的综述［J］．北方经济，2009（3）：47-49.

［45］徐斌．纵向交易模式选择的经济分析［D］．大连：东北财经大学，2009.

［46］国家发展和改革委员会．关于对全国发电用煤实施临时价格干预措施的公告：［2008］46号［EB/OL］.（2008-6-19）［2014.2.1］. http：//www.ndrc.gov.cn/zcfb/zcfbgg/200806/t20080619_218924.html.

［47］国家发展和改革委员会．关于进一步完善电煤价格临时干预措施的通知：发改电［2008］248号［EB/OL］.（2008-7-23）［2014-2-1］.http：//bgt.ndrc.gov.cn/zcfb/200807/t20080724_499055.html.

［48］王毅．特定时期当对电煤价格干预［N］．中国企业报，2008-01-31（001）.

［49］白让让．买方主垄断：政府规制与电煤价格的长期扭曲［J］．世界经济，2009（8）：83-96.

［50］吕阳，郎福宽．我国能源类矿产资源价格管制问题研究［J］．财政研究，2008（12）：26-28.

［51］崔文起．谈谈电煤限价对煤炭市场的影响［J］．商业文化（学术版），2008（10）：266.

［52］饶志伟，彭柳林．我国缓解煤电矛盾的政策及经验教训［J］．现代商业，2008（33）：168-169.

[53] 高洪烈 . 煤炭的资源储备和安全供应问题讨论 [J] . 中国煤田地质 , 2001 (04) : 1-2 ; 6.

[54] 尤强 . 严格控制煤炭出口，建立战略资源储备 [J] . 山东经济战略研究，2004 (11) : 37-39.

[55] 郭云涛 . 建立国家煤炭战略储备的构想 [J] . 中国煤炭，2004 (12) : 15-17 ; 5.

[56] 刘满芝，杨继贤，周梅华 . 煤炭储备研究现状综述及研究方向建议 [J] . 中国矿业，2010，19 (11) : 41-44.

[57] 钱平凡. 浅谈建设国家煤炭储备体系的必要性 [J]. 煤炭经济研究，2010，30 (1) : 14-17 ; 48.

[58] 李东卫 . 对我国煤炭战略储备的几点思考 [J] . 广东经济，2008 (5) : 54-55.

[59] 李敏 . 国家煤炭储备体系建设构想 [J] . 煤炭经济研究，2009 (8) : 4-5.

[60] 吕涛，聂锐 . 煤炭应急供应的储备机制研究 [J] . 中国安全科学学报，2008 (12) : 68-74 ; 26 ; 177.

[61] 秦青林 . 城市能源战略储备系统研究—以煤资源为例 [D] . 北京: 中国地质大学 (北京)，2010.

[62] 钱平凡，李敏，周健奇 . 基于供应链管理的我国煤炭储备模式分析 [J]. 煤炭经济研究 2010，30 (4) : 15-19.

[63] 钱平凡，周健奇 . 浅谈借助数字化配煤系统破解煤炭储备难题 [J]. 煤炭经济研究，2020，30 (3) : 36-39.

[64] 国家发展和改革委员会专题报告，2010 .

[65] 钱平凡 . 储煤不比储粮政府未必投资但要给政策 [J] . 中国经济导报 .2010-10-9 (B03) .

［66］张伯玲．煤炭应急储备难解煤电之争，目前规模仅够用三天［J］．新世纪周刊，2011-4-18.

［67］李金峰．我国煤炭储备基地建设再思考［J］．煤炭经济研究，2010，30（12）：9-11.

［68］中华人民共和国国民经济和社会发展第十三个五年规划纲要［EB/OL］．（2016-3-17）［2016-4］.http://www.gov.cn/xinwen/2016-03/17/content_5054992.htm.

［69］政府工作报告［R］．北京：第十二届全国人民代表大会第四次会议，2016-3-5.

［70］张莹．决战"上甘岭"：脱贫攻坚怒江在行动［N/OL］．（2016-5-31）［2016-7］.http：//yn.people.com.cn/n2/2016/0531/c372451-28429782.html.

［71］杨之辉．云南 2015 年实现减贫 103 万人减贫率达 17.9%［EB/OL］．（2016-02-22）［2016-7］.http：//yn.yunnan.cn/html/2016-02/22/content_4184668.htm.

［72］李慧.2015 年全国农村贫困人口减少 1442 万人［EB/OL］．（2016-03-01）［2016-7］.http：//news.xinhuanet.com/local/2016-03/01/c_128764095.htm.

［73］怒江大峡谷网．怒江州 2015 年国民经济发展报告［EB/OL］．（2016-3-9）［2016-7］.http：//www.nujiang.cn/html/2016/gonggao_0309_39633.html.

［74］郝性中．怒江州土地资源［M］．昆明：云南科技出版社，1997.

［75］杨旺舟，等．滇西北纵向岭谷区农业土地资源特征与可持续利用对策——以云南怒江州为例［J］．农业现代化研究，

2010,31（06）：720-723.

［76］云南日报．怒江州开发水电资源加快小康建设步伐［EB/OL］．（2003-10-19）［2016-7］.http://www.yn.xinhuanet.com/newscenter/2003-10/19/content_1075398.htm.

［77］新华网．中华民族一家亲同心共筑中国梦［EB/OL］．（2015-9-30）［2016-7］.http：//news.xinhuanet.com/politics/2015-09/30/c_1116727894.htm.

［78］天然气工业．2015年世界各国一次能源消费结构大盘点［EB/OL］．（2016-6-12）［2016-7］．http：//www.china-nengyuan.com/news/94280.html.

［79］云南省人民政府研究室等．怒江流域科学发展和谐发展研究，2009.

［80］庞名立,2015年全球电力报告［EB/OL］．（2015-12-29）［2016-7］．http：//www.trqgy.cn/report/201512/25892.html.

［81］费洪平．地域生产综合体理论研究综述［J］．地理学与国土研究，1992（01）：40-44.

［82］政府工作报告［R］．北京：第十一届全国人民代表大会第五次会议，2012-3-5.

［83］政府工作报告［R］．北京：第十二届全国人民代表大会第三次会议，2015-3-5.

［84］政府工作报告［R］．北京：第十二届全国人民代表大会第二次会议，2014-3-5.

后 记

本书主要收录了2013年以来我在能源领域的研究成果，其中以能源体制改革的文章居多。在这里，我要真诚地感谢在本书研究撰写过程中帮助我的老师、领导、同事和家人。

对能源问题的研究得到了我所在单位领导的大力支持。谢伏瞻主任、宁吉喆主任、黄守宏主任亲自给予指导。经他们批准，很多研究成果以不同形式上报，对推进相关改革和政策出台发挥了积极作用。这对我做好能源研究工作是巨大的鼓舞。

本书收入的一些文章是合作研究的成果。它们是：《油气全产业链市场化改革方略》《有必要启动新一轮电改》《中国在全球能源治理变局的角色》《重振光伏产业须靠国内市场》《坚持发展三代技术》《推广乙醇汽油需更合理的制度安排》《怒江以流域带动区域发展》《以水电带动长江上游流域开发》等。参加这些文章调研写作的同志有：陈文玲、唐元、赵先良、张大伟、张利宾、王进、王军、曾少军、景春梅、刘向东、张焕波、高虎、王越、刘永祥、陈睿、金爱伟、张萌、杨睿等。汪骏、卫平、韩文科、孙耀唯、曾兴球、陈卫东、徐以升、黄福利、武士国、刘京生等参加了讨论。张松峰对全书进行了核校。他们的参与为本书增添了光彩和厚重。

致谢的话很短，需要感谢的名单还很长！在今后的学术生涯中，我将不负各位领导、师友的期望，努力做到精勤治学，以文辅政，以智报国！

作者声明

本书收入的文稿系本人独立完成或与他人合作完成的原创成果，作者文责自负，所述观点不代表目前与曾经任职的机构。

范　必

2018 年 3 月